Kamps
pädagogische
Taschenbücher

Kamps
pädagogische
Taschenbücher

Blaue Reihe:
Allgemeine Pädagogik

Rote Reihe:
Praktische Pädagogik

Grüne Reihe:
Historische Pädagogik

Band 51: Praktische Pädagogik

Wolfgang Metzger

Psychologie in der Erziehung

VERLAG FERDINAND KAMP BOCHUM

3., revidierte Auflage 1976

ISBN: 3-592-71510-0

Herstellung: Ferdinand Kamp Bochum

INHALT

Was bedeutet Psychologie für die Erziehung? Was kann sie dem Erzieher bedeuten an Hilfe für die Erfüllung seiner Aufgabe?

Erziehung ist ein Vorgang, der sich am Menschen abspielt. In der Selbsterziehung sogar nur an einem einzigen Menschen, der sich in einer eigentümlichen Weise selbst gegenübersteht.

In der Regel gehören dazu zwei oder mehr: der Erzieher und der Zögling oder eine kleinere oder größere – an den bundesdeutschen Schulen meist sehr große – *Gruppe* von Zöglingen.

Hier soll von dem Grundfall der „Dyade" (*Georg Simmel* 1908) ausgegangen werden, von dem Fall, in welchem ein Erzieher und ein Zögling einander gegenüberstehen.

Das Verhältnis zwischen den beiden ist nicht symmetrisch, nicht spiegelgleich und nicht umkehrbar. Daß meist der Erzieher älter ist und der Zögling jünger, ist nicht das Entscheidende. Ausnahmsweise – etwa bei einem Volkshochschul- oder „Kontakt"-Kurs – kann das Altersverhältnis auch umgekehrt sein und ein junger „Erzieher" älteren „Zöglingen" gegenüberstehen. In einem sachlich, das heißt ohne menschliche Eitelkeiten geführten wissenschaftlichen Fortgeschrittenen-Kolloquium kann sich das Altersverhältnis jederzeit umkehren, wenn einem jüngeren Teilnehmer ein neuer Gedanke kommt.

Obwohl es schon näher an den Kern der Sache herankommt, ist es auch nicht entscheidend, daß der Erzieher hinsichtlich des jetzigen und insbesondere hinsichtlich des künftigen Verhaltens seines Zöglings bestimmte *Erwartungen* hegt. Solche Erwartungen hegt auch jeder Zögling. Er erwartet, daß sein Lehrer ihm zum Verständnis verhilft, daß er ihn nicht überbürdet, ihn nicht überhetzt, ihn beim Versagen nicht verhöhnt; daß er gerecht ist: niemanden benachteiligt und niemanden bevorzugt, auch nicht sich selber, indem er sich Dinge erlaubt, die er bei den Zöglingen verbietet und bestraft; daß er nicht immer nur auf Fehlleistungen herumreitet, sondern auch das Gelingen vernehmbar vermerkt; und vieles andere mehr. Ja, der Zögling kann sogar – wenn auch in Grenzen – „Maßnahmen ergreifen", um seinen Erzieher zu einer Änderung seines Verhaltens zu veranlassen, oder mindestens, um ihm deutlich zu machen, daß von ihm (dem Zögling) aus gesehen, sein Verhalten zu wünschen übrigläßt. Das kann unter anderem in Form einer einfachen Bitte, auch einer Beschwerde, aber nicht selten auch eines Streiches geschehen. Danach ist auch das Vorrecht, gegen seinen Partner Maßnahmen ergreifen zu können, kein unterscheidendes Merkmal des Erziehers.

Worin besteht der eigentliche Unterschied? Offenbar in dem Bewußtsein des entweder *selbstverständlichen* oder – im Rahmen eines Amtes erhaltenen – *ausdrücklichen* Auftrags. Der Erzieher handelt – solang er erzieht und nicht etwa nur seinen Zorn austobt – im Bewußtsein dieses Auftrags und der aus ihm hergeleiteten Verantwortung für das, was aus seinem Zögling wird. Ein entsprechendes Auftragsbewußtsein ist beim Zögling dem Erzieher gegenüber nicht vorhanden.

Es war eben von „Erwartungen" des Erziehers die Rede. Was ist damit gemeint? – Um es etwas einfach, in der Sprache der Steuerungslehre oder „Kybernetik" auszudrücken: der Erzieher findet seinen Zögling in einem gewissen „Ist-Zustand" vor, mit bestimmten Fertigkeiten und Kenntnissen, mit bestimmten Manieren und Gewohnheiten, auch mit bestimmten Ansichten über das, was man soll, was man darf und was man nicht darf, was „gut" und was „schlecht" oder „böse" ist. Auf der anderen Seite hat er einen „Soll-Zustand" vor Augen, in den sich der Zögling nach seiner Meinung zum Teil schon sogleich, zum Teil bald, zum Teil erst viel später begeben soll, weil er für das Können, Wissen und Verhalten eines Erwachsenen in unserer Gesellschaft kennzeichnend ist oder, genauer gesagt, eine Art Mindestanforderung darstellt. Der Erzieher betrachtet es als seine Aufgabe, durch sein eigenes Verhalten, durch die Art seines Umgangs mit dem Zögling, oder wie man vielfach mit einem etwas schiefen Ausdruck sagt, durch die Art, wie er ihn „behandelt", den Übergang vom gegenwärtigen Ist-Zustand in einen künftigen Ist-Zustand herbeizuführen, der mit dem jetzigen Soll-Zustand übereinstimmt.

Damit ist zugleich die Begriffsbestimmung des „Erziehens" gegeben. Würde sich der Ist-Zustand des sich entwickelnden Wesens ohne Eingreifen eines anderen in jedem Augenblick mit dem seiner Entwicklungsstufe entsprechenden Soll-Zustand dekken und den entwicklungsbedingten Änderungen des Soll-Zustandes von selbst laufend folgen, so gäbe es keine Erziehung. Sie wäre nicht nötig.

Jeder erzieherische Vorgang stellt demnach vier Bündel von Fragen. Sie beziehen sich

1. auf die Eigenart des Zöglings und ihre, zum Teil altersbedingten, Möglichkeiten und Grenzen, und auf die Gesetzmäßigkeiten seines Erlebens, Fühlens und Verhaltens, insbesondere seines Ansprechens auf äußere Einwirkungen: man kann nicht jedem Schüler beliebigen Alters Beliebiges und dazu auf beliebige Weise beibringen;

2. auf die Eigenart des Erziehers und ihre Möglichkeiten und Grenzen, und auf die Gesetzmäßigkeiten seines Erlebens, Fühlens und Verhaltens, insbesondere seines Ansprechens auf die Rückwirkungen seiner Versuche, einen Zögling zu beeinflussen: man kann auch nicht jedem Erzieher beliebige Ratschläge und Anweisungen erteilen und erwarten, allein sein guter Wille genüge, um sie ohne Rückfälle auszuführen (*Tausch* 1970);

3. auf die Ziele der Erziehung;

4. auf die Wege zu diesen Zielen, mit anderen Worten auf die Mittel und Verfahrensweisen des Erziehens, im einzelnen des Bildens, Belehrens, Unterrichtens, und auf das sinngemäße Verhalten des Erziehers in einfachen und schwierigen Lagen.

Mit der ersten, zweiten und vierten Fragengruppe beschäftigt sich zweifellos die Psychologie. Dies ist besonders einleuchtend bei der vierten. Der Erzieher hat nicht nur dafür zu sorgen, daß der Zögling *ihn* versteht; ihm selber ist es aufgegeben, sich auch in die Lage seines Zöglings zu versetzen und zu erraten, wie die Welt für ihn aussieht, was ihn bedrückt und umtreibt, und worauf er mit seinem, oft zunächst verwunderlichen, Verhalten hinauswill. Tut der Zögling nicht, was man von ihm erwartet, so muß der Erzieher fähig sein, zu unterscheiden, ob er nicht will oder nicht kann oder überhaupt nicht weiß, was er soll. Besteht kein Zweifel, daß er nicht will, so muß der Erzieher fähig sein, zu erraten, warum: ob er sich fürchtet, zu versagen und möglicherweise ausgelacht zu werden, ob ihn bloß die Augen der Zuschauer verwirren und lahmlegen, und schließlich, ob es sich nur um eine Umstellungsschwierigkeit handelt, zu deren Behebung weiter nichts als ein wenig Geduld vonnöten ist. Er muß wissen, wie man einen Menschen in Gang setzt, wie man ihm einen Gegenstand nahebringen muß, um das fruchtbare Staunen in ihm zu wecken; was für Folgen eine Verfehlung haben muß, um in dem Zögling nicht Angst, Trotz und geheime Rachegelüste zu wecken, statt ihm die Gelegenheit zu verschaffen, innerlich einen Schritt vorwärts zu tun.

Wenn ein Schüler dem Unterricht „nicht folgt", muß es dem Erzieher erstens selbstverständlich sein, daß das außer „mangelndem Interesse" noch viele andere Gründe haben kann. Er muß zweitens fähig sein, herauszufinden, ob der Unterricht ihm über den Kopf geht, ob seine Phantasie mit ihm durchgeht, ob er Kummer hat (zum Beispiel, weil er eine schwere Enttäuschung erlitten hat oder weil zu Hause die Eltern miteinander in Fehde liegen), oder ob er nur kurzsichtig oder schwerhörig ist, eine Brille braucht und in die vordere Reihe gesetzt werden muß. Dazu kommen so einfache Fragen wie die Vermeidung nutzlosen Aufwands beim Lernen und vieles andere mehr.

Bei der dritten Fragengruppe liegt die Zuständigkeit der Psychologie nicht so klar zutage. Nach *Herbart* (1835), der noch nicht der Psychologiefurcht verfallen war, werden die Ziele der Erziehung von der Ethik gesetzt. Das leuchtet ein. Die Erziehungsziele verschiedener Gesellschaften weichen, je nach der in ihnen herrschenden Ethik, mehr oder weniger stark voneinander ab. Das ist nichts Neues. Aber unbeantwortet ist die Frage, ob sie in allem und jedem, das heißt in beliebigen Hinsichten, voneinander abweichen können – wie es die Behauptung von der „Relativität" der Ethik besagt; ferner die Frage, ob sie beliebig *stark* voneinander abweichen können, ob man zum Beispiel auch eine Forderung, die irgendwo gestellt und eingehalten wird, irgendwo anders in ihr Gegenteil verkehrt vorfindet. Offenbar gibt es hier Grenzen, mit denen sich zum Beispiel *Karl Duncker* (1939) beschäftigt hat. So hat die Verurteilung von Feigheit – zum Beispiel auch im Sinne mangelnder Zivilcourage – und von Verrat eine bemerkenswert weite Verbreitung.

Gerade die Soziologen haben – in der Nachfolge von *Karl Marx* – im Glauben an die Formbarkeit und Umformbarkeit des Menschen durch die Gesellschaftsstruktur als solche und auch durch planmäßige Beeinflussung bis heute eine erstaunliche Zuversicht bewiesen, deren Gründe man nicht recht sieht, wenn überhaupt andere Gründe da sind als das Wort des großen Mannes. Die politischen Ereignisse der letzten Jahre haben nicht viel zur

Bestätigung dieses Glaubens beigetragen. Die Menschen, die 50 Jahre lang in das Glück des autoritären Kommunismus gezwängt waren und durch fast tägliche Belehrung auch innerlich dazu bekehrt werden sollten, verwandelten sich zum großen Teil nicht in überzeugte, aufrechte Kommunisten. Ein kleinerer Teil von ihnen wurde zu machthungrigen Opportunisten, wie es sie in der ganzen Welt gibt. Zum größeren Teil ging ihr Weg über den inneren zum äußeren Widerstand und nach dessen Brechung über die Verzweiflung in ein dumpfes Hinkümmern, das sich mit der Stillung der dringendsten leiblichen Bedürfnisse begnügt. Und daß bei uns in 20 Jahren konfessioneller Schule mehr fröhliche, überzeugte und wirklich christliche Christen herangewachsen seien, als das ohne sie der Fall gewesen wäre, wird man nur bei einem erheblichen Grad von Verblendung behaupten wollen.

Besonders auffallend hat die Entwicklung im Osten gezeigt, daß der Verzicht auf persönliches Eigentum und vor allem der Verzicht auf bessere Entlohnung besserer Leistung – etwa in der Landwirtschaft – produktive Kräfte in beunruhigendem Maße lahmlegt, daß beispielsweise bei den Taxifahrern die von der Leistung unabhängige feste Besoldung die Freude an der Dienstleistung zum Erlöschen bringt und daß in Gewerbe und Handel beim Fehlen des Leistungs- und Güte-Wettbewerbs in einer wettbewerbsfrei gelenkten Wirtschaft der Sinn für das beste mögliche Angebot abhanden kommt, wie wir es in den Zeiten der „Zwangswirtschaft" während der beiden letzten Kriege selbst erlebt haben und es heute an den Geschäften in den Einkaufszentren der Vorstädte aufs Neue erleben, deren Angebot und Umgangston mangels Konkurrenz vielfach gleichermaßen erbärmlich sind.

In Lebensbereichen, die nicht so sehr im Mittelpunkt der marxistischen Gesellschaftslehre stehen, hat man die von dieser Theorie *nicht* vorausgesehenen Auswirkungen auch in den kommunistischen Staaten selbst aufmerksam verfolgt und die nötigen Gegenmaßnahmen getroffen. So kommt es, daß die zunächst theoriegemäß den Einzelnen völlig freigegebenen und ihrem Belieben anheimgestellten Beziehungen zwischen den Geschlechtern schon seit langem überall wieder aufs strengste geregelt sind und daß man in der Aufzucht der Kinder sogar einen der Lieblingsgedanken des Kommunismus: die frühe Trennung der

Kinder von ihren Eltern und ihre Pflege und Erziehung durch „Fachkräfte" in großen Gruppen, schon seit Jahren grundsätzlich aufgegeben und auch die praktischen Folgerungen mit einer Entschlossenheit zu ziehen begonnen hat, die den Neid der Eltern im „individualistischen" Westen zu erwecken geeignet ist.

Und dieser Neid ist um so begründeter angesichts der Tatsache, daß von den am fortschrittlichsten gesonnenen jungen Erziehern in unserer Mitte die inzwischen im kommunistischen Osten infolge unerwünschter Auswirkungen wieder aufgegebenen Erziehungsgrundsätze eines Wilhelm Reich und anderer Schüler Freuds aus den zwanziger Jahren ausgegraben wurden und völlig unkritisch als vermeintlich neueste – und gesicherte – Erkenntnisse ihren „antiautoritären" Erziehungsversuchen zugrunde gelegt werden.

Mit einem Wort, trotz aller Unterschiede zwischen den Völkern und Zeiten trifft es nicht zu, daß man durch Erlaß beliebige Ethiken oder Moralen festsetzen und ihre Einhaltung erzwingen kann, ohne daß sich im Verhalten der betroffenen Menschen immer wieder unerwartete und oft durchaus nicht wünschenswerte Veränderungen vollziehen.

Die Bildbarkeit des Menschen ist zwar erstaunlich. Sie hat aber Grenzen, die sich in eben diesen unvorausgesehenen Folgen willkürlicher Festsetzungen bemerkbar machen. Die Ermittlung dieser *Grenzen* der Bildbarkeit des Menschen, innerhalb deren alle ethischen Festsetzungen sich werden halten müssen, gehört einleuchtenderweise ebenfalls zu den Aufgaben der Psychologie. Das bedeutet, daß diese Wissenschaft zu sämtlichen vier oben aufgezählten Fragengruppen ihren Beitrag zu leisten hat.

Nur kurz sei darauf eingegangen, daß es in der Pädagogik in den letzten Jahren einige Stimmen gegeben hat, nach welchen nicht die Psychologie, sondern eine eigene, der Erziehungslehre unmittelbar zugeordnete Grundlagenwissenschaft dem Erzieher die für seine Arbeit erforderliche Kenntnis des Menschen verschaffen sollte (vgl. *Rest* 1961, *Loch* 1963). Man hat ihr den wohlklingenden Namen „Paidologie" gegeben, war aber bisher offenbar nicht imstande, den Nachweis zu führen, daß der Gegenstand und die Verfahren dieser neu geforderten Wissenschaft sich in irgend etwas von denjenigen der Psychologie unterscheiden und daß ihre Ergebnisse andere sein können, als sie in den letzten 80 Jahren von der Kinder- und Entwicklungspsychologie, von der Denk-, Lern- und Gedächtnispsychologie sowie von der Psychologie der Antriebe, des Fühlens und des Wollens schon zutage gefördert worden sind und laufend weiter zutage gefördert werden. Dieser wissenschaftstheoretische Versuch erweckt den Eindruck, als falle er als solcher unter die psychologischen Probleme der Selbstbestätigung und der Abwehrmechanismen (vgl. *Adler* 1912 u. f., *Anna Freud* 1936).

Der Pädagoge vergibt sich nichts, wenn er sich damit abfindet, daß er auf die Psychologie als unentbehrliche Zubringerwissenschaft angewiesen ist, sowenig wie der Psychologe sich etwas vergibt, wenn er sich mit der Tatsache abfindet, daß Seelisches nur in Verbindung mit dem Leib vorgefunden wird und von dessen Zustand und Verfassung bis ins Letzte mitbedingt ist, und daß er infolgedessen ohne eine ausreichende Kenntnis der Physiologie und ohne Berücksichtigung physiologischer Tatbestände seine eigene Wissenschaft nicht sachgemäß betreiben kann. Die Kette der Abhängigkeiten setzt sich übrigens fort; sonst bräuchte der Physiologe nicht Chemie und Physik zu studieren, und der Physiker nicht Mathematik.

Zum festen Bestand dessen, womit ein junger Psychologe während seines Studiums sich beschäftigen muß, gehört – neben Teilgebieten wie Sozialpsychologie und Tiefenpsychologie – auch die „pädagogische Psychologie". Sie ist kein Sachgebiet *neben* den anderen, sondern geht durch alle inhaltlich definierten Gebiete hindurch. Es werden in ihr aus der Allgemeinen Psychologie – der Lehre vom Wahrnehmen und vom Denken, vom Lernen und vom Gedächtnis, von „Vorsatz, Wille und Bedürfnis" – also von den treibenden Kräften des menschlichen Handelns –, desgleichen aus der Entwicklungspsychologie und der Persönlichkeitslehre und nicht zuletzt auch aus den Erkenntnissen der tiefenpsychologischen Schulen diejenigen zusammengefaßt, die für den Erzieher von Bedeutung werden können. Dazu kommen Erkenntnisse von Pädagogen, die sie bei ausdrücklicher oder unausdrücklich-gefühlsmäßiger, jedenfalls aber unbeirrter Anwendung bewährter psychologischer Grundsätze gewonnen haben.

Es besteht ja in der Zeitfolge wesentlicher pädagogischer und psychologischer Erkenntnisse in vielem ein paradoxes Verhältnis: Vieles von dem, was die „neue Erziehung" (Berthold Otto, Gaudig, Kerschensteiner und viele andere) zu Beginn dieses Jahrhunderts mit großer Gefühlssicherheit erprobte, erhielt erst

Jahrzehnte später in der Psychologie seine theoretische Begründung. Man sollte gleichwohl diese Begründung nicht gering achten; denn nur sie verleiht dem zugehörigen Stil des Erziehens die nötige Unangreifbarkeit und Dauer.

Bei dem Versuch einer Übersicht über das erzieherisch Bedeutsame an den Ergebnissen der Psychologie steht man vor zwei Schwierigkeiten: Erstens ist es nicht leicht, aus der Fülle der einschlägigen Arbeiten diejenigen herauszuheben, die dem Erzieher etwas Brauchbares zu sagen haben. Zweitens aber, was nur scheinbar mit dem ersten im Widerspruch steht, sind die gesicherten Erkenntnisse nicht gleichmäßig über die ganze Breite erzieherischer Aufgaben verteilt. Versucht man einen geordneten Überblick über die Menge dieser Aufgaben zu gewinnen, berücksichtigt man zugleich die Mannigfaltigkeit menschlicher Beziehungen, innerhalb deren erzieherische Aufgaben auftreten, und beschränkt sich dabei nicht auf die naheliegenden Beziehungen zwischen Eltern und Kindern, zwischen Kindergarten-Tanten und ihren Schützlingen, zwischen „Schul"-Lehrern und Schülern, sondern geht auch auf die Beziehungen zwischen Hochschullehrer und Student, Handwerksmeister und Lehrling, Werkmeister und Arbeiter, Unteroffizier und Rekrut, Politiker und Bürger, Seelsorger und Gemeindeglied, Arzt und Kranken ein, so ergibt sich ein Bild, das einer fotografischen Aufnahme eines „wechselnd bewölkten" Gebiets von einem Satelliten aus entspricht, in der klar sich abzeichnende und unsichtbare Stellen miteinander abwechseln. Es ist gar nicht möglich, für jedes Anwendungsgebiet und für jede besondere Lage besondere und außerdem begründete und verantwortbare Anweisungen zu geben. (Außerdem hätte dies auch dort, wo es möglich wäre, nicht viel Sinn, weil dadurch das meiste von dem vorweggenommen worden wäre, was zum Programm der drei übrigen Bändchen dieser Reihe gehört.)

Es erscheint daher zweckmäßig, sich vor allem um das *Grundlegende* zu kümmern, das für die verschiedensten besonderen Lagen und Verhältnisse seine Geltung behält; und darüber hinaus über eine Reihe von besonderen Untersuchungen zu berichten, deren Auswahl danach getroffen wird, ob sie einem dringenden Bedürfnis der Erzieher entgegenkommen, ob sie ihnen für die Bewältigung ihrer Aufgabe neue Aufschlüsse vermitteln, ob sie geeignet sind, ihnen ihre Aufgabe in einem neuen Licht erscheinen zu lassen und ihnen neue Anstöße zu geben.

Die Entwicklung der Psychologie vollzieht sich, wie die jeder anderen jungen Wissenschaft, in der Auseinandersetzung von Schulen, die von sehr bestimmten allgemeinen Grundanschauungen über das „Wesen" oder die „Natur" ihres Gegenstandes, hier des Menschen, ausgehen; Grundanschauungen, die vielfach als so selbstverständlich angesehen werden, daß man mit ihrer Erörterung und Prüfung keine Zeit verliert (vergleiche darüber ausführlich und allgemein *Metzger* 1968 b). Mit diesen Grundanschauungen ist nicht nur für die spezielle Theoriebildung, sondern auch für die Ableitung von Vorschlägen für den Umgang mit Menschen ein bestimmter Rahmen festgelegt, über den man nicht hinausdenken kann, ohne sich mit sich selbst in Widerspruch zu setzen.

In der Regel sind diese Grundanschauungen auf bestimmten Teilgebieten der Psychologie belegbar und in einer Annäherung, die als ausreichend empfunden wird, im Einklang mit den Befunden. Hierüber grundsätzlich *Holzkamp* 1964, Seite 14–24, 1968, Seite 97–237. Es gehört aber zu den Eigentümlichkeiten wissenschaftlichen Denkens, mit seinen Vermutungen sogleich weit über den schon geprüften oder unschwer prüfbaren Teilbereich hinaus und möglichst gleich aufs Ganze zu gehen.

Der Beitrag der empiristischen Schulen

So hat der *Empirismus,* der seit dem 18. Jahrhundert bis zum heutigen Tag das Denken des englisch und auch des russisch sprechenden Teils der Menschheit beherrscht, auf Grund gewisser Beobachtungen aus dem Gebiet einfacher Lernvorgänge ein umfassendes Menschenbild entwickelt, als dessen gegenwärtige Verwirklichungen die russische Reflexologie und der amerikanische Behaviorismus und als deren Begründer *I. P. Pawlow* und *J. B. Watson* gelten.

Pawlows erste hierher gehörige Veröffentlichung stammt aus dem Jahr 1904, *Watsons* Verkündigung der Wissenschaftslehre des Behaviorismus aus dem Jahr 1913. Die Grundzüge der behavioristischen Lerntheorie wurden aber von *Thorndike* schon 1898 veröffentlicht. Genaugenommen hat also Amerika die Priorität.

Die erzieherischen Ratschläge, die aus diesem Menschenbild folgen und die uns zur Zeit mit der Selbstsicherheit und missionarischen Eindringlichkeit moderner Firmenwerbung ans Herz gelegt werden, sind in ihrer ausgeprägten Form für den Lehrer gesunder Kinder durch die Namen *Skinner* und *Correll*, für den Heilerzieher und Therapeuten durch die Namen *Eysenck* und *Brengelmann* mit ihrer „Verhaltens-Therapie" gekennzeichnet.

Die Lehre, nach welcher alles, was man weiß und kann, auf Neuerwerbung im Einzelleben zurückgeht, betrachtet *zugleich* den ganzen Menschen psychologisch als ein *Aggregat* von mehr oder weniger selbständigen Einzelfunktionen, die unabhängig voneinander erworben und auch wieder abgelegt werden können. Dem Vergleich mit einem Gemüsebeet, aus dem der Gärtner die Unkrautpflanzen einzeln ausjäten und die Gemüsesetzlinge einzeln einpflanzen kann, liegt nahe. Nicht nur das Sprechen und Schreiben, auch das gute und schlechte, gesunde oder krankhafte Verhalten in der Gemeinschaft ist danach eine Summe solcher Gewohnheiten, die man sich irgendwann aus irgendwelchen Gründen einmal einzeln angeeignet hat und die man, falls sie die Gemeinschaft oder den einzelnen selbst stören oder falls sie nichts mehr nützen, wie die Muttersprache in einem fremden Land, ebenso einzeln wieder austreiben oder einschlafen lassen und durch andere ersetzen kann.

Niemand wird leugnen, daß es Gewohnheiten in diesem Sinne gibt; auch daß sie durch angenehme Auswirkungen gefestigt („reinforced" oder „verstärkt") und durch unangenehme Auswirkungen geschwächt („extinguished", das heißt „gelöscht" oder, im schöneren Deutsch unserer Tage, „extinguiert") werden. Daß nicht die Gewohnheit, sondern der Zögling selbst verstärkt werde, ist eine Behauptung von *Correll*, deren Sinn mir freilich bisher dunkel geblieben ist. Eine andere Frage ist aber, erstens, ob es sinnvoll ist, jede angenehme Auswirkung eines Tuns als „Belohnung" (reward) und jede unangenehme als „Bestrafung" (punishment) zu bezeichnen; zweitens, ob man die Berechtigung und Zweckmäßigkeit eines pädagogischen Lohn-Strafe-Systems daraus ableiten kann (worauf wir gleich noch zurückkommen); drittens, ob man jede *neurotische* Verhaltensstörung einfach als eine unzweckmäßige Gewohnheit einordnen kann. Dies wird von den Vertretern der Verhaltenstherapie ausdrücklich behauptet. Sie sind daher zu dem alten Verfahren zurückgekehrt, die Symptome unmittelbar, gewissermaßen im örtlichen Frontalangriff, zu behandeln: sie dem Kranken kurzerhand abzugewöhnen; was sicher manchmal möglich ist. Man hat damit die alte Auffassung wieder zum Leben erweckt, deren Überwindung bis heute zu den großen Taten von *S. Freud* gezählt wurde, in seiner inzwischen oft genug bestätigten These, daß neurotische Störungen *Symptome innerer Konflikte* seien und nur durch deren Auflösung endgültig (das heißt ohne das Auftreten von Ersatzsymptomen) beseitigt werden können. Die Verhaltenstherapeuten haben insoweit recht, als es verfestigte Symptome gibt, die nach Beseitigung des auslösenden Konflikts gewissermaßen leer und bedeutungslos weiterbestehen und in einem besonderen letzten Arbeitsgang tatsächlich „abgewöhnt" werden müssen, indem man vernünftigere, zweckmäßigere einübt.

Und noch etwas Weiteres bleibt fraglich: nämlich, ob man sich noch innerhalb des Rahmens befindet, der durch diesen Ansatz unverrückbar festgesetzt ist, wenn man davon spricht, wie wichtig und hilfreich es für den Erfolg einer Umgewöhnungsveranstaltung sei, daß der Patient „entspannt", „ermutigt" und sein „Selbstvertrauen gestärkt" werde.

Jede Gewohnheit besteht aus der *Verknüpfung* einer Lage oder *Situation* (S) und eines *Verhaltens*, das sinngemäß als Antwort, response, *Reaktion* (R) auf diese Lage verstanden wird.

Einige Bemerkungen zum Sprachgebrauch: Der Buchstabe S, mit dem wir hier die *„Situation"* kennzeichnen, steht im Amerikanischen für „stimulus", was, wenn überhaupt, mit „Reiz" ins Deutsche übersetzt zu werden pflegt. Diese Übersetzung ist aber sinnlos. Denn tatsächlich sind die Sachverhalte, die ein bestimmtes Verhalten auslösen können, in der Regel weder „Reize" im erkenntnistheoretischen Sinne von „objektiven" Reiz*quellen* („distant stimuli", „Fernreizen"), noch im physiologischen Sinne von physikalisch-chemischen Einwirkungen auf Sinneszellen oder Rezeptoren („proximal stimuli", „Nahreize"), sondern es sind *Phänomene*, das heißt, *anschaulich gegebene Gegenstände* oder Ereignisse, die im Rahmen der Ausbildung des Sehfeldes entstehen, die auf Grund der jeweiligen raumzeitlichen Verteilung der Reize auf den Sinnesflächen zustande kommt. Dieser Tatsache wird – im Gegensatz zu dem völlig verschwommenen amerikanischen Sprachgebrauch – hier Rechnung getragen, indem dem Buchstaben S die Bedeutung „Situation" zuerteilt wird[1].

Die *Verknüpfung* zweier (oder mehrerer) zuvor selbständiger seelischer Sachverhalte ist schon im Altertum und dann wieder in der gesamten neueren empiristischen Psychologie als *ein*, wenn nicht *der* Grundvorgang alles seelischen Geschehens betrachtet worden. Doch war in der älteren Psychologie der bevorzugt behandelte Beispielsfall die Verknüpfung zweier *Bewußtseinsinhalte*, wie etwa eines Wortes und seiner Bedeutung, einer Person und ihres Namens, eines Namens und einer Fernsprechnummer, eines Ortes und eines Ereignisses, das sich dort abspielte, oder auch zweier Personen, die man häufig zusammen gesehen hat. Wenn, wie im Fall der Gewohnheit, die miteinander verknüpften oder assoziierten Glieder eine *Situation* und ein *Verhalten* sind, so hat es sich eingebürgert, ihre Verknüpfung *Konditionierung* (englisch conditioning) zu nennen. Das zugehörige *Verhalten* pflegt man zur Zeit als „bedingte Reaktion" und die Situation, mit der es neu verknüpft ist, als „bedingten Reiz" zu bezeichnen.

Der Ausdruck *Konditionierung* wird jedoch neuerdings zur Kennzeichnung von zwei klar unterscheidbaren Sachverhalten verwendet: Bei dem von *Pawlow* und seiner Schule sowie von *J. B. Watson* untersuchten Sachverhalt geht ein bestimmtes, fest vorgegebenes, in einer bestimmten Lage sinnvolles und an sie gebundenes, biologisch verankertes Verhalten mit einer zeitlich benachbarten – am besten um kurze Zeit *vorausgehenden* – Lage eine *neue* Verknüpfung ein. Die neue Lage wird im günstigen Fall zum *Signal* für die darauf folgende, und die fragliche Tätigkeit wird infolgedessen vorwegnehmend *schon von ihr* ausgelöst. Hier bleibt die *Tätigkeit unverändert.* Es variiert die auslösende Situation. Um ein einfaches Beispiel zu nennen: Der hungrige Säugling hört zunächst erst auf, zu schreien, wenn er die Brust zwischen den Lippen spürt; später schon, wenn er aufgenommen wird, noch etwas später bereits, wenn die Mutter hereinkommt, usw. Man könnte diese Art der Konditionierung oder Verknüpfung daher auch passive oder „vernehmende" nennen.

---

1 Der (einzig korrekte) Sprachgebrauch „Situation" statt „stimulus" findet sich schon bei Thorndike, Human Learning (1931), S. 101, sowie bei E. R. Guthrie, Psychology of Learning (1935), S. 19, hat aber bisher nicht Schule gemacht.

In dem von *Thorndike* und später von *Hull, Skinner* und vielen anderen untersuchten Fall der Verknüpfung ist das Lebewesen *aktiv.* Es *operiert* (daher der Name „operant conditioning"). Das Lebewesen *sucht* nach einem Verhalten, das geeignet ist, *ein Ziel zu erreichen.* Es sucht eine Situation herzustellen, die befriedigender ist als die gegenwärtige. Das geeignete Verhalten kann man sinngemäß auch als ein *Werkzeug* (ein Instrument) zur Erreichung des Ziels bezeichnen (daher der Name „instrumental conditioning" oder „instrumentelle Verknüpfung"). Hierbei ist – im genauen Gegensatz zu den von *Pawlow* und Nachfolgern untersuchten Verhältnissen – das Ziel (das heißt die angestrebte Situation) fest vorgegeben, und *es variiert das Verhalten.* Und zwar wird dieses so lange verändert, bis es die Erreichung des angestrebten Ziels herbeiführt. Als ein dem Erzieher naheliegendes Beispiel sei der von *Ch. Bühler* beschriebene Übergang vom sogenannten „primären" zum „sekundären" Trotz genannt. Ein Kind stößt mit einem bestimmten Wunsch auf den Widerstand der Eltern. Es fängt an zu probieren, wie man sie zum Nachgeben veranlassen kann. Es bettelt, es schmeichelt, es weint, endlich bekommt es einen Trotzanfall. Geben nun die Eltern nach, so werden die bisher rein anfallsartig auftretenden Trotzszenen zu einem *Werkzeug,* das das Kind künftig *anwendet,* um die Eltern zum Einverständnis mit seinen Wünschen zu veranlassen.

Im folgenden beschränken wir uns auf die Erörterung der instrumentellen Verknüpfung, da sie für den Lehrer von weitaus größerer Bedeutung ist.

Die S-R-Verknüpfung kann zufällig entstanden oder von einem kleinen Gott durch zweckmäßige *Verhängung* angenehmer oder unangenehmer Folgen herbeigeführt sein, ist aber im Grund stets *zufällig* („kontingent"). Das bedeutet: Es läßt sich keiner *Lage* unmittelbar und im voraus ansehen, ob irgendein Verhalten in ihr angenehme oder unangenehme Folgen haben wird. Ebenso läßt sich keinem *Verhalten* unmittelbar und im voraus ansehen, ob es in irgendeiner Lage angenehme oder unangenehme Folgen haben wird. Dies kann nur ausprobiert und nachträglich – ich betone: *nachträglich* – am Erfolg abgelesen werden. Dies ist der Sinn des „trial-and-error"-Lernens, wie es *Thorndike* in den 90er Jahren des vorigen Jahrhunderts in seinen berühmt gewordenen Tierversuchen erforscht hat und über das die amerikanische Lerntheorie trotz aller Verfeinerung und trotz ihrer Mathematisierung bis heute nicht hinausgelangt ist. Auch ihre *Umbenennung* in „operant" oder „instrumental" „conditioning" ändert daran nichts. (Die Formel *Thorndikes* ist übrigens, wie viele neuere amerikanische Fachausdrücke in unserer Wissenschaft, schief; sie deutsch mit „Versuch und Irrtum" wiederzugeben, ist unzweckmäßig; denn das Lernen bzw. die Gewohnheitsbildung beruht ja ebensosehr auf dem Gelingen wie auf dem Mißlingen des Versuchs. Und irren kann man nur, wenn man etwas Bestimmtes vermutet, aber nicht, wenn man blind herumprobiert.)

Daß auch der Zusammenhang zwischen jeder beliebigen, für den Zögling neuen Aufgabe und ihrer (richtigen) Lösung rein zufällig ist und ebenfalls nur durch unermüdliches Herumprobieren gefunden werden kann, hat eine bemerkenswerte Folge: Es führt nämlich zu der Frage: Welches ist – nach diesem Ansatz – das Merkmal, an dem der Lernende erkennen kann, ob er die richtige Lösung gefunden hat? Man sagt, es sei die *„Belohnung"*, das heißt eine irgendwie angenehme Folge seines Bemühens. Worin diese angenehme Folge besteht, läßt sich leicht sagen, wenn der Lernende ein bestimmtes praktisches Ziel verfolgt und dabei irgendwelche äußerlichen technischen Schwierigkeiten zu bewältigen hat. Ist er in einem Käfig eingeschlossen und sein Ziel ist, ins Freie zu gelangen, oder hat er Hunger und seine Nahrung ist so untergebracht, daß er sie nicht ohne weiteres greifen kann, so ist die *Erreichung* dieses Ziels – im ersten Fall die Freiheit, im zweiten das Futter in der Hand oder im Schnabel – zugleich die „Belohnung" und der Beweis für die Richtigkeit seines Verfahrens.

Wie aber, wenn ein Schüler etwas lernen soll, wozu es ihn *nicht* drängt, weil er es noch gar nicht kennt und auch nicht ahnen kann, wozu es vielleicht später einmal gut sein könnte? Wenn er etwa in der Schule eine Rechenaufgabe lösen soll? Der Zahl, die er nach einer mehr oder weniger gut verstandenen und mehr oder weniger sorgfältig befolgten Anweisung ausgerechnet hat, kann er dann nicht ansehen, ob sie richtig oder falsch ist. Er kann also auch nicht wissen, ob sein Verfahren zweckmäßig war oder nicht. Es muß jemand in der Nähe sein, der bei der falschen Lösung „falsch" sagt oder ihm auf die Finger klopft, und bei der richtigen „richtig" sagt oder einen Bonbon spendiert. (Dies wird zum Beispiel von *Correll* ausdrücklich so gesagt.) Dies aber hat für alle Aufgaben außer den technischen eine weittragende Folge:

Man kann nach diesem Verfahren *nichts lernen, was nicht schon ein anderer weiß*. Wodurch aber bei theoretischen (nicht technischen) Problemen, die *völlig* neu sind, der fehlende Mann, der „richtig" und „falsch" sagt, ersetzt werden kann, dafür gibt er kein Prinzip an. Seine Theorie ist so angelegt, daß es in ihr ein solches Prinzip *nicht geben kann*. Infolgedessen kann aus ihr auch *keine* Anleitung darüber abgeleitet werden, wie man *neue theoretische* Erkenntnisse gewinnt. Was darüber in den Schriften von Lerntheoretikern steht, sind entweder Wortspielereien oder getarnte Entlehnungen aus *anderen* Ansätzen, die mit dem klar formulierten Ansatz der Lerntheorie nicht vereinbar sind.

Man kann Lehrprogramme wirksamer gestalten, indem man sie zwischen eine vorausgehende und eine abschließende freie Erörterung des Problems durch den Lehrer einbettet und statt *Skinners kleinsten* Lernschritten die sachlich *sinnvollsten* wählt (*Bartmann* 1966, 1975). Aber auch hierbei wird kein Prinzip der Erkennbarkeit der richtigen Lösung gewonnen.

Wir fassen zusammen: Eine Theorie, nach welcher der Mensch, psychologisch gesehen, die *Summe* (oder das Aggregat) von im *Einzelleben* durch *Zufälle* erworbenen, voneinander grundsätzlich *unabhängigen* Gewohnheiten ist, ist nicht nur möglich, sondern zur Zeit über die ganze Welt verbreitet, und ihre Anhänger treten infolgedessen außerordentlich selbstsicher auf. Es gibt sogar in unserer toleranten Zeit wissenschaftliche Zeitschriften, die eine Untersuchung, deren Ergebnisse sich mit dieser Lehre nicht vertragen, an den Verfasser zurückschicken.

Es wird aber schon nach dem Gesagten mehreres deutlich geworden sein: Die Ratschläge an den Erzieher, die man aus dem von der „Lerntheorie" entworfenen Bild des Menschen ableiten kann, laufen unmittelbar und zwingend auf eine Ehrenrettung des altüberlieferten Grundsatzes von *„Zuckerbrot und Peitsche"* hinaus. Daß man neuerdings auf Grund von schlechten Erfahrungen (auch an Tieren) das Zuckerbrot der Peitsche vorzieht und dem Erzieher empfiehlt, seinen Zögling möglichst wenig zu tadeln und zu strafen, ihn aber fortgesetzt zu loben, versüßt diesem zwar das Leben; aber es ändert nichts daran, daß nach diesem Grundsatz manipuliert und nicht erzogen wird. Daß auch Lob schädlich sein kann, darauf haben schon *Locke* (1699) und *Spencer* (1885) hingewiesen. Diese Manipulation und der Umgang mit jungen Menschen, wie er den nachdenklichen und aufgeschlossenen Erziehern von *Pestalozzi* bis heute vorschwebte, *schließen einander aus*. Am Ende solcher Behandlung steht nicht der *freie*, sondern der widerstandslos lenkbare Mensch, der Liebling aller totalitären Systeme und Werbeagenturen.

Ich habe eine klare Erkenntnis dieses Sachverhalts, außer bei *Johannes Flügge* (1969), bisher nur bei dem Amerikaner *J. McV. Hunt* (1965) gefunden. *Hunt* weist darauf hin, daß der Amerikaner, der nebeneinander der modernen (amerikanischen) Psychologie und der modernen Pädagogik anhänge, schizophren sein müsse. Nach den Gesetzen der Wissenschaftsentwicklung könne es nicht ausbleiben, daß dieser Zwiespalt eines Tages aufgelöst werde. Eine von beiden, die Psychologie oder die Pädagogik, werde dabei nachgeben müssen. Und er zweifle nicht daran, daß dies die (amerikanische) Psychologie sei. Inzwischen hat auch *Thomas Gordon*, der aus dem Kreis um *Carl Rogers* stammt, bemerkt, daß „der erfahrene Zirkusdompteur und der Experimentalpsychologe" – er kennt offenbar keinen anderen als den amerikanischen Lerntheoretiker – „... für Eltern, die ihre eigenen Kinder dazu erziehen wollen, sich so zu verhalten, wie es sich Mütter und Väter wünschen würden, keine guten Vorbilder" sind (*Th. Gordon* 1972, S. 167).

Der Beitrag Freuds und seiner Schule

Sigmund Freud war der erste, der den entscheidenden Schritt tat, den Menschen psychologisch nicht mehr als Aggregat, sondern als *„System"* zu betrachten, das dynamisch in sich zusammenhängt und dessen Ruhezustände, falls solche an ihm beobachtet werden, auf einem *Gleichgewicht* von *Kräften* oder Vektoren beruhen. In einem solchen System, in welchem die Zustände jedes Teils und jeder Stelle durch die Zustände an anderen Teilen und Stellen mitbedingt sind und ihrerseits jene mitbedingen, kann man nicht erwarten, daß örtliche Ereignisse nur infolge örtlicher Ursachen zustande kommen und infolgedessen in jedem Fall durch örtliche Eingriffe beeinflußt werden können. In einem solchen System ist es möglich, daß Spannungen, die nicht durch Änderungen an *einer* Stelle ausgeglichen werden können, ihren Ausgleich durch Änderungen an anderer Stelle suchen. Es ist infolgedessen möglich, Vorgänge an unerwarteter Stelle – wie körperliche Beschwerden, Träume und Fehlhandlungen – als „Symptome" zu betrachten.

Diese Grund-Annahme vom *Systemcharakter* des Menschen als beseelten Wesens und vom *Symptomcharakter* von neurotischen Störungen, Träumen und Fehlhandlungen ist von sämtlichen anderen tiefenpsychologischen bzw. psychotherapeutischen Schulen – mit Ausnahme der lerntheoretisch ausgerichteten „Verhaltenstherapie" – übernommen worden. Dabei spielt der Gleichgewichtsbegriff eine besonders bedeutsame Rolle im Ansatz *C. G. Jungs,* während *A. Adlers* Ansatz andere Schwerpunkte hat, wie wir noch sehen werden. Die Symptomfunktion *kann* sich dabei, wie bei *Freud,* auf Blockierungen oder Sperrungen des Spannungsausgleichs an anderer Stelle beziehen, an der Stelle nämlich, wo der Ausgleich normalerweise erfolgt. Dies ist die allgemeine Formulierung für das, was *Freud* in seinem besonderen Fall als „Verdrängung" bezeichnet hat. Die Symptomfunktion *kann* sich aber ebensowohl auch, worauf vor allem *Adler* hingewiesen hat, zum Beispiel auf Nebenziele beziehen, die sich dem Patienten in seine *ausdrücklich* verfolgten Anliegen einschleichen, ohne daß er sich selbst darüber klar ist.

Die Durchführung des Gedankens vom Systemcharakter des Ganzen und vom Symptomcharakter des Einzelnen war nur möglich bei Zurhilfenahme einer zweiten Grund-Annahme, an der *Freud* mit bewundernswerter Unbeirrbarkeit festhielt: mit der Annahme, daß auch im Psychischen alles, was geschieht, streng determiniert ist, mit anderen Worten, daß *nichts,* auch das Absonderlichste und das Belangloseste nicht, *„zufällig"* geschieht.

Diese Annahme bleibt auch dann gültig, wenn, wie zum Beispiel beim *Ranschburg*schen Phänomen, Fehlhandlungen gefunden werden, die *nicht zentral,* sondern durch Reaktionsweisen der peripheren Apparate bedingt sind, also nicht durch die Eigenart der Antriebe, sondern durch die Eigenart der Vorgänge, die dem Sehen und der Steuerung der Bewegung zugrunde liegen, – wenn es sich also herausstellt, daß „*streng* determiniert" nicht ohne weiteres bedeutet „zentral determiniert", daß also nicht *jede* Fehlhandlung und (nach den Befunden von *Kleitmann* und Mitarbeitern) auch nicht jeder Traum als „Symptom" einer Störung des Triebverhaltens gewertet werden darf, wenn also die methodische Forderung zu stellen ist, daß vor jeder triebdynamischen Deutung eines Fehlverhaltens geprüft werden muß, ob es zentral oder peripher bedingt ist.

Hat *Freud* in dieser Hinsicht durch die Annahme der allgemein zentralen Bedingtheit aller Auffälligkeiten den Systemzusammenhang innerhalb des Menschen etwas überbewertet, das heißt, die Gliederung in gegeneinander abgesetzte, trotz aller Wechselwirkung verhältnismäßig selbständige Untersysteme, wie Wahrnehmung und Motorik als zuliefernde und ausführende Organe, nicht genügend in Rechnung gestellt, so hat er in anderer Hinsicht die Einheit der Person in einer Weise in Frage gestellt, die ernsten Einwänden ausgesetzt war und ist. Er hat nicht nur die Mannigfaltigkeit der ungebändigten und undisziplinierten Triebe, an deren Existenz kein Zweifel ist, sondern auch die Mannigfaltigkeit der Verhaltensnormen, an deren innerseelischer Existenz beim Erwachsenen ebenfalls nicht gezweifelt werden kann, zu selbständig agierenden – und mit dem „Ich" als dem „eigentlichen" Subjekt wie auch miteinander meist in Fehde liegenden – *Nebenpersönlichkeiten* zusammengefaßt, deren Bezeichnungen „Es" und „Über-Ich" inzwischen schon in den Sprachgebrauch der Gebildeten eingegangen sind. Der Ausdruck „Nebenpersönlichkeiten" ist nicht überspitzt. Um das zu belegen, genügt ein einziger Satz aus der grundlegenden Abhandlung „Das Ich und das Es" von 1923: „Nach beiden Seiten hilflos, wehrt sich das Ich vergeblich gegen die Zumutungen des mörderischen Es wie gegen die Vorwürfe des (wie es an anderer Stelle heißt, ‚grausam') strafenden Gewissens" oder Über-Ichs. Übrigens hat die für *Freud* grundlegende Dreigliederung der Person ihre Vorläufer in der Alltagspsychologie: das *„Es"* in dem *„inneren Schweinehund"* der Soldaten, den man überwinden muß, um in Gefahr nicht der Angst nachzugeben und in der Not sich nicht auf Kosten der Kameraden zu sättigen usw., – das *„Überich"* in dem (übrigens weit weniger finsteren) *„besseren Ich"*, das am eindrucksvollsten von dem Schweden *Jacobson* in seinen Adamson-Zeichnungen geschildert worden ist.

Wir wollen an dieser Stelle die Notwendigkeit dieser – zugegebenermaßen einleuchtenden und zudem faszinierenden – Konstruktion nicht erörtern, sondern uns mit dem Hinweis begnügen, daß andere Konstruktionen, die der Einheit der Person besser gerecht werden, durchaus möglich sind, und daß man vermutlich auch eines Tages zwischen den verschiedenen Ansätzen wird entscheiden können.

So umwälzend die Einführung eines dynamischen Modells durch *Freud* gewesen ist, so bedeutet sie doch nur einen ersten Schritt und hat sich bei ihm von den Auswirkungen ihrer Herkunft aus der Medizin des 19. Jahrhunderts nie ganz freimachen können.

Zwei einander ergänzende Gesichtspunkte sind hier vor allem zu nennen, in denen eine weitere Fortentwicklung sich als nötig erwiesen hat, nämlich der *Normalzustand* des Systems und seine *Grenzen*.

Erstens betrachtet *Freud* den Menschen als statisches oder noch genauer als „homöostatisches", das heißt, als ein System, dessen Normalzustand die *Ruhe* ist, und das nur in Tätigkeit gerät, wenn es aus seinem Normalzustand des statischen Gleichgewichts – entweder durch äußere Einwirkungen oder durch organische Prozesse (Stoffwechsel, Drüsentätigkeiten usw.) – herausgedrängt worden ist. Die Tätigkeit erfolgt dann in Richtung des Ruhezustandes und dauert so lange, bis dieser erreicht ist.

Zweitens fallen für ihn die *Grenzen des Systems*, innerhalb dessen irgendwelche Kräfte sich ins Gleichgewicht setzen können, mit den *Grenzen des Organismus* zusammen: das Bild des Menschen, das *Freud* zeichnet, ist quasi-solipsistisch: Alles außer ihm selbst, auch die anderen Menschen, sind nur „Objekte", nur Gegenstände, die teils nützlich sind, teils stören.

Wir müssen die beiden Gesichtspunkte noch etwas weiter verfolgen.

Der *erste* bedeutet zugleich, daß man das Verhalten und Erleben eines Menschen *nicht* aus seinen Zielen, Interessen, Absichten, Plänen, Vorsätzen, sondern nur aus den *Ursachen* des jeweiligen Ungleichgewichts verstehen kann und aus den *Ursachen*, die die Wiederherstellung des Gleichgewichts auf dem normalen Weg durch Jahre und Jahrzehnte verhindern. Das Symptom ist ein Hinweis auf das Bestehen eines Teilsystems, dessen Spannung durch lang dauernde Abriegelung sich so weit gesteigert hat, genauer, sich immer wieder so weit auflädt, daß sie an irgendeiner anderen Stelle – als „Ersatzbefriedigung" – Auslaß sucht, der aber immer nur geringfügig und unzulänglich bleibt.

Man könnte natürlich auch den Zustand des Gleichgewichts und der Ruhe als „Ziel" der Tätigkeit des im Ungleichgewicht befindlichen Systems bezeichnen; also die senkrechte Ausrichtung des Pendels oder die (magnetische) Nord-Süd-Richtung der Nadel im Kompaß als „Ziel" ihrer Bewegung auffassen – und so die Ruhe als das Ziel des unter Triebspannung leidenden und Entspannung suchenden Menschen. In der Naturwissenschaft war das weder damals noch ist es heute üblich; infolgedessen konnte *Freud* mit gutem Gewissen überzeugt sein, daß seine Psychologie streng deterministisch sei und insofern nicht gegen das Weltbild der Naturwissenschaften verstoße, nach welchem alles, was geschieht, durch *vorausgehendes* Geschehen unentrinnbar vorherbestimmt ist.

Als seinerzeit *Alfred Adler* „Lebensziele" als Erklärungsprinzipien einführte, wurde dies von ihm selbst wie von seinen Schülern und Gegnern als ein solcher Verstoß empfunden, der von seinen Gegnern verständlicherweise mehr oder weniger ausdrücklich als leichtfertig verurteilt wurde. Es ist darum kein Wunder, daß in individualpsychologischen Schriften der Gedanke der Vorbestimmtheit (des Determinismus) für das menschliche Verhalten so entschieden zurückgewiesen und ebenso entschieden der (finalistische) Gedanke verteidigt wird, daß das Verhalten des Menschen bestimmt sei durch dasjenige, *worauf er sich zubewegt,* worauf er hinauswill, was er damit bezweckt.

Nun *gibt* es aber neben dem Bedürfnis nach Trieb-Entspannung auch geistige Leidenschaften, in denen hochdifferenzierte Ziele auftreten, wie die Gesundung eines Kranken für den Arzt, die Vollendung eines Kunstwerks für den Künstler, die Lösung eines wissenschaftlichen Problems für den Forscher, der Aufbau und das Funktionieren einer Organisation für den Manager, das Gedeihen eines Kindes für die Mutter.

Daß es sich bei den Tätigkeiten, die auf solche Ziele gerichtet sind, um *elementare triebartige* Verhaltensweisen handeln könne, hat noch vor kurzem *Alexander Mitscherlich* aufs entschiedenste bestritten. Im Rahmen des Freudschen Systems gibt es gar keine Diskussion darüber, daß es sich dabei nur um sekundäre, abgeleitete Sachverhalte handeln kann. Über den Ursprung geistiger Leidenschaften, die hier am Werk sind, versucht sich *Freud* bekanntlich durch die Annahme einer „Sublimierung" elementarer Triebenergien, das heißt ihrer „Erhebung in höhere Sphären" Rechenschaft zu geben. Durch diese – bisher nicht gesicherte – Annahme kann er aber nur verständlich machen, daß jenen

Tätigkeiten psychische Energie *zur Verfügung steht*, obwohl es eigentlich nach seinem Ansatz nur Libido- und Aggressionsenergien, d. h. nur geschlechtliche und zerstörerische Antriebe gibt. Doch wird dadurch nicht das geringste zum Verständnis ihrer eigentlichen Natur, ihrer Verschiedenartigkeit und vor allem auch ihrer offenkundigen Zielbestimmtheit beigetragen. Die Sublimierungshypothese läßt genau das unerklärt, was sie erklären soll, nämlich alles, was Kunst und Wissenschaft von den Trieben unterscheidet, aus denen sie entstanden sein sollen, und warum, wenn es nicht gerade ein Liebesgedicht ist, ausgerechnet dies und nichts anderes daraus entsteht (vgl. auch *M. Polányi* 1958, Seite 309).

Wenn also ein Psychoanalytiker dem Lehrer Beherzigenswertes zur Frage der Förderung geistiger Leidenschaften zu sagen hat, so kann dies nur aus seiner unverbindlichen Menschen- und Lebenskenntnis, aber nicht aus dem *Freudschen* System abgeleitet sein.

Daß aus der Theorie *Freuds* für diese Probleme keine echten Lösungen abgeleitet werden können, hängt mit seinen Grund-Annahmen über die Grenzen des dynamischen Systems „Mensch" zusammen. Wir nannten seine Auffassung von diesem System „solipsistisch". Die Spannungen, von deren Ausgleich die Rede ist, sind, streng genommen, ausschließlich inner-organismische Spannungen (vgl. *Freud* 1970, S. 530). Das gilt nicht nur für die orale, anale, urethrale, genitale Befriedigung durch Reizung der entsprechenden Schleimhäute, sondern auch für die Befriedigung aggressiver Gelüste, die sinngemäß nur die zerstörende *Entladung* übersteigerter innerer Spannungen sein kann. Daß die Auffassung vom Menschen eine streng „solipsistische" ist, wird mindestens für die von *Freud* angenommenen Anfangsstadien ganz ausdrücklich ausgesprochen, sofern hier die Lustbefriedigung typischerweise „narzißtisch" sein soll, also keine „Objekte" benötigt. Auch wenn dann das Verhalten, das zum Spannungsausgleich führt, auf die Mitwirkung anderer Menschen angewiesen ist, werden diese bis zum heutigen Tag ausdrücklich und absichtlich als Trieb-„Objekte" bezeichnet, das heißt als Gegenstände (Instrumente), die der Befriedigung organischer bzw. inner-organismischer Triebe dienen können. Die Mutter ist in diesem Sinne zunächst ein Gegenstand, der erst der oralen, dann – wenn die ersten Zähnchen da sind – der oral-sadistischen oder kannibalischen Triebbefriedigung dient (so *Erikson* noch 1957). Das bedeutet, ernst genommen, daß das Kind den Gegenstand „Mutter" auffressen würde, wenn dies technisch möglich wäre. Dem drei- bis vierjährigen Kind wird in der Regel der gegengeschlechtliche Elternteil zum – leider in der Regel unerreichbaren – Objekt zur Befriedigung seiner früh-genitalen Gelüste, und der nach Meinung des Kindes (wie es uns in der Freudschen Theorie vorgestellt wird) diese verhindernde gleichgeschlechtliche Elternteil wird zu einem Störgegenstand, den das Kind wiederum, wenn dies technisch möglich wäre, „beseitigen" würde (Hypothese der kindlichen Todeswünsche). Nach „Totem und Tabu" (1923) soll sich das irgendwann in grauer Vorzeit tatsächlich zugetragen haben. Diese in kurzen Worten geschilderte Einstellung des kleinen Kindes von drei bis vier Jahren seinen beiden Eltern gegenüber ist das, was *Freud* als „Ödipus-Komplex" als Knotenpunkt der frühkindlichen Entwicklung in die Psychologie eingeführt hat und was in keiner psychoanalytischen Lebensbeschreibung fehlt. Über die Verbreitung des Ödipus-Komplexes gibt es inzwischen Untersuchungen, auf die wir später zurückkommen.

Die Lehre *Freuds* ist in ihrem Ausgangsgedanken ein klarer sozialpsychologischer Atomismus, das heißt, eine Lehre, in der der einzelne Mensch als die höchste Realeinheit, die Gruppe also im Grunde als Fiktion betrachtet wird. Eine klare Erkenntnis der Tatsache, daß es sich hierbei um eine der Wurzeln des gesamten Freudschen Systems handelt, habe ich unter überzeugten Psychoanalytikern bisher nur bei *Ronald D. Laing* (1969, S. 42), gefunden, wenn er sagt, daß die psychologischen Grundannahmen von *Freud, Federn, Rapaport, Hartmann* keine begrifflichen Ansätze zur Erfassung irgendwelcher sozialer Ganzer enthalten, die mehr als eine Person umfassen. Ihr Menschenbild hat keine Begriffe für soziale Erfahrungskollektive, personalgeteilte oder -ungeteilte. Diese Theorie hat keine Kategorie des „Du" ... Sie hat keine Möglichkeit, die Begegnung eines „Ich" mit „dem Anderen" und die Wirkung einer Person auf eine andere auszudrücken. Sie hat keinen Begriff von „mir", außer als objektivierter innerer Instanz. Dieses „Ich" ist Teil eines geistig-seelischen Apparats neben dem „Überich" und dem „Es" und ebenso im Inneren eingeschlossen wie diese. Ein anderes „Ich" ist Teil eines anderen Systems oder einer anderen Struktur. Wie zwei geistig-seelische Apparate, psychische Strukturen oder Systeme mit je eigener Konstellation an internen Objekten aufeinander bezogen sein können, wird nicht untersucht. Innerhalb der von der Theorie angebotenen Konstrukte ist das geradezu unfaßbar. Projektion und Introjektion, d. h. die Annahme der Hinausverlegung eigener Erlebnisse in andere Personen und die Hereinverlegung (angenommener) fremder Erlebnisse, haben als solche nicht die Macht, die Lücke zwischen Personen zu überbrücken.

Der Mensch ist am Beginn seines Lebens *absolut asozial,* das heißt, von der Gesellschaft aus gesehen: unbefangen böse. Etwas wie einen Mitmenschen gibt es für ihn nicht. Er ist asozial auf zweierlei Weise: Erstens sind die Menschen seiner Umgebung für ihn nichts als Gegenstände, die entweder zu verbrauchen oder zu beseitigen sind. Zweitens hat er – bis zum Ende der „analen Phase" – Leidenschaften, die wegen ihres Schmutzes oder Gestanks den anderen unerträglich sind und infolgedessen eigentlich ein Zusammenleben unmöglich machen: Die Schwierigkeiten der üblichen Reinlichkeitserziehung werden darauf zurückgeführt, daß das Kind seinen Schmutz und Gestank liebt und sich *nur widerwillig* und *nicht ohne Zwang* von ihm trennt. (Später will der Mensch von alledem nichts mehr wissen; so wird erklärt, daß er sich an diese Jahre seines Lebens meist überhaupt nicht mehr erinnert.)

Hinsichtlich der genauen Vorstellungen über die Natur des solipsistischen Urungeheuers sind schon bei *Freud* zwei Phasen zu unterscheiden: eine trieb-monistische bis 1920, und eine trieb-dualistische von 1921 ab. In der ersten wird nur ein einziger Grundtrieb angenommen, die (sexuelle) Libido. Hier wird für die ersten Lebensjahre aggressiv-destruktives Verhalten nur im Verfolg der rücksichtslosen Befriedigung libidinöser Partialtriebe (etwa das Beißen des „Objekts" in der „oral-sadistischen" Phase), oder als Wegräumung von Hindernissen der Befriedigung (Todeswünsche gegen den „Rivalen" in der von *Freud* allgemein vermuteten Ödipussituation) angenommen. In der zweiten Phase dagegen tritt neben die Libido als *Gegenspieler* eine *ursprüngliche selbständige* Zerstörungslust, wobei kurz nacheinander die äußere Aggression als nach außen verlagerter Todestrieb und der Drang zur Selbstzerstörung als nach innen verlagerter Aggressionstrieb gedeutet und die Auswahl unter den beiden Annahmen dem Leser überlassen wird.

Die Nachfolger *Freuds* übernahmen zunächst, soviel ich sehe, vorwiegend die spätere, dualistische Auffassung. Als deutsche Vertreter dieser Richtung kann man unter anderem *Heinrich Meng* (1945), *A. Mitscherlich* (1958, 1965, 1969) und *P. Brückner* (1966) nennen. – Neuerdings macht sich jedoch die Neigung bemerkbar, die Einführung eines selbständigen, angeborenen Aggressionstriebes als verfehlt zu betrachten und zur ursprünglichen, triebmonistischen Auffassung *Freuds* zurückzukehren. Zahlreiche Hinweise, unter denen die Namen *Fenichel* (1945), *Paul Schilder* (1952), *Bellak* (1967), *R. Benedict* (1956), *M. Mead* (1953, 1955, 1958), *H. H. Strech* (1969), *Lilla Veszy-Wagner* (1969), *Anna Freud* (1936), *R. Spitz* (1967), *Ekstein* (1949), *Hitschmann* (1941), *Barnett* (1968) genannt werden, finden sich bei *Günther Ammon* (1969/70). Sie gipfeln in dem Hinweis auf eine Mitteilung von *Gisela Ammon* (1969), daß sie im Psychoanalytischen Kindergarten des Lehr- und Forschungsinstituts für Psychodynamische Psychiatrie und Gruppendynamik in Berlin in Direktbeobachtung von Kleinkindern keinen genuinen, das heißt primär auf Zerstörung gerichteten Aggressionstrieb feststellen konnte. Sie berichtet darüber hinaus, daß extreme Aggression von Kindern sich durch intensive Zusammenarbeit zwischen Eltern und psychoanalytischem Kindergarten auflösen ließ, sobald die elterliche Aggression in der Therapie durchgearbeitet werden konnte und nicht länger dem Kind gegenüber ausgelebt wurde *(Günther Ammon* 1970, Seite 4). Dies entspricht genau der wohl zuerst von *Alfred Adler* (1908) vertretenen These, daß das Verhalten im Sinne eines destruktiven Aggressionstriebes kein ursprüngliches, anlagebedingtes Verhalten ist, sondern eine verfestigte Reaktion auf *erlittene* Aggressionen, auf Vernachlässigung, Kränkung, Mißhandlung, Gängelung, Demütigung, Bloßstellung, Ausstoßung usw.

Zu gleicher Zeit vollzog sich eine parallele Entwicklung, indem man durch Umdefinition des Ausdrucks „Aggression" den beobachtbaren Fakten besser gerecht zu werden versuchte. Dabei versteht man unter Aggression ein wertneutrales Bedürfnis, sich mit den Dingen auseinanderzusetzen, tätig in die Welt einzugreifen, das sich unter günstigen Umständen durchaus konstruktiv, eindeutig aufbauend auswirken kann, aber unter widrigen Umständen sich zu einem Zerstörungsdrang spezialisiert. Zu diesen widrigen Umständen gehört in erster Linie die Aggressivität der *Eltern* gegenüber dem Kind, die elterliche Ablehnung und feindselige Unterdrückung des konstruktiven Aktionsbedürfnisses des Kindes, wohl auch schon das Fehlen einer liebevollen Unterstützung dieses Bedürfnisses auf Grund einer ungenügenden Einfühlung in das Kind (siehe unten S. 90). Diese Vermutung findet sich bei *Alfred Adler* schon 1908; dann bei *Schultz-Hencke* (1940), bei *Kelly* (1955) und endlich bei *Günther Ammon* (1969/70). Freilich bleiben alle diese Ansätze, so sehr sie sich auch der psychischen Wirklichkeit nähern, im Rahmen des solipsistischen Grundansatzes:

Freud selbst vertritt eine Ansicht von der Urnatur des Menschen, die der kirchlichen Lehre von der Erbsünde nah verwandt ist, aber, streng genommen, noch weit über sie hinausgeht.

Wie kommt aber dieses sonderbare Wesen dazu, eines Tages auf die hemmungslose Befriedigung seiner Gelüste zu verzichten, die Ordnungen der Gesellschaft anzuerkennen und ein friedlicher Mitbürger zu werden? – Weil es dazu durch den Widerstand der Erwachsenen, durch ihre Drohungen und Strafen, die ihm die Lust an der ungehemmten Triebbefriedigung vergällen, *gezwungen wird.* In der schon erwähnten grauen Vorzeit von „Totem und Tabu" sollen die Väter ihre Söhne, die ihnen ihre Ehefrauen streitig machten, *tatsächlich* erschlagen haben. In dieser Bedrohung durch die Repressalien der Erwachsenen benimmt das Kind sich wie der Mann, der auf den Wagen springt, der ihn zu überfahren droht: Es identifiziert sich schließlich mit ihnen und ihren Forderungen und bringt ihnen endlich den „Triebverzicht" (also z. B. den Verzicht auf die wunderbar volle Hose) als „Opfer" oder als „Geschenk" dar, das sie bei guter Laune hält (dies ist in kurzen Worten die Theorie der Reinlichkeitserziehung). Kurz, nach dieser Auffassung von der Urnatur des Menschen kann Erziehung ihrem Wesen nach nur eine Art von *Bändigung* sein. Sie ist, kraß ausgedrückt, eine – um das Zusammenleben zu ermöglichen, leider unvermeidliche – *Freiheitsberaubung.* Die Ordnungen des Zusammenlebens werden *von außen auferlegt.* Man muß sich klarmachen, daß auf diese Weise die Ur-Asozialität nicht etwa infolge einer Art Verwandlung des ganzen Menschen durch eine andere, sozial erwünschtere, Haltung *abgelöst,* sondern nur *abgekapselt* wird, wie ein Tuberkuloseherd in der Lunge. Das Urungeheuer wird ins Dunkel des Unbewußten zurückverdrängt, wo es wartet, bis es eine Gelegenheit zum Ausbruch gibt. Das heißt: Es wird, wie wir später sehen werden, der Sonderfall autoritärer und repressiver Erziehung als Regelfall eingeführt; vgl. *Freud* 1970, S. 500.

Welches sind nun die Ratschläge, die aus all dem für den Erzieher folgen, der bemüht ist, das Kind in die Ordnungen des Zusammenlebens einzuführen? – Die Erziehungsmittel, die auf Grund einer solchen Theorie empfohlen werden können, kommen auf etwas Altbekanntes und schon von der behavioristischen Lerntheorie Aufgewärmtes hinaus: auf Lohn und Strafe. Sie haben zwar neue Namen: „Liebesgewährung" und „Liebesentzug", mit anderen Worten Zärtlichkeit und Härte, oder auch Wärme und Kälte. Dabei wird neuerdings, genau wie in der Lerntheorie, vor allzu großer Härte gewarnt, weil sie Aggressionen anstauen kann. Aber auch vor allzuviel Gewährenlassen, weil sich dabei kein wirksames Gewissen oder Über-Ich aufbauen kann. Von den Empfehlungen der Lerntheorie unterscheiden sich die psychoanalytischen vor allem durch die besondere Art der empfohlenen Strafe, den „Liebesentzug", aber nicht zu ihren Gunsten; denn wenn dieser allzu wörtlich verstanden und allzu eifrig betrieben wird, sind seine *unerwünschten* Folgen sehr viel ernster als die jedes Schlags; worauf wir noch zurückkommen.

Es kommt für den in dem psycho-analytischen Lehrgebäude bewanderten und von ihm bezauberten Erzieher eine Gefahr hinzu, die nicht auf ausdrücklichen Ratschlägen der Vertreter dieser Lehre beruht, sondern auf einer Haltung, die bei genügender Faszination durch sie schwer zu vermeiden ist: nämlich bei allem, was der Zögling sagt und tut, nach Hintergedanken, nach verborgenen „eigentlichen" Gründen zu suchen und die Richtigkeit dem entsprechender eigener Vermutungen so selbstverständlich und ungeprüft vorauszusetzen, daß man nicht mehr fähig ist, das, was der Zögling sagt, ernst zu nehmen, das heißt, seine Worte, solange nichts dagegen spricht, so zu verstehen, wie sie von ihm gemeint sind, also auf das ständige „das sagst du ja nur, weil . . .", „das tust du ja nur, weil . . ." zu verzichten, auch wenn es noch so naheliegt. Es ist schon für einen Erwachsenen unerträglich, mit Menschen zusammenleben zu müssen, die ihm ständig entweder sagen oder ihn spüren lassen, daß sie über die Gründe seines Tuns viel besser Bescheid wissen als er selbst. Um so unerträglicher und bis zu – diesmal nun echten! – Todeswünschen und Mordphantasien hinführend ist es bei dem – gedanklich und sprachlich wehrlosen und außerdem von seinem Quälgeist unentrinnbar abhängigen – Kind und Jugendlichen.

Freud mußte, um es einmal kraß auszudrücken, das ungeheuere und kaum noch überschaubare Gebäude seiner Hypothesen errichten, weil er sich die unlösbare Aufgabe gestellt hatte, die Fülle menschlicher Verhaltensweisen, gesunder und gestörter, sozialer und geistiger, aus dem Drang nach Beseitigung innerorganismischer Spannungen und nach Herstellung eines statischen Gleichgewichts abzuleiten. Der Mann, *der sich kratzt, wenn's ihn beißt, damit er wieder seine Ruhe hat,* ist das einfachste Modell seines Ausgangsgedankens. Für diesen Ausgangsgedanken gab es zu der Zeit, als *Freud* seine Arbeit begann, keine Alternative. Das hat sich inzwischen in *beiden* Hinsichten geändert.

Der Beitrag der Lehre von den physischen Gestalten und der Systemtheorie

1. Die Frage der Zielbestimmtheit

In der Theorie der offenen Systeme (L. v. Bertalanffy 1951) – oder der „physischen Gestalten im stationären Zustand" (W. Köhler 1920) – ist der Gleichgewichtsbegriff in einer für den Psychologen entscheidenden Weise fortentwickelt. Neben dem Ruhegleichgewicht kennen wir jetzt das „Fließgleichgewicht" derjenigen – meist lebenden – Systeme, die ihre Fortdauer *dem ständigen Durchfluß* von Materie und Energie verdanken (für den der „Stoffwechsel" im lebenden Organismus das nächstliegende Beispiel ist). Es ist jetzt möglich, einen Zustand lebhaften Geschehens und rastloser Tätigkeit ebenso, wie früher nur die Ruhe, als den „Normalzustand" eines Systems zu betrachten, dessen Störung ähnliche Reaktionen auslöst wie die Störung der Ruhe in einem statischen System, das heißt, mehr oder weniger unwiderstehliche Kräfte freimacht, die auf die Wiederherstellung nun nicht der Ruhe, sondern des „normalen Geschehens" gerichtet sind.

Daß ein Mensch, um gesund zu bleiben, und ein Kind, um sich zu entwickeln, ein Mindestmaß an Tätigkeit der Sinne und der Hände benötigt, daß die Befriedigung seiner Neugier und seiner „Funktionslust" (seines Bewegungs- und Betätigungsdranges und etwas später seiner Werkfreude) nicht etwa eine Zugabe ist, auf die ohne Schaden auch verzichtet werden kann (wie das etwa einem Kind zugemutet wird, als dessen wesentliche Aufgabe von den Eltern sein „Artig-sein" betrachtet wird), beweisen die inzwischen schon vielfach bestätigten Befunde über die auch beim Erwachsenen Geist und Gemüt desorganisierenden, aber beim Kind überdies zum Entwicklungsstillstand und zur Verkümmerung führenden Auswirkungen der „sensorischen Deprivation" oder Verödung des Wahrnehmungsfelds, bei welcher der Erkundungsdrang durch Entzug seiner Gegenstände lahmgelegt wird (*Schenk-Danziger* 1965, 1969).

Ebenfalls gehören hierher die Beobachtungen von *Th. Hellbrügge* (1966) über Kreislaufstörungen bei Kindern, die vorzeitig eingeschult und dadurch – bei dem gegenwärtig vorherrschenden Unterrichtsstil – zu täglich mehrstündigem Stillsitzen gezwungen wurden.

Die Systemtheorie führte zu zwei höchst überraschenden weiteren grundlegenden Erkenntnissen:

Die erste: Fließgleichgewichte sind ebenso wie Ruhegleichgewichte zugleich strukturell ausgezeichnete Zustände, worauf zuerst *E. Mach* und dann *W. Köhler* hingewiesen hat. Das bedeutet, daß das Geschehen in beiden Arten von Systemen auf *„ausgezeichnete Endzustände"* zustrebt, also in einem sehr bemerkenswerten Sinne *„zielgerichtet"* ist, insofern der schließlich erreichte Endzustand, je nach den unterschiedlichen Ausgangszuständen, auf den verschiedensten Wegen erreicht wird, und sofern schließlich dieser Endzustand, als immer derselbe, von den zeitlich vorausgehenden Zuständen nicht mehr beeinflußt ist. In den Gleichungen, die den Endzustand beschreiben, äußert sich das darin, daß Variablen, die sich auf vorausgehende Zustände beziehen, darin nicht mehr auftreten.

Das bedeutet: Mit der Anerkennung der Zielgerichtetheit des Geschehens in einem offenen System setzt man sich nicht in Widerspruch mit dem deterministischen Weltbild. Dies gilt auch für die Anerkennung der Zielgerichtetheit *menschlichen* Verhaltens, das heißt für sein „finales" Verständnis.

Um die Beispiele zunächst aus dem Bereich der Ruhegleichgewichte zu nehmen, ist die ausgezeichnete Struktur für das zwischen zwei Punkten ausgespannte Gummiband *die Gerade,* für die Oberfläche eines – kleinen oder großen Gewässers *die Ebene,* für eine elektrisch geladene Drahtschleife *der Kreis,* für einen freischwebenden Tropfen oder eine Flüssigkeitsblase *die Kugelgestalt.*

Das offene System hat nun hinsichtlich seines Energiehaushalts noch weitere erstaunliche Eigenschaften. Es kann erstens aus seiner Umgebung *Energie aufnehmen* und dadurch seinen Energiepegel *erhöhen* (im *scheinbaren* Widerspruch zum zweiten Hauptsatz der Thermodynamik, nach welchem der Energiepegel immer derselbe bleiben muß).

Er kann infolgedessen zweitens (wiederum im scheinbaren Widerspruch zum zweiten Hauptsatz) von wahrscheinlicheren zu *weniger* wahrscheinlichen Zuständen übergehen, das heißt nicht bloß aus einer unregelmäßigen in eine regelmäßigere Struktur, sondern darüber hinaus aus einer einfacheren Struktur in eine beliebig differenziertere, wie dies bei der Entwicklung jedes einzelnen Lebewesens ständig geschieht und auch in der Stammesentwicklung in größtem Maßstab geschehen ist.

Es können sich also auch in seinem Inneren Untersysteme beliebiger Kompliziertheit ausbilden und immer weiter ausdifferenzieren, für deren Zusammenhang mit dem Hauptsystem dasselbe gilt wie für den Zusammenhang des Hauptsystems mit seiner äußeren Umgebung, und die jeweils auf einen eigenen strukturell ausgezeichneten Endzustand hinstreben, der zugleich ein stark ausdifferenzierter Zustand sein kann.

Als solche Untersysteme kann man zum Beispiel die sich allmählich auskristallisierenden Ideen und Pläne der Künstler, der Forscher, der Organisatoren betrachten. Als die „Störung" oder das „Ungleichgewicht", das geistige Prozesse in Gang hält, ist dann nichts anderes als *die Unvollendetheit des Werkes selbst* zu verstehen, die durch dessen Bearbeitung strukturell ausgezeichneten Gleichgewichtszuständen angenähert wird, die uns als die „Vollendung" des Werkes vertraut sind. Genau diese Annahme bildet den durchgehenden Hintergrund der gesamten Überlegungen *Max Wertheimers* in seiner Schrift über das „Produktive Denken" (1945).

So betrachtet, braucht man, um die Möglichkeit geistiger Leidenschaft zu verstehen, nicht auf Vorgänge wie die Sublimierung gestauter organismischer Triebenergien zurückzugreifen. Und dies noch aus einem anderen Grund: Auch im Inneren des offenen Systems dürfen wir *nicht* erwarten (wie wir es aus geläufigen Betrachtungen über Entropie oder den ständigen Übergang von geordneten zu ungeordneten Bewegungen in der Natur gewohnt sind), daß die Energie sich *immer mehr ausgleicht*. Denn lebhafte Energieumsetzungen an irgendeiner Stelle im Inneren eines solchen Systems haben die Eigenschaft, aus der Umgebung diejenigen Energiebeträge gewissermaßen heranzulocken, die für die Fortdauer und Verstärkung des im Gang befindlichen örtlichen Prozesses benötigt werden, die Energieverteilung im Inneren also *weniger* gleichmäßig werden zu lassen *(Köhler 1933)*. Es ist wie beim Brand einer bombardierten Stadt, wo der Sauerstoff im Sturm von allen Seiten in den Brandherd hineinströmt und dort die Feuersbrunst erhält und weiter entfacht. In einem Organismus *kann* dies auch geschlechtliche Energie sein. Aber in der Annahme, die sich aus systemtheoretischen Überlegungen ergibt, ist das Sublimierungsprinzip klar auf den Kopf gestellt. Nicht der *Überdruck* der Energie im sexuellen Bereich hat zur Folge, daß ein Teil davon in höhere Regionen abströmt und dort geistige Leidenschaft entfacht und speist. (Man hat noch nie gesehen, daß durch Anstauung geschlechtlicher Energie aus einem Sexprotz ein Genie geworden ist.) Sondern umgekehrt saugen die geistigen Prozesse, nachdem sie einmal in Gang gekommen sind, von allen Nachbargebieten, und so vielleicht auch aus dem geschlechtlichen Bereich, Energien ab, im Grenzfall bis zur völligen Verödung dieser Gebiete *(Köhler* 1958), wie man es unter Umständen in der Vernachlässigung aller Ordnung und Pflege, aller menschlichen Verpflichtungen, ja sogar des Hungers und der Müdigkeit beobachten kann, wo solche Prozesse im Gange sind und eine gewisse Lebhaftigkeit übersteigen. Genauso ist aber dann auch der entgegengesetzte Vorgang zu verstehen: die Verödung der *geistigen* Interessen in einem bisher vom anderen Geschlecht erfolgreich abgeschirmten, sagen wir 15-jährigen Mädchen, das plötzlich in eine männliche Umgebung versetzt wird, zum Beispiel aus einer Klosterschule in eine Aufbauschule mit geschlechtlich gemischten Klassen, und das nun plötzlich mannstoll wird. Nach dem hier vorgetragenen Ansatz ist das nicht, im Sinne der psychoanalytischen Auffassung, ein Zusammenbruch vorher ausgebauter Sublimierungen, sondern, genau wie in den zuvor besprochenen Fällen, nur in umgekehrter Richtung, eine Absaugung von Energie aus der Umgebung durch den verhältnismäßig lebhaftesten Prozeß, der augenblicklich im Gange ist.

Soviel zur Frage der Zielbestimmtheit. Nach unseren heutigen Kenntnissen kann diese in ein Hypothesensystem eingebaut werden, ohne daß dadurch ein Widerspruch zu den Grundannahmen der Naturwissenschaften entsteht. Damit ist *Alfred Adlers* unbeirrbares Festhalten an der Forderung, den Menschen von seinen Zielen her zu verstehen, und den *gestörten* Menschen von uneingestandenen bzw. in ihrer Selbstverständlichkeit der Erfassung entzogenen *Neben*zielen her, nachträglich gerechtfertigt. Es ist ferner gerechtfertigt, Fehlhandlungen, Träume, bevorzugte und sogar fiktive Kindheitserinnerungen und anderes nicht mehr nur als Symptome unterdrückter Triebregungen zu werten, sondern, je nach den Umständen, auch als Symptome dafür, worauf es einem Menschen, ohne daß er sich selbst darüber klar ist, ankommt und welches die Grundausrichtung seines Verhaltens ist.

2. Die Frage nach den Systemgrenzen; die Realität sozialer Gebilde

Es bleibt die Frage nach den *Grenzen* des sich ins (Ruhe- oder Fließ-) Gleichgewicht setzenden Systems. Identifiziert man das Subjekt mit dem physiologischen Organismus, wie dies bei der naiv-realistischen Weltauffassung, die die moderne Psychologie trotz aller andersartigen Beteuerungen noch weitgehend beherrscht, unvermeidlich ist, so gibt es, wie schon bemerkt, gar keine andere Denkmöglichkeit als den Zusammenfall des reagierenden Systems mit den Grenzen des Organismus, mit der Folge, daß alle Gleichgewichtsbetrachtungen sich nur auf innerorganismische Kräfteverhältnisse und Spannungszustände beziehen können. (Dann ist freilich auch der Begriff einer „Verschiebung" psychischer Energie auf andere Personen oder „Objekte" und vor allem die Annahme einer „Besetzung" solcher Personen oder Objekte mit Trieb-Energie, die aus dem Subjekt stammt, eindeutig systemfremd. Diese Verschiebungen und Besetzungen müßten ja den Raum zwischen dem Subjekt und dem „Objekt" durchqueren, sie müßten sich außerhalb des Organismus abspielen, in einem Bereich, für den die Physik zuständig ist. In diesem Bereich hat aber die Physik bisher keinerlei Vorgänge solcher Art entdeckt. Und jeder Physiker, den man daraufhin befragt, wird es als ausgeschlossen erklären, daß jemals solche Entdeckungen gemacht werden können.)

Eine völlig neue Lage ergibt sich aber in dem Augenblick, wo es sich, aus den verschiedensten, zunächst rein wahrnehmungstheoretischen Gründen (vgl. *Metzger* 1962 und [5]1975) als notwendig erweist, von der naiv-realistischen Auffassung zu der *kritisch*-realistischen (vgl. *Bischof* 1966) überzugehen, das heißt, zwischen der („anschaulichen") Alltagswelt und der – dahinter nur vermutbaren, aber niemals unmittelbar greifbaren – physikalischen Welt zu unterscheiden; wobei aus Gründen der logischen und sachlichen Konsistenz diese Unterscheidung sich auch auf das eigene „Ich" erstrecken muß, so daß dem zur anschaulichen Alltagswelt gehörigen, unmittelbar erlebten „Körper-Ich" der zur physikalischen Welt gehörige physiologische Organismus gegenübergestellt werden muß.

Nachdem *Überweg* und *Hering* schon 1859 und 1862 diese Unterscheidung als notwendig erwiesen hatten, wurde sie von *W. Köhler* 1929 nochmals in aller Schärfe und Ausführlichkeit begründet. Es kann danach kein Zweifel daran bestehen, daß die anschauliche Alltagswelt als ganze ihr Vorhandensein einer ebenso verwickelten Vorgangsmannigfaltigkeit im Großhirn verdankt, daß sie also selbst organischer Natur ist. Es ist vielleicht nützlich, auf einige der Folgerungen hinzuweisen, die *Köhler* daraus schon 1929 gezogen hat. Nachdem er auseinandergesetzt hat, daß von dieser Annahme her das erlebnismäßige „Gegenüber" von wahrnehmendem Ich und wahrgenommenem Gegenstand verständlich gemacht werden kann, ohne sich der unglücklichen und physikalisch unmöglichen Annahme einer „Projektion" aus dem Großhirn nach draußen zu bedienen, fährt er fort mit dem Hinweis, daß „physiologisch betrachtet ... ja das Ich und die Umweltdinge Prozeßkomplexe in einem gemeinsamen Hirnfeld dar"(stellen), „und es ist durchaus nicht ... wahrscheinlich, daß diese Prozeßkomplexe funktionell vollkommen indifferent gegeneinander sind", d. h. daß sie nicht die geringste Wirkung aufeinander ausüben, daß jeder für sich abläuft, als ob es den anderen nicht gäbe. Er erinnert dann daran, daß man sich inzwischen einig darüber geworden ist, daß die vielfach untersuchten sogenannten geometrisch-optischen Täuschungen als Beeinflussungen optischer Prozeßkomplexe durch ihre Nachbarkomplexe im gemeinsamen Feld zu betrachten sind. Er erinnert weiter an die einleuchtende Vermutung, daß „unter den (im engen Raum des Großhirns sich abspielenden) Prozessen, die der *anschaulichen* Raumgliederung zugrunde liegen, intimere funktionelle Zusammenhänge bestehen als zwischen den einzelnen Dingen im *physikalischen* Raum, deren Formen, Größen usw. unter gewöhnlichen Umständen ja *unabhängig für sich* bestehen". Zum Beleg für die Behauptung, daß in diese wechselseitige Beeinflussung auch das anschauliche Ich einbezogen ist, weist er darauf hin, daß dieses Ich durch eine sich bewegende

Umgebung ebenso in *scheinbare* Gegenbewegung versetzt werden kann wie der Mond durch die an ihm vorüberziehenden Wolken, während doch der physikalische Organismus, etwa auf einem Stuhl (der auf dem festen Boden steht), dauernd ruht.

Der anschauliche Raum und der ihm zugrundeliegende physiologische Feldzusammenhang weisen also Eigenschaften auf, die im physischen Raum nicht ebenso vorhanden sind. Insbesondere muß zwar einerseits als feststehend angenommen werden, daß zwischen unserem physiologischen Organismus und seiner Umwelt, beispielsweise zwischen dem meinigen und dem eines in der Nähe befindlichen Menschen, *kein* Wirkungszusammenhang, keine Anziehung oder Abstoßung – im Sinne eines elektrischen, magnetischen oder Gravitationsfeldes – besteht. Es kann aber andererseits angenommen werden, daß die zwischen den *Organismen fehlenden* Wirkungszusammenhänge *in dem Hirnfeld,* zwischen den Prozeßkomplexen, die meinem erlebten „Ich" und einem anschaulich vorgefundenen anderen Menschen zugrunde liegen, *vorhanden sind,* entsprechend der Anziehung oder Abstoßung, die wir – in unserer anschaulichen Welt – beim Zusammentreffen mit einem anderen Menschen unmittelbar verspüren, und daß der *Organismus* durch geeignete Kreisprozesse im Sinne der Kybernetik oder Steuerungslehre von dem Wahrnehmungsfeld aus durch auf sich selbst zurückwirkende Kreisvorgänge so gesteuert wird, *als ob er sich selbst in einem Kräftefeld befände* (*Metzger* 1962, 1969). Mit anderen Worten, das Wahrnehmungsfeld ist u. a. der Kunstgriff der Natur, um dynamische Systeme auszubilden, die umfassender sind als das Individuum, Systeme, die Individuen als Teile oder Unterganze enthalten können.

Wir dürfen also Ungleichgewichte annehmen und Kräfte, die auf deren Ausgleich drängen, nicht nur in einem innerorganismischen, sondern auch *in dem kognitiven (Berlyne* 1960) *und sozialen Raum,* in welchem *der Mensch als ganzer* sich bewegt und sich mit „seiner Umgebung", beispielsweise mit anderen Menschen als ganzen, ins Gleichgewicht setzt, in welchem er also, um es nochmals ins Gedächtnis zu rufen, mehr findet als „Objekte", die Organlust vermitteln und so dem Ausgleich innerorganismischer Spannungen dienstbar gemacht werden können.

So sind auch die entscheidenden Befunde von *R. Spitz* (1952) zu verstehen. Wir wissen aus seinen Veröffentlichungen, daß schon das Halbjährige das dringende Bedürfnis nach dauernder *persönlicher Verbundenheit* mit einem unvertretbaren und unersetzbaren erwachsenen Menschen hat. Nochmals: Es handelt sich hier um eine *persönliche* Verbundenheit zwischen Mensch *und Mensch*. „Ausgezeichneter Zustand" ist hier die möglichste räumliche Nähe, noch besser das Umfangenwerden, das Sich-Anschmiegen und das Sich-Einkuscheln. Dieser ganze Komplex von Symbolen der Geborgenheit darf nicht als Bedürfnis nach „Hautkontakt" mißverstanden werden, so als ob hier die Haut als eine weitere erogene Zone – was sie übrigens ist – beteiligt und der eigentliche Sinn des Einkriechens die (organische Lust vermittelnde) Reizung dieser Zone wäre, die leider nicht aus der Ferne vermittelt werden kann. Diese Auffassung liegt zwar allen denjenigen nahe, die sich nicht von der solipsistischen Auffassung des Mitmenschen als Trieb-„Objekts" freimachen können. Doch wird diese Annahme durch die Unvertauschbarkeit der geliebten Person ausgeschlossen. Denn durch eine beliebig große Zahl wechselnder Spender kann dieselbe Menge von Organlust vermittelt werden, wenn es auf sie allein ankommt. Und dies ist mindestens bis zum Ende des 3., vielleicht sogar des 5. oder 6. Lebensmonats der Fall. Das Neugeborene braucht, um am Leben zu bleiben, außer der Nahrung Zärtlichkeit, Zuwendung und alle Zeichen der unmittelbaren Nähe einer Mutter. Aber es leidet *nicht* darunter, wenn der Spender dieser Seelennahrung nicht immer derselbe ist. Dies wird spätestens beim Halbjährigen anders. Die Zärtlichkeiten, die zwischen dem Kind und seinem Vertrauten ausgetauscht werden, sind *dann* nicht mehr der eigentliche Zweck der Annäherung; sie sind vielmehr der Ausdruck und die spürbare Bestätigung der Zuneigung und der Zusammengehörigkeit.

Von *H. F. Harlow* stammt der – am Kind des Rhesusaffen geführte – experimentelle Nachweis, daß die Stillung des Hungers, das heißt die Befriedigung der „oralen Bedürfnisse" durch irgendein Objekt, das nur die eine mütterliche Eigenschaft besitzt, Milch zu spenden, im Kind keinerlei Anhänglichkeit an dieses Objekt hervorruft (*Harlow*, *Harlow* und *Hansen* 1963). Die Annahme *Freuds* und seiner Schule, daß die *menschliche* Bindung an die Mutter nach der Art einer Konditionierung (siehe Seite 18 ff.) aus der Stillung „oraler" Bedürfnisse hervorgehe, läßt sich danach nicht mehr aufrechterhalten. Inzwischen hat *B. Hassenstein* darauf hingewiesen, daß die mit den Lippen gefühlte Brustwarze (auch der Schnuller) und ebenso das Schaukeln (auch in der Wiege) für das Kind „Anwesenheitszeichen" sind und daß sie vermutlich *dieser* Bedeutung ihre beruhigende Wirkung verdanken.

Es ist bemerkenswert, daß man an Kindern zwischen ein und anderthalb Jahren denselben Typus der persönlichen Verbundenheit in ihrem Verhältnis zur Puppe und zum Spieltier beobachten kann: ein Mädchen dieses Alters ließ während eines Besuches bei Verwandten mehrere Spielbären, obwohl sie dem seinigen täuschend ähnlich waren, so gut wie unbeachtet; aber nach seiner Heimkehr gab es stundenlange stürmische Begrüßungsszenen mit dem *eigenen* Bären. Aus demselben Grund ist es für ein kleines Mädchen unbegreiflich, daß man eine alte Puppe, auch wenn sie noch so verschlissen und unscheinbar geworden ist, durch eine „schönere" neue „ersetzen" will, und es gibt Katastrophen, wenn das doch geschieht. Die neue Puppe wird trotz aller Schönheit strikt abgelehnt. Echte Liebe übersteht das Schwinden der Schönheit (auch bei Erwachsenen). Für Geliebte gibt es keinen Ersatz. (Vgl. auch *Plattner* 1968, Seite 242 f.) *Harlow* hat übrigens, soviel ich sehe, als erster (1958) die unvermeidliche Konsequenz gezogen, dieses Bedürfnis nach dauernder persönlicher Verbundenheit und nicht die Vermittlung von Organ-Reizen als Grundkomponente der Liebe anzusetzen. Wir stimmen mit ihm darin überein, daß dieses Bedürfnis mindestens so elementar ist wie etwa die oralen Bedürfnisse.

Im *Freudschen* Kreis hat *Th. Reik* schon 1950 die Selbständigkeit der Liebe, als Bedürfnis nach menschlicher Verbundenheit, gegenüber der Geschlechtlichkeit, als Drang nach orgasmischer Entspannung, betont; womit freilich der Ansatz *Freuds* verlassen war.

Übrigens wissen wir noch nicht, von welchem Alter an ein kleines Kind mehr als *einen* Vertrauten besitzen kann – neben der Mutter beispielsweise auch den Vater. Diese für das Zusammenleben berufstätiger junger Eltern mit ihren Kindern entscheidende Frage verdient eine baldige und gründliche Untersuchung.

Sie wird noch dringlicher durch die inzwischen mehrfach – z. B. durch *Schenk-Danzinger* (1969/70) geäußerte Vermutung, daß die Schwierigkeiten, die *Freud* zur Annahme eines „Ödipus-Komplexes" veranlaßt haben, möglicherweise mit diesem Übergang von der Zweiergruppe in die Dreiergruppe zusammenhängen.

Um das Ergebnis dieser Überlegungen kurz zusammenzufassen: Es besteht – darauf kommt es hier an – keine Notwendigkeit, die primäre Triebstruktur des Menschen als inner-organismisch, organgebunden und solipsistisch zu betrachten.

Der Mutter-Kind-Verband ist ein besonders wichtiger Fall eines Zweiersystems, wie es von *Georg Simmel* (1908) erstmalig beschrieben wurde. *Fritz Künkel* hat es (1928) „Ur-Wir" genannt. Dieser Ausdruck ist zwar ansprechend, aber sicher, wenigstens für die Anfänge dieser Verbundenheit, wegen der außerordentlich starken Asymmetrie, der überwiegend einseitigen Abhängigkeit und der Nicht-Umkehrbarkeit des Verhältnisses, etwas schief.

Wir müssen aber nunmehr die Möglichkeit der Ausbildung umfassenderer, überindividueller Systeme noch etwas eingehender besprechen. In dem dichten Geflecht wechselseitiger Abhängigkeiten und Beeinflussungen, das die gesamte anschauliche Welt wie den ihr zugrundeliegenden Prozeßkomplex durchzieht, bilden sich Untereinheiten und Gruppierungen von solchen nach Gesetzen, die seit 50 Jahren, besonders in der gestalttheoretischen Wahrnehmungslehre, gründlich untersucht worden sind (vgl. *Wertheimer* 1923, *Metzger* 1941, 1975). Solche verhältnismäßig abgeschlossenen und selbständigen Unterganzen sind zum Beispiel die – wahrgenommenen – Mitmenschen. Durch ihre starke qualitative, strukturelle und größenordnungsmäßige Verwandtschaft sind sie – ausreichende und zeitlich nicht allzu flüchtige räumliche Nähe vorausgesetzt – nach allem, was wir von den Gesetzen der Gruppenbildung im Wahrnehmungsfeld wissen, geradezu dazu vorbestimmt, solche umfassenderen Gruppen zu bilden (*Metzger* 1941). Sofern wir vom Erleben auf die Natur der zugrundeliegenden Hirnvorgänge schließen dürfen, sind auch diese umfassenderen Gruppen verhältnismäßig selbständige *Realgebilde* mit charakteristischer Struktur und mit *eigenen* strukturellen Tendenzen: mit der Tendenz zur Absetzung gegen andere Gruppen, zur inneren Durchgliederung, zur Schwerpunktbildung, zur Ausstoßung „unpassender" oder „schlecht passender" Elemente (schwarzes Schaf, Sündenbock usw.). Kennzeichnend, weil genau mit den Verhältnissen in der elementaren Wahrnehmung übereinstimmend, ist auch die Verstärkung des *inneren* Zusammenhalts einer Gruppe in der Nähe von Grenzen gegenüber anderen Gruppen. Wie elementar und vor-rational alle diese Tendenzen sind, geht aus den maßlosen Schwierigkeiten hervor, mit denen alle Bemühungen zu kämpfen haben, die Minderheits- und Rassenprobleme auf vernünftige und menschliche Weise zu lösen. (Vgl. auch *Lewin* 1953, 1963, *Graumann* 1969)

Alles dieses bedeutet zugleich, daß, wie jedes Wahrnehmungsding (vgl. *Rausch* 1966), auch der einzelne Mensch als selbständiges Teilsystem – nicht nur in bezug auf innerorganismische Spannungen, sondern als in sich zusammenhängendes Ganzes – etwa im Sinne C. G. *Jungs* (1921) –, desgleichen aber auch die Gruppe als umfassenderes und übergeordnetes System „in Ordnung" oder „in Unordnung" sein kann. Im zweiten Fall entstehen dann – genau wie in jedem Wahrnehmungsgebilde – ganz von selbst Kräfte in Richtung auf „die" oder, in anderen Fällen, auf „eine von mehreren möglichen" (vgl. *S. Sorge* 1940) ausgezeichneten Ordnungen bzw. Zuständen. Wir haben keinen Grund, anzunehmen, daß alle diese Spannungen und von ihnen ausgelösten Tendenzen sowohl innerhalb der Persönlichkeit als auch im sozialen Feld weniger elementar und primär sind als die Spannungen, die infolge von Abweichungen vom innerorganismischen Ruhe- oder Optimalzustand entstehen. Und es besteht infolgedessen auch kein Anlaß, die Spannungen, die sowohl innerhalb der einzelnen Person als auch in sozialen Gebilden zwischen deren Gliedern auftreten, durch kunstvolle Konstruktionen auf innerorganismische Partialbedürfnisse und deren Befriedigung oder Nichtbefriedigung zurückzuführen bzw. sie von ihnen abzuleiten.

Als vorläufiges Ergebnis dieser Überlegungen halten wir fest: Mit dem Übergang vom naiven Realismus – wie er die gegenwärtige Psychologie noch fast allgemein beherrscht – zum *kritischen* Realismus, das heißt, mit der Unterscheidung zwischen einer physikalischen und einer – sie nicht nur abbildenden, sondern, durch die Einführung dynamischer Wechselbeziehungen, in entscheidender Weise ergänzenden – anschaulichen Welt, ergibt sich nach allem die Möglichkeit, von der Gruppe *als Fiktion*, als „als ob" im Sinne *Vaihingers,* als Gedankending oder Konstruktum – zu ihrem Verständnis als *Real-Einheit* überzugehen, das heißt, sie als verhältnismäßig abgesetztes und in sich zusammenhängendes Großgebilde mit kennzeichnenden Ganz-

oder Gestalteigenschaften (vgl. *W. Köhler* 1933, 1938, 1968), wie etwa der „Gruppen-Atmosphäre" oder dem „sozialen Klima" (*Lewin* und *Lippitt* 1938), zu verstehen und ihm alle sonstigen Eigenschaften eines (dynamischen, offenen) Realsystems zuzuschreiben. Man vergleiche als Beispiel einer solchen Realeinheit die „Kernfamilie" mit ihren drei bis acht Mitgliedern, von deren Struktur *Claessens* (1967) eine subtile und zugleich überzeugende Beschreibung gibt.

Das bedeutet aber, wie schon angedeutet, die Möglichkeit, *eine nicht primär solipsistische Trieblehre zu entwickeln,* ohne sich mit den gemeinsamen Grundüberzeugungen der Naturwissenschaften in Widerspruch zu setzen.

Um den Aufbau einer solchen Trieblehre in Angriff nehmen zu können, müssen jedoch noch einige gedankliche Schwierigkeiten aufgelöst werden, die damit zusammenhängen, daß in den sozialen Realgebilden auch das „Ich" als Teil oder Unterganzes auftritt (vgl. *Schulte* 1924). Nach dem phänomen-analytisch Feststellbaren sind die Mitmenschen, trotz ihrer stark abweichenden Reizgrundlagen, an denen zum Beispiel keine Körpersinne oder „Propriozeptoren" beteiligt sind, *normalerweise* qualitativ, strukturell und größenordnungsmäßig „so etwas wie ich" – alter ego. (Besonders für den noch jungen Menschen treten überdies einige der wichtigsten Mitmenschen nicht nur als gleichgewichtig, sondern mit verhältnismäßig *größerem* Persönlichkeitsgewicht auf.) Das eine Gruppenbildung nahelegende Verhältnis, das *zwischen* den fremden – wahrgenommenen – *Mitmenschen* besteht, besteht schon sehr früh genauso zwischen dem Subjekt und den anderen.

Das Verhältnis zwischen Ich und Mitmensch, in welchem dessen Funktion lediglich die eines „Objekts", eines Instruments zur Entspannung organischer Bedürfnisse ist, kann daher *nicht* als *Urzustand* eingeführt werden, aus dem alle eigentlich mitmenschlichen Beziehungen, durch kunstvolle Konstruktionen, als erst nachträglich entstanden gedacht werden. Wir müssen vielmehr umgekehrt dieses Verhältnis als das Ergebnis einer *nachträglichen Degradierung* des Mitmenschen verstehen. So häufig wir dieses Verhältnis auch tatsächlich beobachten können – auch beim Erwachsenen –, kann es nicht als normal betrachtet werden, sondern nur als Ausdruck einer ernsten Persönlichkeitsstörung, die mit einer entsprechenden Verzerrung der Sozialstrukturen in seiner anschaulichen Welt zusammenhängt. Man wird das Zusammenleben der Menschen nur dann als normal bezeichnen dürfen, wenn die Stellung des par inter pares, das Verhältnis des Menschseins zwischen Menschen, den Rahmen bildet, innerhalb dessen alle Unterschiede der Macht und alle Anhängigkeiten verbleiben. Dies gilt unabhängig davon, daß die Degradierung zahlloser Menschen zu Objekten seit Urzeiten und bis heute in fast sämtlichen Gesellschaften zur Institution geworden ist. Ein schwerwiegender Sonderfall dieser Degradierung des Mitmenschen zum Objekt ist seine Behandlung als persönlicher Besitz, wie in der Sklaverei, der Leibeigenschaft, der mohammedanischen Ehe. Dieser (nicht immer gegenseitige) Eigentums-Anspruch ist bei uns zwischen Eheleuten meist mehr spielerisch. Er nimmt aber ernste Formen mit unter Umständen verheerenden Folgen an, wenn aus der Blutsverwandtschaft ein Eigentumsanspruch auf das eigene Kind abgeleitet wird, der zu allem noch von der Rechtsprechung anerkannt wird. Zu den Folgen gehört unter anderem, daß ein von seinem Vater jahrelang schwer mißhandelter und deshalb schließlich weggelaufener Sohn seinem Peiniger von den Behörden wieder „zugestellt" wird. Es gehört ebenfalls hierher, daß im Krankenhaus als Neugeborene verwechselte Kinder, falls der Irrtum später entdeckt wird, ihren leiblichen Eltern als den „rechtmäßigen Besitzern" zugeführt zu werden pflegen, ferner, daß eine Mutter, die sich noch nie um ihr Kind gekümmert hat, es in jedem Augenblick von seiner Pflegemutter wegholen und die mit dieser entstandene Mutter-Kind-Bindung zerreißen darf, ohne Rücksicht auf die schweren Folgen, die dies für die Persönlichkeitsentwicklung des Kindes hat.

Sofern die Gruppen Real-Einheiten sind und der Mensch von Natur ein in Gruppen lebendes Wesen ist, befindet sich der einzelne nicht nur zu anderen einzelnen, sondern auch gegenüber Gruppen als ganzen, je nach den Umständen, in einem „befriedigenden" oder „unbefriedigenden", das heißt in einem „ausgezeichneten" oder „gestörten" Verhältnis. Und im zweiten Fall wird in ihm mehr oder weniger stark und ausdrücklich der Drang oder Trieb erwachen, aus dem gestörten in ein befriedigendes Verhältnis überzugehen. Typisch gestörte, und falls ihre Berichtigung unmöglich ist, Fehlentwicklungen auslösende Lagen sind für den Menschen *unter anderem:*

1. Das *Ausgeschlossensein,* das Bewußtsein, – trotz beliebig engen Zusammenlebens – *nicht dazuzugehören,* fünftes Rad am Wagen zu sein.

Folge: Falls sich schon in früher Kindheit kein Bewußtsein der Zugehörigkeit entwickeln kann, ist eine der typischen Folgen die aggressive Verwahrlosung, der Kampf gegen alle (*Schenk-Danzinger* 1965). Die späte *Entdeckung* (etwa eines Adoptivkindes), daß es *„eigentlich"* nicht zugehört, und zugleich, daß es während all der Jahre betrogen wurde, hat zumeist Antriebsverlust und Haltlosigkeit zur Folge (*Lewin* 1953). Die Unmöglichkeit, sich anzuschließen, beispielsweise in einer fremdsprachlichen Umgebung oder bei Schwerhörigkeit, kann beim Erwachsenen paranoide Verfolgungsideen zur Folge haben (*Schulte* 1924).

2. Hin- und hergerissen oder -gestoßen werden zwischen mehreren in Frage kommenden Gruppen: Der Mischling, der von den Weißen als Schwarzer und von den Schwarzen als Weißer abgelehnt wird; der Pubertierende, der nicht mehr zu den Kindern aber noch nicht zu den Erwachsenen paßt (*Lewin* 1953); das Kind, das zwischen seinen geschiedenen Eltern hin- und hergerissen wird.

Folgen unter anderem: Reizbarkeit und Labilität.

3. Anomalien der gleichzeitigen Zugehörigkeit zu mehreren, einander überschneidenden Gruppen. Beispiel: bei Eheleuten die ungenügende Abgrenzung der neuen Gruppe gegen die Herkunftsfamilien, stärkere Zugehörigkeit eines der Partner zu dieser als zum anderen; statt des Partners Mitglieder der Herkunftsfamilie als „Vertraute". Partner als Anhängsel an die eigene Familie.

Folge: Wenn es nicht gelingt, die innerliche Trennung von der Herkunftsfamilie nachzuholen, Zerfall der Ehe.

4. Abweichungen von der Gleichwertigkeit und Gleichgeachtetheit.

a) Nach oben: Privilegierung, Verwöhnung, Bedienung.

Folgen u. a.: Wirklichkeitsverkennung, Vermessenheit, Gewissensverlust; dies auch noch bei Erwachsenen als Angehörigen von autoritären Cliquen, in denen sie sicher sein können, für keinen Verstoß zur Verantwortung gezogen zu werden.

b) Nach unten: Diskriminierung, Erniedrigung, Demütigung, Unterdrückung, Verhöhnung, Entrechtung.

Folgen zunächst: Bewußtsein der Schwäche und Unterlegenheit; Zweifel am eigenen Wert und Können; fortgesetzter Vergleich mit den anderen; weiterhin das Streben, die Unterlegenheit in

Überlegenheit zu verwandeln: u. a. Geltungssucht, Machtstreben, die Sucht, vollkommen zu erscheinen, Rechthaberei, Unfähigkeit, Kritik zu ertragen, bei gleichzeitiger Tendenz zu negativer Kritik, das heißt zur Abwertung der anderen; Unfähigkeit zu sachlicher Zusammenarbeit (u. a. *Adler* 1912, *Künkel* 1928, *Dreikurs* 1969).

5. Innerhalb einer Gruppe an falscher Stelle sein: zum Beispiel trotz mangelnder Fähigkeit als „Führer"; weitere Beispiele bei *L. J. Peter* und *R. Hull* (1970).

Als Folgen findet man die verschiedensten psychosomatischen Störungen, Aufgeblasenheit, im Grenzfall die klassische Hysterie.

Im umgekehrten Fall einer im Verhältnis zu den Fähigkeiten zu niedrigen Einstufung und verhinderten Aufstiegs: „Versauern".

6. *Funktionslosigkeit:* „zu nichts nütze sein", „für niemand da sein". Das typische Schicksal u. a. der großbürgerlichen Ehefrau mit prestigebedingtem Beschäftigungsverbot, auch der Insassen von Altersheimen.

Folgen: Bei sehr aktiver Veranlagung wird eine Funktion gesucht und gefunden, notfalls *er*funden (zum Beispiel Vereinsgründung).

Die Folgen sind anderenfalls: Schrumpfung der Interessen auf kleinlichsten materiellen Egoismus, Vertrotteln, Absinken des IQ.

7. Abweichungen von der gesunden Bewegungsfreiheit in einem weiten, aber begrenzten Entscheidungs- und Handlungsspielraum nach beiden Richtungen:

a) Fehlen aller Grenzen und jeden Haltes: Es gibt nichts, was man nicht darf, und man „weiß nicht, was man soll". Beispiel: die verzweifelte Lage des Kindes, das nach dem Grundsatz des unbeschränkten Gewährenlassens (der „permissiveness") behandelt wird, und das ständig „tun soll, was es will", dem aber ohne äußere Anregung schließlich nichts mehr einfällt.

Folgen: Apathie oder Unfug.

b) Beengung der Bewegungsfreiheit, Unterbindung der Selbstbestimmung, Lahmlegen des Betätigungsbedürfnisses durch Versagung jedes Spielraums der Entscheidung und der Entfaltung. Beispiel: Erziehung nach dem „Artigkeits"-Ideal.

Folgen: Neigung zu geheimer Bosheit und zu destruktiven Ausbrüchen schon bei geringfügigen Behinderungen noch im späteren Leben.

Ohne auf einzelnes einzugehen, ist an dieser Stelle zunächst darauf hinzuweisen, daß damit – neben der Annahme der Zielbestimmtheit – auch die zweite Grundannahme des Adlerschen Ansatzes, nämlich die fundamentale Bedeutung, die von ihm den sozialen Beziehungen und Wechselwirkungen und ihren Störungen beigelegt wird, seine nachträgliche Rechtfertigung gefunden hat. (Um deutlich zu machen, wie ausgesprochen gruppenbezogen auch die *Reaktionen* auf solche Störungen sind, zeigt schon die folgende Aufzählung: Aufmerksamkeitsbrennpunkt sein wollen, um jeden Preis beliebt, bewundert, beneidet sein wollen, als vollkommen und fehlerlos gelten wollen, allen anderen über sein, an ihrer Spitze stehen wollen, Mittelpunkt der Machtausübung – oder auch der Fürsorge sein wollen, usw.)

Der Beitrag der Individualpsychologie

Der Entwicklungsgang des Ansatzes von *Alfred Adler* ist kennzeichnend: auch er beginnt quasi-solipsistisch. Auch sein typischer Patient ist zunächst *mit seinen Organen allein;* nur ist für ihn der Schwerpunkt verlagert: es ist nicht mehr das brennende und Linderung heischende Organ, sondern das gestörte (kranke, verletzte, unterentwickelte) Organ, das dem Subjekt den Dienst versagt und es dadurch in seiner Handlungsfreiheit beeinträchtigt und in Verlegenheit bringt.

Auch die *Ur-Asozialität* ist zunächst Bestandteil dieses Ansatzes. Ja, sie wird von *Adler,* im Vergleich mit *Freud,* anfangs noch verschärft durch die Annahme einer *Ur-Aggressivität* (in welcher ihm *Freud* und seine Mitarbeiter erst 20 Jahre später, auf dem Umweg über die eigenartige Annahme eines „Todestriebes", gefolgt sind, zu einer Zeit, als *Adler* selbst schon zu der Überzeugung gekommen war, daß der „Aggressionstrieb" kein Urdämon, sondern ein reaktives, durch bestimmte Störungen der sozialen Einordnung hier und jetzt ausgelöstes und in Gang gehaltenes Verhalten bedeutet; vgl. 1912, S. 159–162).

Im einzelnen haben sich *Adlers* Anschauungen über den Ursprung und die Bedeutung der Aggression, wie schon oben Seite 29–30 bemerkt, auf zwei Linien weiter entwickelt:

1) Der Begriff der Aggression bzw. der Aggressivität wird verallgemeinert im Sinne eines *wertneutralen Draufgängertums,* von dem die feindselige, boshafte, verletzende und zerstörende Aggression, die zuerst allein im Blickfeld stand, nur einen Sonderfall darstellt, der zweckmäßiger als Zerstörungsdrang oder Destruktionstendenz bezeichnet würde. Diese begriffliche Entwicklung erfolgt übrigens, wie schon oben bemerkt, ebenso wie

bei *A. Adler* auch bei *H. Schultze-Hencke* (1931), *Kelly* (1955) und zuletzt bei *Gisela* und *Günther Ammon* (1965, 1969), ohne daß sich nachträglich feststellen läßt, ob und welche literarischen Abhängigkeiten dabei bestehen.

2) Die Annahme eines angeborenen, das heißt primär auf Verletzung und Zerstörung gerichteten Aggressions- bzw. Destruktionstriebes wird aufgegeben. Die destruktive Aggressivität wird, wie schon gesagt, verstanden als verfestigte Antwort auf unlebbare Lagen, besonders in der frühen Kindheit, die im einzelnen noch näher untersucht werden müßten. Hier sei nochmals auf die weitgehend übereinstimmenden Thesen von *G.* und *G. Ammon* (1969) hingewiesen.

Daß *Adler* ursprünglich die Asozialität nicht nur als ein beiläufiges, sondern ein *Grundmerkmal* des Menschen zu Beginn seiner Entwicklung betrachtet, unterstreicht er dadurch, daß er die *Freundlichkeit* gegenüber dem anderen Menschen, die Mitmenschlichkeit, das *„Gemeinschaftsgefühl"* in dieser ersten Entwicklungsphase seiner Lehre als ein Tarnungsverfahren betrachtet, als ein Mittel, mit dem der Mensch seine *eigentliche,* und unter der Oberfläche fortbestehende, Aggressivität oder Bosheit nur nach außen hin verdeckt.

Im Lauf der Entwicklung seines Ansatzes legte *Adler* neben der Minderwertigkeit von Organen den unmittelbar erlebten Mängeln und Unerträglichkeiten der sozialen Einordnung ein immer größeres Gewicht bei, zweitens suchte er die – keineswegs unabwendbare – krankmachende Wirkung auch der Organ-Unzulänglichkeit mehr und mehr auf dem Umweg über ihre unter Umständen unerträglichen *sozialen* Auswirkungen zu verstehen. Den entscheidenden dritten Schritt aber tat er 1913, als er von *Furtmüller* die Vermutung übernahm, daß ein Verhalten im Sinne des Gemeinschaftsgefühls oder sozialen Interesses nicht etwa nur ein Deckmäntelchen über einem Abgrund, sondern *die andere,* die *eigentlich* normale, wenn auch nur selten rein verwirklichte Möglichkeit des Menschen und das Zeichen wirklicher seelischer Gesundheit sei. (Daß der Fall der Tarnung – freilich im Grund einer Tarnung *vor sich selbst* –, den er zunächst als typisch betrachtete, *vorkommt,* steht fest: so bei mancher [nicht jeder] „überbesorgten" Mutter, wenn sie „eigentlich" ihr Kind zum Teufel wünscht; die Haltung dieser Mutter unterscheidet sich aber deutlich von der echten Fürsorglichkeit durch ihre unverkennbare Verkrampfung, die für ihren Zögling zu einer eindeutigen Quälerei wird, in welcher die verkappte Feindseligkeit doch zu ihrem Recht kommt.)

Das *echte* – nicht nur als Deckmäntelchen benutzte, anempfundene – Gemeinschaftsgefühl ist (unter anderem) gekennzeichnet

1) als Gefühl der *Zugehörigkeit,* als das Bewußtsein, mit den Mitmenschen verbunden zu sein und ihr Schicksal zu teilen;

2) als Fähigkeit zur Zusammenarbeit;

3) als Bereitschaft, zum gemeinsamen Wohl alles beizutragen, was man kann, ohne zu berechnen, wieviel und ob man überhaupt etwas zurück bekommt;

4) als Bereitschaft, neben den *Annehmlichkeiten* auch die unvermeidlichen *Beschwerden* des Zusammenlebens in Kauf zu nehmen; endlich

5) – was für den Erzieher von erhöhter Bedeutung ist – als planmäßig gepflegte Fähigkeit, sich in den anderen hineinzuversetzen, seine Gefühle zu erraten, und die Bereitschaft, diese Gefühle ebenso zu achten, wie man seine eigenen Gefühle geachtet wünscht (*Dreikurs* 1969).

Wenn es so etwas überhaupt gibt, so steht eines fest: Es muß auch Bedingungen des Zusammenlebens geben, unter denen eine spontane Bereitschaft, ein natürliches Streben nach harmonischer Einfügung in die Gruppe und nach Einhaltung der in ihr geltenden Ordnungen des Zusammenlebens erwartet werden darf, ein Streben, das grundsätzlich keiner Unterstützung durch äußeren Zwang, durch die Angst vor Strafen oder die Aussicht auf besondere Vergünstigungen bedarf. Diese Bedingungen haben wir im Grunde schon angegeben. Wir erhalten sie durch die Umkehrung der oben angegebenen Ursachen von Fehlentwicklungen.

Das *Bedürfnis nach Zugehörigkeit* wird nun als Grundbedürfnis eingeführt (siehe auch *Dreikurs* und *Soltz* 1966, *Dreikurs* 1969).

Dadurch wird übrigens auch die ganze Konstruktion überflüssig, durch die *Freud* das alltägliche soziale Verhalten, das einfache Zusammenleben und Zusammenwirken der Menschen aus dem ursprünglichen Streben nach rein organischer Lustbefriedigung abzuleiten sucht: danach sollte das Zugehen auf den anderen Menschen in ihm eigentlich immer nur das „Triebobjekt" suchen, vermittels dessen genitale Spannung ausgeglichen werden kann. Das alltägliche soziale Verhalten soll dann dadurch entstehen, daß dieses Zugehen auf das eigentlich genitale Triebobjekt unter gewissen Umständen kurz vor Erreichung seines ursprünglichen Zieles, also vor Erreichung der Situation, in der die genitale Entspannung erfolgen könnte, gestoppt wird. Dieser *Freud*sche Ansatz klingt, zumindest im Sprachgebrauch, auch noch bei *Günter Ammon* (1969) nach, wenn er betont, daß die von ihm geforderte „Leitbild-Autorität" „genitalen Charakter" haben müsse, um (sachliche) gemeinsame Arbeit zu ermöglichen.

Im Jahre 1919 hielt *Leonhard Seif* den, offenbar im Gespräch mit *Adler* entstandenen (1921 zum erstenmal gedruckten), Vortrag, in dem er den Zusammenhang zwischen den in der Erziehung angewandten *Führungsstilen* und der Ausbildung bestimmter *Lebensstile* der Zöglinge in einer Weise beschrieb, die 20 Jahre später in den, wie es scheint, offenbar völlig unabhängig von ihm entworfenen Versuchen von *Lewin* und *Lippitt* (1938) so genau bestätigt wurden, wie das nur selten vorkommt. Wir kommen darauf später zurück.

Um 1930 folgt dann ein weiterer Schritt, der von *A. Adler* (1927) und *F. Künkel* (1928) – unabhängig? – fast gleichzeitig vollzogen wurde: die Erkenntnis, daß der ganze Komplex von uneingestandenen neuroseerzeugenden Anliegen wie Geltungsstreben, oben sein wollen, Mittelpunkt sein wollen, vollkommen sein (oder wenigstens scheinen) wollen usw. der Ausfluß eines einzigen strukturellen Sachverhalts, nämlich einer Schwerpunktverlagerung in der erlebten Welt ist, für die *Künkel* den treffenden Ausdruck *Ichhaftigkeit* vorgeschlagen hat – und daß auf der anderen Seite das *„Gemeinschaftsgefühl"* nur eine *Teil*-Äußerung einer Haltung ist, in der das Subjekt fähig geworden ist, *von sich selbst abzusehen* und in den Forderungen der Lage oder Aufgabe – sei es eine menschliche Hilfeleistung, sei es eine Forschungs-, Gestaltungs- oder Organisationsaufgabe – aufzugehen, unter Verzicht auf alle Willkür und ohne nebenbei irgend etwas für sich herausschlagen zu wollen, sei es auch nur Bewunderung oder, sagen wir, die ewige Seligkeit. Diese Haltung, die das *Adler*sche „Gemeinschaftsgefühl", von *Künkel* „Wirhaftigkeit" genannt, einbegreift, wird durch den ebenfalls von *Künkel* vorgeschlagenen Ausdruck „Sachlichkeit" zwar nüchtern, aber treffend gekennzeichnet. Die Sachlichkeit gegenüber einem geliebten Menschen ist die Liebe, sagt *Künkel*. Auf die entscheidende Bedeutung dieser Haltung ist man, vor allem bei der Erforschung menschlicher Produktivität, in voneinander völlig unabhängigen

Überlegungen immer wieder gestoßen; (vgl. *Wertheimer* 1945, *Wittenberg* 1963). *Polányi* (1958) hat sie englisch „commitment" genannt, was Verpflichtetheit und Hingabe zugleich bedeutet. Er hat freilich nur ihre Bedeutung für die (wissenschaftliche, künstlerische, juristische) *Wahrheitsfindung* behandelt, ist aber dabei auf eine Erkenntnis von viel allgemeinerer Bedeutung gestoßen, nämlich daß Sachlichkeit oder Hingabe zugleich die Übernahme *von Verantwortung* in sich begreift. (Durch den Anteil an Verpflichtetheit und Verantwortung unterscheidet sich die „Sachlichkeit" von der „Hingebung" im Sinne von *Klages* [1964], die viel eher etwas wie „Verfallenheit" bedeutet.) Eingehend und grundsätzlich hat sich schon Meister Eckhart mit der sachlichen Haltung beschäftigt, in der man „sich selbst verliert". Sie heißt bei ihm ganz einfach „Gehorsam" (nämlich gegenüber den Forderungen der Lage), während er die ichhafte Haltung „das Seine suchen" oder kurz „Eigenschaft" nennt. Wörtlich dieselben Formeln und noch entschiedenere, etwa von der Selbst-„Vernichtung", gehören zum Kern der Lebensanweisungen der Zen-Philosophie (siehe *Suzuki* 1934. Vgl. auch *M. Buber* 1962).

Schon früh, bei der Frage, warum körperliche Schäden und Schwächen von dem einen Menschen in unverdrossenem Bemühen überwunden und ausgeglichen, ja sogar in Stärken verwandelt werden, bei einem anderen dagegen zu neurotischen Entwicklungen führen, erkannte *Adler* die entscheidende Bedeutung des Mutes, des Selbstvertrauens und der Selbstsicherheit auf der einen und ihres Fehlens auf der anderen Seite. Was hier als „Mut" bezeichnet wird, erscheint in dem tiefenpsychologischen Schrifttum sonst vielfach als „Ich-Stärke", und was hier „Ermutigung" heißt, wird dann sinngemäß „Stärkung des Ich" genannt. Diese Ausdrücke erscheinen aber weniger zweckmäßig, da sie theoretisch vorbelastet sind, sofern sie die Meinung einschließen, daß es in der Person neben dem „Ich" andere „ichanaloge" Instanzen gebe, und daß von der Stärke der Instanz „Ich" *im Vergleich mit der Stärke jener anderen Instanzen* (Überich, Es) die Rede sei. Der Ausdruck „Mut" dagegen ist unmißverständlich als ein Attribut der Gesamtperson gedacht. Der Mangel an Mut – darauf hat besonders klar auch *F. Künkel* (1928) hingewiesen –, die ständige Furcht vor Mißerfolgen macht erstens den Menschen *selbstbezogen,* sie stört zweitens seinen „Wirklichkeitskontakt", d. h. seine Fähigkeit, die Lage klar und sachgemäß zu erfassen, und sie mindert drittens seine geistige Beweglichkeit und Umstellungsfähigkeit und bringt seine Einfälle zur Bewältigung von Schwierigkeiten zum Versiegen. Diese Behauptungen von *F. Künkel* haben sich, ohne daß dies beabsichtigt oder auch nur vorausgesehen war, in den experimentellen Untersuchungen „Über Hoffnung und Furcht in der Leistungsmotivation" von *Heinz Heckhausen* (1963) klar bestätigt. *Adler* vermutete sogar, der Intelligenzquotient (IQ) sei nicht eigentlich ein Begabungsmaß, sondern im Grunde ein Maß des Mutes, von der vorhandenen Begabung Gebrauch zu machen. Und viele seiner Schüler sind ihm darin, z. T. bis heute, gefolgt. Er erkannte zugleich, daß gerade in den scheinbar herausforderndsten Verhaltensweisen häuslicher Sorgenkinder und schulischer Störenfriede eine tiefe Entmutigung verborgen ist: „Ein unartiges Kind ist ein entmutigtes Kind", sagen *Dreikurs* und *Soltz* (1966) und fahren unmittelbar fort: „Jedes Kind braucht fortgesetzt Ermutigung, genau wie eine Pflanze Wasser braucht", während Schule und Elternhaus gegenwärtig allgemein damit beschäftigt sind, dem Kind eine unaufhörliche Folge von entmutigenden Erfahrungen zu vermitteln, teils ganz ahnungslos, teils sogar absichtlich, um (nach dem Springteufelchenprinzip: je tiefer man es drückt, um so höher springt es) „gute Vorsätze zu wecken". Zwischen Mut und Zugehörigkeitsbewußtsein besteht insofern eine Wechselbeziehung, als nicht nur Mutlosigkeit unproduktiv und einordnungsunfähig, sondern auch umgekehrt mangelndes Zugehörigkeitsbewußtsein mutlos macht.

Neben der Pflege des Zugehörigkeitsbewußtseins wird damit das Ermutigen zu einem Kernvorgang alles Erziehens. Aus eben diesem Grund ist die Erzeugung von Angst – auch von „milder" Angst –, um das Kind gefügig zu machen, oder auch nur, um die Wirkung berechtigter Anweisungen oder Verbote zu unterstützen, strikt abzulehnen (z. B. *Plattner* 1968).

Die weitere Entwicklung ist noch offen. *Alfred Adler* hat in seinen letzten Jahren in kühner Vereinfachung alles menschliche Streben, auch in seinen Verirrungen, als *Streben nach Vollkommenheit* zu verstehen versucht. Darin ist ihm *H. L. Ansbacher* (1964) gefolgt. Nach *F. Künkel* und *R. Dreikurs* dagegen ist ein solches Streben ein klarer Fall einer neurotischen, mindestens aber vor-neurotischen Haltung. Der Verfasser neigt auf die Seite von *Künkel* und *Dreikurs*. Nach seiner Meinung gehört nach dem individualpsychologischen Grundansatz die *(eigene)* Vollkommenheit zu denjenigen Gütern, die, wie das Glück oder die Dankbarkeit der Kinder, nur erreicht werden können, wenn man aufhört, sich darum zu kümmern. „The technique of redemption is to lose ourselves in the performance of an obligation which we accept ..." (Der Weg zur Erlösung ist es, bei der Ausführung einer Verpflichtung, die wir übernommen haben, *uns selbst zu verlieren)*, sagt *Polányi* (1958, Seite 34).

Die Geschichte der Adlerschen Auffassung von den Bedingungen einer normalen kindlichen Entwicklung kann hier nicht von ihrem Ausgangspunkt, dem Vortrag über „den Arzt als Erzieher" von 1904 über die „Studie über Minderwertigkeit von Organen und ihre seelische Kompensation" (1907) bis zum heutigen Stand verfolgt werden. Ich begnüge mich damit, in freier Form kurz aneinanderzureihen, was man nach dem gegenwärtigen Stand als Voraussetzungen einer gesunden Entwicklung des Kindes festhalten kann:

1. Geborgenheit (mit geistiger Anregung).

2. Verbundenheit mit *einem* unersetzbaren Geliebten (in der Regel der Mutter) im *„Ur-Vertrauen"*.

3. *Zugehörigkeit* zu einer „Klein-Gruppe" (in der Regel der Familie), in der man zusammenhält, in der jeder für jeden einsteht und in der in jeder Beziehung Gerechtigkeit herrscht (*S.* und *E. Glueck* 1959), als von frühauf *gleichgeachtetes* Glied (Art. 1 GG). Vermeidung bzw. einfühlsamer Ausgleich von Lagen, die von dem Kind als Bruch der Zugehörigkeit oder als Zurücksetzung aufgefaßt werden können (Eifersucht!). Daher auch Vermeidung des „Liebes-Entzugs" als Erziehungsmittel.

4. Möglichste Entscheidungs-, Handlungs- und Selbsterprobungsfreiheit, innerhalb der möglichst weit gesteckten, aber festen und unverrückbaren Grenzen eines auf das Vertrauen gegründeten Gehorsams (Achtung vor den kindlichen Anliegen).

Die „Grenzen" sind bedingt durch die Notwendigkeit des Schutzes vor – wirklichen, nicht eingebildeten! – Gefährdungen des Lebens und der Gesundheit und durch die Rücksicht auf die Bedürfnisse und den Besitz der Mitmenschen. Damit ihre Geltung glaubwürdig wird, müssen sie die Unerbittlichkeit von Naturgesetzen haben. Das bedeutet aber unter anderem, daß nichts angeordnet werden darf, was voraussichtlich doch nicht durchgesetzt werden kann, – zum Beispiel bei einem Vierjährigen, ein zur Wüste verschlamptes Kinderzimmer aufzuräumen. In diesem Fall – für den der Erzieher ein gewisses Gefühl entwickeln muß – kann an die Stelle der Anordnung unter anderem die *Frage* treten, ob der Zögling sich dieses oder jenes *zutraut*, die *Anregung* zu einem Versuch, der *Vorschlag*, einen Teil zu übernehmen, und so weiter.

Auch innerhalb des Freiheitsbereiches wird der Erzieher oft bestimmte Wünsche haben. Bei ihnen muß aber die Entscheidungsfreiheit des Kindes aufs sorgsamste gewahrt und daher aufs strikteste auf die Befehlsform verzichtet und die Form der Anregung oder des Vorschlages eingehalten werden. (Siehe das klassische Beispiel bei *Plattner* 1968, Seite 275 ff.)

5. Dadurch Ausbildung von Selbständigkeit und freiwilliger Einordnung, von Selbstsicherheit, Wagemut und realistischer Erfolgseinschätzung. (Bei Pannen, Unfällen und Mißerfolgen ggf. besondere Maßnahmen zur Erhaltung oder Wiederherstellung des angeschlagenen Mutes.)

6. Abbau des Urvertrauens und Übergang zum kritischen Vertrauen (kein Vollkommenheitstheater).

7. Zugleich frühzeitig beginnender Abbau des Gehorsams gegenüber Personen zugunsten des Sachgehorsams, das heißt

a) der freiwilligen Anerkennung der geltenden Ordnungen („wie man sich benimmt"),

b) der Erfassung und Berücksichtigung der Forderungen der Lage („was jetzt und hier nötig ist").

8. Übergang zur vollen Entscheidungsfreiheit und Selbstverantwortlichkeit, die von der Mitte des zweiten Lebensjahrzehnts an erreicht bzw. gewährt sein soll.

Der Leser wird nach dieser Aufstellung verstehen, warum wir die Entwicklung der Gedanken *Adlers* so ausführlich dargestellt haben. Diese Gedanken sind zwar großenteils nicht experimentell, aber durch die Erfolge einer jahrzehntelang in vielen Ländern durchgeführten Beratungs- und Behandlungspraxis so gut gesichert, daß sie als genügend verläßlich gelten können. Und die Fülle der aus seiner Auffassung vom Menschen ohne künstliche Umwege ableitbaren und ein in sich konsistentes System bildenden Ratschläge an den Erzieher geht über das, was schon aus der obigen Übersicht entnommen werden kann, noch weit hinaus. Das Wichtigste davon soll hier noch kurz zusammengestellt werden.

Adlers Beitrag zur Erziehungslehre besteht vor allem darin, daß er zum erstenmal in aller Entschiedenheit über die von der

„Lerntheorie" aufgewärmte und von der Psychoanalyse nicht grundsätzlich in Frage gestellte Holzhackerpsychologie der Urväterpädagogik hinausgeht, in der Lohn und Strafe, früher mehr die letztere, heute mehr die erste, die Grund-Erziehungsmittel sind. Er führt hier Unterscheidungen ein, die im Grunde so selbstverständlich sind, daß man nur schwer begreift, wie sie in einer modernen Wissenschaft wie der Lerntheorie konsequent vernachlässigt werden konnten.

Wenn in dieser Theorie von punishment („Strafe") und reward („Lohn") die Rede ist, so werden dabei systematisch zwei Sachverhalte miteinander vermengt, die einander zwar von fern ähnlich sehen, aber, strukturell gesehen, so gut wie nichts miteinander gemeinsam haben.

Was ist punishment 1? Was ist „Strafe" im *eigentlichen* Sinn des Wortes? – Es ist eine Unannehmlichkeit, eine „sachfremde" körperliche oder seelische Mißhandlung, eine Repressalie, die in keinem notwendigen und sinnvollen Zusammenhang mit dem Vergehen steht, die nicht aus ihm „hervorgeht", die weder eine natürliche noch eine logische Folge davon ist, sondern von dem Erzieher aus seiner Machtvollkommenheit als zürnender Gott, als beleidigter Herrscher, als rächender Richter völlig willkürlich *verhängt* wird (in der Praxis vielfach so viel später als die Tat, daß für ein kleineres Kind der für den Erwachsenen selbstverständliche Zusammenhang gar nicht vorhanden ist). Es ist ein Kampfmittel, mit dem der mächtigere Erwachsene das schwächere Kind in Furcht versetzt und ihm so seinen Willen aufzwingt.

Was ist punishment 2? Es ist kein Willkürakt eines Mächtigen. Es ist ganz einfach und ohne menschliches Zwischenglied zum Beispiel das Mißlingen, der Mißerfolg eines Unternehmens; es ist eine unangenehme oder peinliche, ärgerliche, schmerzliche *Folge* eines bestimmten Verhaltens, die aus diesem in sinnvoller und verständlicher Weise *unmittelbar hervorgeht:* Diese Folge kann durch das fragliche Verhalten nach Naturgesetzen unmittelbar verursacht sein: Der Fall, der *Rousseau* (1725) und *Herbert Spencer* (1885) vorschwebte. Sie kann aber auch – nach dem Sprachgebrauch von *R. Dreikurs* – eine „logische Konsequenz" sein, das heißt eine Folge, die durch die in der fraglichen Gemeinschaft *geltenden Ordnungen* bedingt ist (wer nicht zum Mittagessen kommt, kann erst abends wieder etwas kriegen, weil zwischendurch die Mutter anderes zu tun hat). Sie kann auch eine moralische Folge sein: zum Beispiel eine Wiedergutmachung oder im Grenzfall eine Überlegung über unbedachte Folgen, die den Sünder nicht selber treffen. Das heißt, in seiner zweiten Bedeutung ist „punishment“, obwohl diese Bedeutung fortwährend mit der ersten vermengt wird, überhaupt nicht „Strafe“, kein Machtbeweis einer Person, kein Zwangsmittel, kein Akt der Rache oder Vergeltung, sondern nichts anderes als eine „Unannehmlichkeit“, die *man sich selbst* unbedachterweise zugezogen hat. Der Unterschied ist pädagogisch entscheidend. Die Auswirkungen des einen sind den Auswirkungen des anderen so entgegengesetzt wie Tag und Nacht. Es ist daher sinnlos, sie mit einem und demselben Namen zu belegen. Der Mensch ist eben nicht so primitiv angelegt, wie man sich das in der amerikanischen Verhaltenslehre vorstellt. Worin der Unterschied zwischen einem Versuchstier und einem Menschen besteht, auf den es hier ankommt, darauf werden wir noch zurückkommen (siehe S. 65, 110 f.).

Ähnlich ist die Sachlage beim Begriff des reward, der „Belohnung“. Reward 1, die „Belohnung“ im eigentlichen Sinn, ist irgendeine Art von Annehmlichkeit, die in lobenden Worten, in Auszeichnungen oder Spenden, auch im Erlaß von Pflichten bestehen kann. Das heißt genauer: es ist die Befriedigung eines grundsätzlich *sachfremden* Bedürfnisses (nach Besitz, nach Näschereien, nach Bequemlichkeit, nach Anerkennung), das man irgendeinem Verhalten *äußerlich anklebt,* um den Zögling zu einer Wiederholung eben dieses Verhaltens bei passender Gelegenheit zu veranlassen (dieses Verhalten zu „verstärken“); es ist insofern ein Zeichen des Wohlgefallens und der Gnade des Mächtigen.

Reward 2 ist der Erfolg, der unmittelbar und in einer für den Handelnden sinnvollen und verständlichen Weise aus der fraglichen Handlung *hervorgeht.* Es ist das *Gelingen* eines Unternehmens, das Zustandebringen eines Werks, die unmittelbar als richtig erkannte Lösung einer Aufgabe, die Überwindung einer Schwierigkeit, der erfreuliche Zustand eines Menschen, dem man geholfen hat, usw. Auch der *Erfolg* in diesem Sinne bedarf, sofern es sich um die Erfassung eines sinnvollen Zusammenhangs zwischen dem Tun und seinen Wirkungen handelt, keiner Bestätigung durch einen anderen Menschen. Diese ist nur erforderlich bei der Wiedergabe eines *willkürlich gestifteten* Zusammenhangs: in diesem Fall wird ein Beurteiler benötigt, der – je nachdem – „richtig!" oder „falsch!" sagt.

Die Unterscheidung zwischen Belohnung und Erfolg wird sowenig wie die zwischen Strafe und sachlicher Folge nur aus Spitzfindigkeit getroffen. Sie ist unentbehrlich; denn aus der Adlerschen Auffassung vom Menschen folgt klar und hart: Die Erziehung hat so gut wie ausschließlich auf dem sachlichen Erfolg und auf der sachlichen (peinlichen) Konsequenz aufzubauen. Nicht nur die körperliche Strafe, sondern Strafe (im überlieferten Sinn) überhaupt *ist kein Erziehungsmittel;* es ist infolgedessen auf sie grundsätzlich zu verzichten (vgl. *Alfred Adler* [z. B. 1930], *Dreikurs* und *Grey* 1968).

Dasselbe gilt für die Belohnung in dem Sinn einer willkürlich der Erfüllung eines Wunsches des Erwachsenen angehängten – sachfremden – Bedürfnisbefriedigung. Das Gesagte bedeutet, daß auch *Drohungen* und Versprechungen nicht Erziehungsmittel, sondern eindeutig *Erziehungsfehler* sind. Etwas anderes – und durchaus Sinnvolles – ist die nüchterne Besprechung der verschiedenen voraussichtlichen *Folgen* unterschiedlicher Verhaltensweisen, die dem Kind eine echte Wahl gestattet.

Wegen der entscheidenden Bedeutung einer klaren Gegenüberstellung von Strafe und logischer Folge geben wir noch einmal die Merkmale wieder, wie sie von *Dreikurs* und *Grey* zusammengefaßt werden.

1. a) Logische Folgen bringen die Wirklichkeit und Wirksamkeit der (allgemein anerkannten) Ordnungen des Zusammenlebens zum Ausdruck.

1. b) Die Strafe beweist die Macht eines Stärkeren, nach Belieben zu verlangen und zu verhängen, was er will.

2. a) Die logische Folge steht durchweg in einem unmittelbaren inneren Zusammenhang mit dem Vergehen.

2. b) Die Beziehung der Strafe zu dem Vergehen ist willkürlich und zufällig, sowohl inhaltlich als auch zeitlich.

3. a) Die logische Folge bedeutet keine moralische Verurteilung.

3. b) Die Strafe tut das unvermeidlich.

4. a) Die logische Folge hat nur mit dem zu tun, was jetzt bzw. von jetzt ab geschehen soll.

4. b) Bestrafungen haben es mit etwas zu tun, was früher geschehen ist. Durch das Bestraftwerden kauft man sich von seiner Schuld los; durch die logischen Folgen lernt man die geltenden Ordnungen besser kennen.

5. a) Bei dem Wirksamwerdenlassen logischer Folgen ist die Rolle des Erwachsenen freundliche Hilfestellung „von außen". Für die Ankündigung logischer Folgen ist es daher kennzeichnend, daß sie ruhig und mit freundlicher Stimme erfolgt.

5. b) Der *Strafende* fühlt sich persönlich angegriffen. Er empfindet die Unbotmäßigkeit des Zöglings als *persönlichen Mißerfolg*. Er wehrt sich dagegen. Er begibt sich in einen Kampf mit dem Zögling. In allen Strafen äußert sich daher Ärger, offen oder verhüllt.

6. Wer logische Folgen wirksam werden läßt, kann vielfach – nicht immer – dem Zögling die Wahl lassen, sich so und mit dieser oder so und mit jener Folge zu verhalten. Dabei handelt es sich aber nicht um die Wahl von Strafen *nach* begangenem Vergehen.

7. Da die logische Folge niemals willkürlich verhängt ist, ist es vielfach möglich, dem Zögling freizustellen, wann er das Erdulden der logischen Folge aus eigenem Entschluß beenden will.

8. Wo die Folgen (diesmal wohl meist die natürlichen) für das Kind gefährlich werden können, werden sie *nicht* durch Strafen ersetzt, sondern das Kind wird mit „sanfter Gewalt" in Sicherheit gebracht bzw. in eine Lage, in der es keinen weiteren Schaden anrichten kann.

9. Der Strafende stellt durch einen Machtbeweis *sein angeschlagenes eigenes* Prestige als Erzieher wieder her. Wer Folgen wirken läßt, leistet dem Zögling Hilfe. Er denkt an ihn und nicht an sich. An die Stelle von Strafen Folgen treten zu lassen, erfordert daher vom Erzieher Selbstkritik und gründliche Einübung.

10. Die Grenze zwischen Strafe und Folge ist oft hauchzart. Mancher Mißerfolg kann dadurch zustande kommen, daß etwas, was als Folge gedacht war – etwa infolge eines falschen Tones –, vom Kind als Strafe empfunden wird. Es ist dadurch, wie auch aus anderen Gründen, die Grundforderung an jeden Erzieher, daß er hier und überhaupt versucht, die Welt und was in ihr vorgeht, *mit den Augen des Kindes zu sehen*. (Ich habe 1967,

obwohl mir der Unterschied schon deutlich war, zwischen Strafe und Folge noch nicht so ausdrücklich unterschieden, meine aber jetzt, daß die Grenze nicht scharf genug gezogen werden kann.)

Alfons Simon (1951) und *Elisabeth Plattner* (1960 und [10]1968) halten an dem Ausdruck Strafe weiterhin fest, mit einigen beachtlichen Argumenten. Ihre Unterscheidung zwischen künstlichen und natürlichen Strafen entspricht weitgehend der Unterscheidung von *Dreikurs* zwischen Strafe und logischer Folge; so, wenn *Plattner* ausdrücklich rät, die Strafe so zu wählen, daß sie dem Kind als die unmittelbare Folge seines Vergehens erscheine, da ihre Wirkung dann günstiger sei. Aber die Übereinstimmung ist nicht vollständig.

Es bleibt eine Gruppe von Antworten des Erziehers auf unerwünschtes Verhalten des Zöglings, die man, wenn man nicht in der heute allgemein üblichen Weise die Begriffe verwischen will, nicht als *„Folgen"* bezeichnen kann, weder als „natürliche" noch als „logische", da sie weder aus Naturgesetzen noch aus Ordnungen des Zusammenlebens *unmittelbar hervorgehen,* sondern ganz ausdrücklich *aus dem Willen des Erziehers:* als Maßnahmen, oder genauer, als Anordnungen oder Anregungen (siehe unter Nr. 2). Wir versuchen, ihre Natur etwas genauer zu erläutern.

1. Sie haben mit den *„Folgen"* ein Grundmerkmal *gemeinsam,* nämlich, daß sie mit dem Fehlverhalten nicht nur in einem faktischen (raum-zeitlichen) Zusammenhang stehen, wie die Ohrfeigen in der Trivialerziehung und die elektrischen Schläge in den Versuchen zur Lerntheorie, sondern *in einem sachlich sinnvollen Zusammenhang,* wie etwa die Wiedergutmachung eines Schadens, das Helfen, wo man Unheil verursacht hat, das Nacharbeiten dessen, was man mutwillig versäumt hat.

2. Sie *unterscheiden* sich von den typischen Strafmaßnahmen der Trivialerziehung, der Lerntheorie, der Psychoanalyse und *zugleich* von den meisten der unmittelbaren „Folgen" (abgesehen etwa von der Folge, daß man zurücklaufen muß, um etwas Liegengelassenes zu holen) darin, daß sie nicht in der Zufügung von Unannehmlichkeiten bestehen, die der Missetäter *passiv erdulden* muß, sondern in einem – vom Erzieher angeregten – *eigenen Tun.* Der Zögling *wird* nicht behandelt, sondern er handelt selbst: Vaters Uhr wird ihm nicht weggenommen, er legt sie selbst weg; er selbst hält die Hand, die etwas Unerlaubtes angefaßt hat, angesichts des verlockenden Gegenstandes eine Weile

auf den Rücken, statt einen Klaps darauf zu bekommen; wenn ihm eine Weile Alleinsein verordnet ist, geht er selbst in sein Zimmer und macht die Tür hinter sich zu, er wird nicht dort eingesperrt, usw., usw. (Freilich: Auch die Trivialpädagogik kennt „Strafarbeiten". Diese sind jedoch durch ihre Sinnlosigkeit gekennzeichnet, ganz gleich, ob man wegen irgend eines Unfugs Homerverse auswendig lernen, Holz hacken oder hundertmal schreiben muß: „Ich soll nicht ...".)

Daraus geht schon die im Grund bekannte, aber zumeist verdrängte Tatsache hervor, daß solche Maßnahmen (wie übrigens auch jede Strafe herkömmlicher Art) vergeblich sind, solange der Zögling den Erzieher als einen Feind betrachtet, mit dem er sich im Kriegszustand befindet; denn er kann sie dann nur als Kampfmaßnahmen auffassen, als Versuche, ihn in die Knie zu zwingen; und er antwortet mit entsprechenden (nur allzuoft erfolgreichen) Gegenmaßnahmen, auch dann, wenn seine Annahme sachlich unbegründet ist.

3. Die angeordnete Tätigkeit soll für den Zögling *eine Hilfe* sein. Er soll durch sie etwas lernen, zum Beispiel in der Versuchung fest zu bleiben, oder sich über die Auswirkungen seines Tuns klarer zu werden. (Freilich: Auch die Prügel, die uns unsere Väter seinerzeit verabreichten, sollten uns „eine Lehre sein"; aber sie lehrten nichts, als daß der Vater „dagegen war", sie vermittelten weder Einsicht noch Übung. Und das hing unmittelbar damit zusammen, daß sie erstens nicht innerlich-sachlich mit dem Vergehen zusammenhingen und zweitens keine Aufgaben waren.

4. Als *Hilfen* können – im Gegensatz zu *Freuds* Auffassung – solche Anordnungen, auch wenn sie zunächst unangenehm oder beschwerlich sind, nicht Ausdruck eines „Liebes-Entzugs" sein, so wenig wie die Schmerzen, die ein Kind erleiden muß, wenn ihm die Mutter einen Splitter aus dem Finger zieht. (Freilich: Daß sie nur aus *Liebe* erteilt würden, behaupteten viele Erzieher des 19. Jahrhunderts auch von ihren Prügeln, wie ehemals die Kirche von ihren Ketzer-Verbrennungen; es war jedoch – im Gegensatz zu den in richtiger Weise und Haltung gewährten Hilfen – unmöglich, es ihnen anzusehen.)

Übrigens gilt für die Hilfe genau dasselbe wie für die Folgen (vgl. oben Nr. 10): Nichts ist leichter, als eine Hilfe zu *beabsichtigen* und – trotz allem – in eine Strafe im *alten* Sinn zurückzufallen.

Soll man die so gekennzeichneten „Aufgaben" oder „Hilfen" weiterhin als „Strafen" bezeichnen, genau wie die herkömmlichen leiblichen und seelischen Mißhandlungen? *Simon* und *Plattner* tun es, und vielleicht ist es besser so, solange kein besseres Wort verfügbar ist, da das Wort „Hilfe" allzu leicht ins Pharisäische abgleitet („Mutter hat mir wieder einmal eine ‚Hilfe' erteilt."). Vielleicht könnte man aber, im Anschluß an den ärztlichen Sprachgebrauch, von „Verordnungen" sprechen, um diese Maßnahmen von den „Folgen" zu unterscheiden.

Wie abschließend noch bemerkt werden muß, wird auch von denjenigen Nachfolgern *Adlers*, die an der Berechtigung des Strafens im soeben erläuterten Sinn festhalten, ihre Deutung als „Sühne", durch die ein in der Vergangenheit aufgelaufenes „Schuldkonto ausgeglichen" wird, das man dann sogleich wieder fröhlich aufs neue belasten kann, zusammen mit dem verbreiteten Selbstverständnis des Erziehers als *Richter* über seine Zöglinge, *aufs bestimmteste abgelehnt,* unter anderem, weil sie in ernsteren Fällen dem Zögling das Wichtigste und für ihn Fruchtbarste: die ernste Auseinandersetzung mit dem Getanen und seine *echte* Verarbeitung erspart (s. bes. *A. Simon* 1951).

Wie zwischen Lohn und Erfolg und zwischen Strafe und Folge unterscheidet die Individualpsychologie mit einer Schärfe, die in keiner anderen psychologischen Schule der Gegenwart zu finden ist, zwischen guter und schlechter Autorität wie auch zwischen guter und schlechter Nachsicht und Strenge, zwischen echtem und unechtem Gehorsam und zwischen echter und falscher Freiheit.

Was heißt überhaupt in der Erziehung „Autorität"? – In jedem Fall ist (oder hat) Autorität derjenige, der *„zu bestimmen hat"*, was in seiner Umgebung geschieht. Dies kann aber auf zwei ganz verschiedene Arten geschehen, von denen derjenige, der sich heute über „das Schwinden der Autorität" beklagt, nur die eine kennt, die aus geschichtlichen Gründen bei uns das Bewußtsein der Öffentlichkeit beherrscht. Der Unterschied liegt in der Art, wie derjenige, der zu bestimmen hat, das Recht dazu begründet.

Er kann es im alten Stil daraus begründen, daß er mächtiger ist; daß er die Macht hat, *anzuordnen, was ihm beliebt,* und unter denjenigen Angst und Schrecken zu verbreiten, die von ihm abhängig sind, da er auch mit ihnen umgehen kann, wie es ihm beliebt.

Das Recht, zu bestimmen, was geschieht, kann aber auch abgeleitet sein von der „höheren Vernunft", von der besseren Kenntnis der geltenden Ordnungen, von der größeren Erfahrung im Umgang mit Menschen und Dingen, von der größeren Umsicht, dem größeren Weitblick, der größeren Sach- und Menschenkenntnis, von dem sichereren Blick für das, was hier und jetzt von der Lage gefordert ist, woraus die Fähigkeit erwächst, in schwierigen Lagen guten Rat zu erteilen. Eine so begründete Autorität verbreitet *das Vertrauen,* daß ihre Anordnungen *notwendig,* das heißt, sachlich gerechtfertigt sind und daß man gut beraten ist, wenn man ihnen folgt. Einem Berater, der solche Autorität besitzt, ordnet man sich unter, ohne sich vor ihm zu fürchten.

Bei der zweiten Art von Autorität gibt es keine Anordnungen, die nur den Zweck haben, zu beweisen, wer Herr im Hause ist, und auch keine, die nur „die Folgsamkeit prüfen" oder den Zögling „im Gehorsam üben" sollen. Auf Rückfragen nach dem Zweck einer Anordnung gibt es kein „weil ich es so will" und kein „weil ich es gesagt habe"; denn auch der bloße Schein der persönlichen Willkür muß um jeden Preis vermieden werden.

Echte Autorität versteht sich und wird vom Zögling verstanden als *Sprachrohr* für die Forderungen der Sache und der Lage und für die Ordnungen des Zusammenlebens, denen der junge Mensch von dem Augenblick an, wo er sie überblickt, durchschaut und versteht, *unmittelbar* gehorsam sein wird.

Der Erzieher steht hierbei, wie auch sonst immer wieder, zwischen zwei einander auf den ersten Blick widerstreitenden Aufgaben (vgl. *E. Plattner* 1968).

Er muß *erstens* seinem Zögling die Möglichkeit geben, den von ihm beherrschten Bereich der Wirklichkeit in fortgesetzten Anläufen ständig auszuweiten und dadurch den Mut und die Zuversicht zu gewinnen und zu bewahren, daß er die Aufgaben, die das Leben stellt, bewältigen werde, verbunden mit einem besonnenen *Urteil* über das, was er sich zutrauen kann, ohne sein eigenes Leben in ernste Gefahr zu bringen.

Er muß ihm zweitens auf der anderen Seite zugleich einen klaren Begriff von den *Grenzen* seines Handelns vermitteln, die durch die Rücksicht auf die anderen Menschen und auf die gemeinsamen Anliegen und durch die allgemeinen Ordnungen des

Zusammenlebens gesetzt sind, insbesondere durch den Grundsatz, für sich nichts zu beanspruchen, was man nicht den anderen zu gewähren bereit ist, und die Nöte des anderen ebenso ernst zu nehmen wie die eigenen.

Was bedeutet die erste der beiden Aufgaben praktisch und konkret? – Der Raum der Freiheit und der eigenen Entscheidung muß für den Zögling von vornherein so groß wie irgend möglich gehalten und ständig erweitert werden. Keine der zahlreichen Betätigungen, besonders des kleineren Kindes, die Schäden im Haushalt zur Folge haben, darf schlichtweg verboten werden, weil dies am Ende zu einer völligen Lähmung des Betätigungsdranges und zu einer Unterbindung aller Übungsmöglichkeiten führen würde. Es müssen vielmehr entsprechende Betätigungsbereiche abgesteckt und offengehalten werden, innerhalb deren kein Schaden entstehen kann. Allgemein gilt, daß Gebote und besonders Verbote auf dasjenige eingeschränkt werden müssen, was unvermeidlich ist, erstens um Lebensgefahr für den Zögling abzuwenden, zweitens die Rechte und Freiheiten der übrigen Familienmitglieder zu gewährleisten, drittens ihre Habe vor Zerstörung zu sichern, endlich auch, um ein reibungsloses Zusammenleben zu ermöglichen. In dieser Gewährung eines möglichst großen und sich ständig erweiternden *Raumes der Freiheit,* und nicht in willenlosem Zulassen des Unzulässigen und in der fortgesetzten nachträglichen Zurücknahme dessen, was man früher oder eben angeordnet hat, besteht nach individualpsychologischen Begriffen die echte *„Güte"* des Erziehers.

Die Erfüllung der *zweiten* Aufgabe, einen klaren Begriff von den *Grenzen* der Freiheit zu vermitteln, ist nur möglich, wenn die *wenigen verbleibenden* Gebote und Verbote mit der Ausnahmslosigkeit von Naturgesetzen durchgesetzt werden, so daß bei dem Zögling nicht der geringste Zweifel darüber aufkommen kann, was nun eigentlich gelten soll und was nicht. Was gilt, gilt immer. Es darf durch keine Laune, keinen Anfall von gedankenloser „Gutmütigkeit" in Frage gestellt werden. Seine Mißachtung wird nicht gerächt, aber sie hat Folgen (siehe oben S. 58 ff.). Dies ist der individualpsychologische Begriff der *„Strenge"*. Sie ist nicht – dem Trivialbegriff der Strenge gemäß – eine Knebelung des kindlichen Willens durch pausenloses Befehlen, Verbieten, Schelten, Ermahnen und Nörgeln, sondern ein weiter Rahmen, an dem die Freiheit des Zöglings zu Ende ist, an den dieser jedoch nur selten anstoßen wird, so daß seine Beachtung ihn auch keine allzu große Überwindung kosten wird.

Wie man sieht, hat die Individualpsychologie als einzige psychologische Schule der Gegenwart bei einer ganzen Reihe altüberlieferter und in der Erziehung unentbehrlicher Begriffe gezeigt, daß sie mehrdeutig sind und daß der Erfolg des Erziehens entscheidend davon beeinflußt wird, ob sie so oder so verstanden werden. Nicht weniger folgenreich als die bisher behandelten Unterscheidungen sind die zwischen echtem Gehorsam und Scheingehorsam (hierüber vergleiche vor allem *Plattner* 1960 und 1965); ein Unterschied, den man freilich nicht an Ratten oder Tauben demonstrieren kann. Ob es an Hunden möglich ist, bleibt offen, obwohl einiges dafür spricht.

Was heißt überhaupt Gehorsam? Wir wollen auch diesen Begriff so handgreiflich wie möglich zu umschreiben versuchen. Gehorsam nennen wir einen Menschen, der tut, was man ihm befiehlt, und läßt, was man ihm verbietet. Freilich ist dabei immer vorausgesetzt, daß er das, was er tut, nicht auch ohne den Befehl getan, und das, was er läßt, nicht auch ohne das Verbot unterlassen hätte. Dabei ist sogleich klar, daß Gehorsam und Autorität aufeinander bezogene, einander fordernde Begriffe sind. Wir werden einen Erwachsenen, der einem kleinen Kind das Stück Kuchen gibt, das es von ihm erbettelt, nicht gehorsam nennen, sondern vielleicht freundlich, – allenfalls schwach und gedankenlos, zum Beispiel, wenn er weiß, daß das Kind schon längst satt ist und ihn nur achtlos verkrümeln wird, oder daß es an einer Verdauungsstörung leidet, oder daß der Kuchen für dessen Bruder bestimmt war und es seinen eigenen schon bekommen hat. Ebensowenig werden wir von Gehorsam sprechen, sondern allenfalls von Nachgiebigkeit, Beeinflußbarkeit und ähnlichem, wenn ein Junge auf der Straße von einem anderen Jungen veranlaßt wird, etwas zu tun, was er ohne dessen Aufforderung nicht getan hätte. (Man braucht dabei gar nicht an Konfliktfälle zu denken, wo die Aufforderung zugleich eine Verführung ist, wohlbekannte Verbote zu übertreten, wie etwa beim Äpfelstehlen oder bei dem sogenannten „Blinde-Mäuse-Spiel". Die Aufforderung kann z. B. lauten: „Komm mal mit um die Ecke, da steht ein wunderbarer neuer Kran", oder noch einfacher: „Spiel doch mit!")

Bevor wir zur eigentlichen Frage kommen, muß noch einiges geklärt werden.

1. Die psychologische Lage beim Gehorchen kann sehr verschieden sein. So ist es nicht dasselbe, eine Aufgabe oder einen Auftrag auszuführen, oder sich an die Hausordnung zu halten (zum Beispiel rechtzeitig zum Essen zu kommen), oder etwas, nur weil es verboten ist, zu unterlassen, wozu es einen unwiderstehlich drängt (zum Beispiel, sich eine Eistüte zu kaufen, oder sich an einem Kameraden für eine Bosheit zu rächen). Hierzu *Lewin*, Die psychologische Situation bei Lohn und Strafe (1931).

2. In einem weiteren Sinn bedeutet Gehorsam nicht nur das Befolgen von Befehlen und Verboten, die von einem vorgesetzten Menschen ausgesprochen werden, sondern auch ein Verhalten im Sinne dessen, *was die Lage erfordert,* das Tun dessen, was jetzt nötig, das Lassen dessen, was jetzt fehl am Platze ist. Bekanntlich wird als Ziel der Erziehung – wie mir scheint, zu Recht – unter anderem der Übergang vom ersten zum zweiten Gehorsam in diesem Sinne angesehen. Für unsere nächsten Überlegungen soll der Ausdruck in seiner ersten, engeren Bedeutung gebraucht werden. Das heißt, es ist zunächst nur von dem Befolgen sprachlicher Befehle und Verbote die Rede, die von einer bestimmten Person ausgehen.

3. Ohne Gehorsam in diesem engeren Sinn kommt – mindestens in ihrem Beginn – keine Erziehung aus. Man kann mit einem zweijährigen Kind nicht darüber verhandeln, ob es den Gashahn aufdrehen, auf das Fenstersims klettern oder beliebig über eine dicht befahrene Verkehrsstraße laufen darf. Ja, man wird sich nicht einmal damit aufhalten, ihm zu erklären, warum es das alles nicht darf, sondern es ihm schlicht verbieten und wenn das nicht ausreicht, es kurzerhand daran hindern. Wie wir später sehen werden, leidet das Kind darunter keinen Schaden. Es fühlt sich nicht unterdrückt oder geknebelt, und keine der vielfach erörterten Folgen solcher Unterdrückung sind zu erwarten – vorausgesetzt, daß es sich um *echten* Gehorsam handelt, das heißt, daß das Kind sich nicht gezwungen fühlt.

Was unter echtem Gehorsam zu verstehen ist, wurde schon bei der Unterscheidung der beiden Arten der Autorität angedeutet, und dies sinngemäß, weil die beiden Arten des Gehorsams den beiden Arten der Autorität zugeordnet sind.

Der unechte oder Scheingehorsam hat zwei Spielarten: den Gehorsam aus Angst vor den Gegenmaßnahmen, den körperlichen oder seelischen Mißhandlungen durch den Mächtigeren, oder aus Schlauheit, die ihn zur Gewährung von Vergünstigungen zu veranlassen versucht. Man kann auch von Geschäftstüchtigkeit sprechen, sofern hierbei das Wohlverhalten zu Höchstpreisen angeboten wird. Die beiden Arten des Scheingehorsams haben ein gemeinsames Merkmal: Man tut, *was der andere will, weil er* es haben will, um Nachteile abzuwenden oder sich Vorteile zu verschaffen, die mit der eigentlichen Absicht nichts zu tun haben. Man tut dies, ohne seine Absicht zu „übernehmen" und zur eigenen zu machen, vielfach mit Auflehnung im Herzen und insgeheim entschlossen, im ersten unbewachten Augenblick zu tun, was man selber will, und darüber hinaus sich und anderen zu beweisen, daß man endlich ein „freier" Mensch ist.

Beim echten Gehorsam tut man, was man selber will. Man „übernimmt" die Absicht des Anordnenden und macht sie zur eigenen, aus dem Vertrauen heraus, daß das, was der Mächtigere verlangt, notwendig, sinnvoll und gut ist und keiner Willkür, keinem selbstherrlichen Belieben entspringt. Die Übernahme der fremden Absicht setzt, wenn sie auf bereits bestehende andere Absichten stößt, eine (von *E. Plattner* als „Einschwenken des Willens" bezeichnete) innere Umstellung voraus, die eine gewisse Zeit beansprucht. Das landesübliche *„Auf der Stelle* tust du, was ich dir sage", ist das sicherste Mittel, diese Umstellung zu verhindern. Ist sie aber gelungen, so hat sich in dem „Befehlsempfänger" etwas Grundlegendes geändert: Er tut nicht mehr nur etwas, was *ein anderer* will, sondern, wie gesagt, im wörtlichen Sinne etwas, was er nun *selber* will – wobei er zwar nun mit dem Willen des anderen übereinstimmt, aber ohne daß dadurch die in der Umstellung gewonnene Selbständigkeit des Wollens beeinträchtigt wird. Die Ausführung dessen, was angeordnet wurde, wird dabei – einer sportlichen Leistung durchaus vergleichbar – zu einem persönlichen Anliegen des Befehlsempfängers. Sie ist daher nicht mehr von der Anwesenheit und Aufsicht des Anordnenden abhängig. Sie erfolgt ebensogut und ebenso sicher, wenn er nicht anwesend ist, und es kommt auch nach seinem endgültigen Ausscheiden nicht zu Ausgleichsreaktionen in dem Sinne, daß das Übertreten von geltenden Ordnungen zu einer besonderen Art von Selbstbestätigung wird. Daß der „Reiz des Verbotenen" bei uns so verbreitet ist, ist ein sicheres Zeichen dafür, wie wenig Ahnung unsere Erzieher von dem Unterschied zwischen echtem und Scheingehorsam haben und wie selten es gelingt, echten Gehorsam zu erzielen.

Zum Kernvorgang des echten Gehorsams wird demnach bei konsequentem Weiterverfolgen des individualpsychologischen Ansatzes die innere Umstellung, das „Einschwenken des Willens", die „Übernahme" des Auftrags, die aus dem Handeln nach fremdem Willen ein Handeln aus eigenem Willen macht. Dieser Kernvorgang, der von keiner der anderen Schulen überhaupt gesehen wird, ist noch kaum untersucht. Seine genauere Ergründung scheint eine der entscheidenden Aufgaben einer pädagogischen Psychologie zu sein, die ihre Aufgabe darin sieht, den praktischen Erzieher bei seiner Aufgabe zu unterstützen.

Verwandte Auffassungen finden sich auch bei manchen Erziehern, die sich ausdrücklich zu *Freud* bekennen. Besonders auffallend etwa bei *Hans Zulliger* (z. B. 1943, 1951, 1952, 1953, a, b, 1956, 1957, 1958, 1960). Auch er spricht von der grundlegenden Bedeutung der Geborgenheit, der Zugehörigkeit, der Ermutigung für die Persönlichkeitsentwicklung des Kindes. Er spricht von dem natürlichen Drang des wohlgeborgenen kleinen Kindes, dazuzugehören, sich einzufügen, die Spielregeln des Zusammenlebens sich anzueignen, um selber mitspielen zu können; auch er schätzt sachliche Folgen weit höher ein als willkürlich gewählte Formen der Bestrafung. Besonders erfreulich ist sein Hinweis auf die Bedeutung der – freiwilligen – *Entschädigung* mutwillig oder gedankenlos Geschädigter. Da er zugleich ein ungemein scharfer und feinfühliger Beobachter mit einem sicheren Blick für die geheimsten Regungen der Kindesseele ist, kann man viel von ihm lernen. Es fehlt jedoch jede Auseinandersetzung mit der Freudschen Theorie der frühkindlichen Triebschicksale, die mit allem diesem nicht vereinbar ist, und es bleiben daher erhebliche Unklarheiten und Widersprüche bestehen.

Weitere Beiträge der Gestalttheorie

Wir beschließen unsere Darstellung der Klärung pädagogischer Grundbegriffe, die wir der Gedankenarbeit der individualpsychologischen Schule verdanken, und wenden uns der letzten der hier zu besprechenden psychologischen Schulen zu: der Gestalttheorie. Bei der engen Verwandtschaft und vielfachen Deckung des individualpsychologischen und des gestalttheoretischen Ansatzes ist es freilich kaum möglich, hier scharf zu trennen, zumal wesentliche Gedanken, durch welche der individualpsychologische Ansatz nachträglich gesichert und gerechtfertigt wurde und die wir schon oben besprochen haben, im Verfolg gestalttheoretischer Überlegungen gefaßt wurden: So die Zielbestimmtheit des Menschen als Person, sein Systemcharakter mit einem bestimmten Tätigkeitspegel als Normalzustand, insbesondere auch die Anerkennung überindividueller Ganzer mit eigenen Prägnanztendenzen, und im Zusammenhang damit die Annahme von nicht innerorganismischen Spannungen und Spannungsausgleichen, beispielsweise der kognitiven Spannungen zwischen dem Subjekt und seiner Umwelt, die wir kurz „Neugier" nennen, der von Gegenständen der Umwelt auf das Subjekt gerichteten Kräfte, die uns unter dem Namen von „Aufgaben" vertraut sind, und endlich der sozialen Spannungen sowohl in Richtung auf die optimale Einordnung in die Gruppe als auch in Gestalt der an uns gerichteten Zumutungen einzelner anderer Menschen. Doch bleibt noch eine Reihe von Punkten zu erörtern:

Zur Frage der „Voraussetzungen der Erziehbarkeit"

Das gestalttheoretische Interesse an Erziehungsfragen geht von zwei Beobachtungen aus, von denen nur die eine das Erziehungsgeschehen unmittelbar betrifft:

Erste Beobachtung: Versucht man festzustellen, was die große Menge der Erzieher, die Väter und Mütter, die Lehrer und Meister, die ihre Aufgabe schlecht und recht zu erfüllen versuchen, ohne mit Erziehungswissenschaft und Psychologie in engere Berührung gekommen zu sein, wirklich tut, so findet man zunächst eine verhältnismäßig einfache Vorstellung von den Erfordernissen dieser Aufgabe: Man sagt und zeigt seinem Zögling, was er zu tun und zu lassen hat. Man versucht das erwünschte Verhalten durch Anweisung und Befehl, durch Freundlichkeit und Anerkennung, durch Versprechungen, Lob und Belohnungen, allenfalls etwa auch durch „gutes Beispiel" zu fördern und zu festigen (in der Sprache der amerikanischen Lerntheorie: zu „verstärken") – und zugleich das Unerwünschte durch Verbot und Warnung, durch Tadel und Mißbilligung, durch Drohungen und Strafen (in der Sprache der Psychoanalyse: durch „Liebesentzug") zu unterdrücken und „auszutreiben" (lerntheoretisch ausgedrückt: zu „löschen").

Mangelhafter Erfolg wird durch Verstärkung dieser Mittel bekämpft.

Zweite Beobachtung: Es besteht nur ein geringer Zusammenhang zwischen dem Einsatz der angegebenen Mittel der Trivialpädagogik und dem Erziehungserfolg, das heißt den menschlichen Qualitäten, die wir bei den so behandelten jungen Leuten vorfinden. Auch bei gewissenhafter Anwendung der angeblich erprobten üblichen Verfahren kommt es vor, daß ein „zu den besten Hoffnungen berechtigendes" Kind eine Fehlentwicklung einschlägt und daß es, wie die Eltern immer wieder berichten, „weder durch Güte noch durch Strenge", das heißt im alten Stil, weder durch Versprechungen und Belohnungen noch durch Drohungen und Strafen, gelingt, es wieder auf den rechten Weg zu bringen. (Zusätzlich: mir ist bisher nicht ein einziger verwahrloster Jugendlicher begegnet, der durch die Bestrafung seiner Verstöße und die Belohnung seines Wohlverhaltens wieder auf den Pfad der Tugend gebracht werden konnte.) Auf der anderen Seite gibt es Elternhäuser, in denen Lohn und Strafe, Versprechungen und Drohungen nur eine ganz geringfügige Rolle spielen und gelegentlich sogar bedenkliche Erziehungsfehler vorkommen, in denen sich aber die Kinder höchst erfreulich entwickeln.

Solche Beobachtungen, die zu häufig sind, um einer statistischen Sicherung zu bedürfen, legen nicht nur dem Gestalttheoretiker, diesem aber ganz besonders, nahe, daß die überlieferten ausdrücklichen Erziehungsmaßnahmen nur gewissermaßen örtliche Beeinflussungsversuche sind, deren Wirkung mitbedingt ist durch „außerörtliche" Einflüsse, Einflüsse des Umfelds, die bei jedem dynamisch in sich zusammenhängenden Ganzen zu erwarten sind, in welchem das Teilgeschehen an jeder Stelle mit dem Teilgeschehen an allen anderen Stellen in unmittelbarer Wechselwirkung steht. Solche Umfeldwirkungen sind, sofern der Mensch als seelisches Wesen keine Summe von Gewohnheiten ist, erstens zu erwarten für den ganzen Menschen als Teil und an einer ganz bestimmten Stelle eingebettetes Glied seiner Umwelt und insbesondere seiner menschlichen Mitwelt. Sie sind aber zweitens auch zu erwarten für das Erziehungsgeschehen im engeren Sinn als ein Teilgeschehen, das in den gesamten Lebensvollzug eingebettet ist.

Wir hätten dann weiter zu erwarten: im äußersten Fall ungünstiger Einbettung – des jungen Menschen *und* des Erziehungsgeschehens – in eine ungeeignete Umgebung, daß alle ausdrücklichen Erziehungsmaßnahmen vergeblich bleiben, – im äußersten Fall günstiger Einbettung in eine gut geeignete Umgebung, daß ausdrückliche Erziehungsmaßnahmen mehr oder weniger überflüssig werden und daß sogar wiederholte Erziehungsfehler keinen allzugroßen Schaden anrichten.

Dieses hätte sofort eine bemerkenswerte Folge, nämlich daß die Frage, die die meisten unserer Erzieher, Eltern wie Lehrer, so sehr bewegt, die Frage nach den zweckmäßigsten „Erziehungsmitteln", die überdies zumeist auf die Frage nach der wirksamsten Art zu strafen hinausläuft, eine drittrangige Frage wird.

Natürlich ist es auch in der Erziehungswissenschaft nicht unbemerkt geblieben, daß es neben den ausdrücklichen Erziehungsmaßnahmen auch unausdrückliche und trotzdem wirksame Weisen der Beeinflussung von Zöglingen gibt, und man hat diese zweite, unsichtbare Art der Beeinflussung als „funktionale Erziehung" bezeichnet. Ich halte jedoch diesen Ausdruck für wenig zweckmäßig, weil er den Begriff dessen, was damit gemeint ist, schon vor seiner ausreichenden Klärung auf eine weitere Art von *Erziehungs*-Maßnahmen festlegt, wenn auch eine, die dem Zögling nicht als solche erkennbar ist. Es muß aber vorerst offen bleiben, ob es sich nicht um Verhaltensweisen des Erziehers und darüber hinaus um Eigentümlichkeiten der Umwelt des Zöglings handelt, bei denen nicht nur vom Zögling keine erzieherische Absicht *bemerkt* wird, sondern darüber hinaus auch auf seiten des Erziehers gar keine erzieherische Absicht *vorhanden* ist.

Es scheint mir aus vielen Gründen richtiger, anzunehmen, daß es allgemeinere Voraussetzungen gibt, unter denen die ausdrücklichen erzieherischen Maßnahmen nur geringen oder gar keinen Erfolg haben, und andere, unter denen ein solcher Erfolg erwartet oder sogar mit großer Sicherheit vorausgesagt werden kann, – vorausgesetzt, daß die eigentlichen erzieherischen Maßnahmen nicht selbst falsch sind. Ich schlage deshalb vor, die Gesamtheit der Umstände, von denen der Erfolg des Erziehens mitbedingt ist, wie gesagt, als *„Voraussetzungen der Erziehbarkeit"* zu bezeichnen. Ich habe auch schon vor fünfzehn Jahren (1960) versucht, eine vorläufige Übersicht über die wichtigsten dieser Voraussetzungen zu geben, die ich zunächst ohne Erläuterung hersetze:

a) Die frühe *seelische Verwurzelung* in einem – unvertretbaren und unersetzbaren – geliebten und liebenden Menschen in unerschüttertem gegenseitigen Vertrauen (vgl. oben S. 50, 54).

b) Ein bergendes Gehäuse als Mitte der Welt und stets erreichbare Zuflucht, und innerhalb derselben ein fester Ankerplatz.

c) In diesem Gehäuse eine gesunde und frische Lebensluft, freundliches Licht und wohlige Wärme – im wörtlichen und *besonders* im übertragenen Sinn.

d) Von früh an eine reichliche Ernährung des Geistes und der Seele.

e) Die Gelegenheit zur Einübung des menschlichen Zusammenlebens – in *gegenseitiger* Achtung, Wertschätzung, Hilfsbereitschaft, Für-einander-Einstehen bei strengster Gerechtigkeit in jedem Sinn dieses Wortes.

Ob die Liste vollständig ist, muß offen bleiben.

Erziehung als „Umgang mit Lebendigem"

Wir besprechen nun einige der Folgerungen, die aus der gestalttheoretischen Auffassung von der Natur des Zöglings als offenes System, genauer, als „Lebewesen", für die Arbeit des Erziehers zu ziehen sind. (Was in *Metzger* [²1962] für die Arbeit am Lebendigen allgemein dargestellt wurde, wird hier auf das die Arbeit des Erziehers Kennzeichnende beschränkt.)

a) Der Mensch ist ein in vielen Hinsichten sich selbst regulierendes System. Das heißt: Es gibt – was in der bei uns üblichen Erziehung fast allgemein vergessen zu sein scheint – eine ganze Reihe von Verhaltensweisen, die nicht angeordnet werden müssen, weil *von selbst geschieht,* was zur Herstellung und Erhaltung des Normalzustandes erforderlich ist. Die laufende Einmischung des Erziehers in diese Verhaltensweisen ist nicht nur nutzlos, sondern ist vielfach geeignet, die Regulationsfähigkeit des kindlichen Organismus, die im Laufe des Lebens ohnehin nach und nach geringer wird, vorzeitig abzubauen.

Das klassische Beispiel ist die laufende Bemühung der Mütter, die *Bekleidung* des Kindes jeder kleinsten Schwankung der Außentemperatur anzupassen („Zieh den Mantel an, setz die Mütze auf, vergiß den Schal und die Handschuhe nicht, du erkältest dich!"). Soll die lebenswichtige Regulationsfähigkeit *erhalten bleiben,* so sind alle diese Dinge dem Kind *anzubieten,* ihr Gebrauch oder Nichtgebrauch aber ihm selbst zu überlassen. Der Erfolg der systematischen Lahmlegung dieser Regulationsvorgänge von früh an besteht darin, daß der Mensch, der als Kind sich zwischen, sagen wir 15 ° und 25 ° Außentemperatur wohl fühlte und für kurze Zeit auch viel höhere und viel niedrigere Temperaturen ohne zu jammern und ohne Schaden in Kauf nahm, als Erwachsener bei 21° die Hitze und bei 19° die Kälte unerträglich findet und nach dem Ventilator oder dem Pelzmantel schreit. Auch die panische Angst des Durchschnittsdeutschen vor dem leisesten Luftzug, auch vor ein paar Regentropfen oder Schneeflocken, ist ein Erfolg dieser antibiologischen Erziehungskünste. – Eine zweite Art der mutwilligen Lähmung ursprünglich gut funktionierender Regulationsvorgänge ist die in letzter Zeit mehr und mehr um sich greifende Unsitte, schon kleinen Kindern beim harmlosesten Sonnenschein Rauchgläser aufzusetzen, „um ihre Augen zu schonen" (bei den Großen dienen sie ohnehin mehr dem interessanten Aussehen – auch bei trübem Wetter).

Als drittes erzieherisch bedeutsames Beispiel nennen wir den Kampf um die Nahrungsaufnahme. Er findet in zwei sich deutlich voneinander absetzenden Abschnitten statt:

1) Beim Neugeborenen durch die rücksichtslose Durchsetzung willkürlich festgesetzter Fütterungszeiten, wobei man das Kind, wenn es nachts Hunger verspürt, sich zu Tode schreien läßt, „damit es sich keine falschen Zeiten angewöhnt", und es tags aus dem schönsten Schlaf reißt, weil Essenszeit ist. Daß sich die Fütterungszeiten ganz von selbst einregulieren, wenn man das Kind zu nichts zwingt, zeigt die Tabelle auf der folgenden Seite. Sie ist zu ergänzen durch den Hinweis, daß das Kind wenige Tage nach ihrer Beendigung ganz von sich aus die *nächtliche* Nahrungsaufnahme *ausfallen ließ* und durchschlief. Das Erstaunlichste an dieser Entwicklung ist, daß sich das Kind ohne jeden äußeren Druck genau auf die *üblichen* Fütterungszeiten einstellte. Zu der verbreiteten Angst vor falschen Gewöhnungen besteht also keinerlei Anlaß.

2) Im zweiten Abschnitt wird das Kind am Tisch gefüttert und lernt, ohne Hilfe zu essen.

Zur Arbeitsersparnis und zur Pflege des Zusammenlebens notwendig und zugleich biologisch absolut unschädlich ist die Festsetzung von regelmäßigen *Mahlzeiten*. Innerhalb dieser Festsetzung sollte aber die Nahrungsaufnahme weitgehend dem Bedürfnis überlassen bleiben, wobei selbstverständlich nur so viel auf den Teller kommt, wie vermutlich aufgegessen wird, und Nachschub erst angeboten wird, wenn er leer ist. Das heißt, das Kind

*Fütterungszeiten unseres Kindes Rainald Thannisch * 27.7.73*[1]

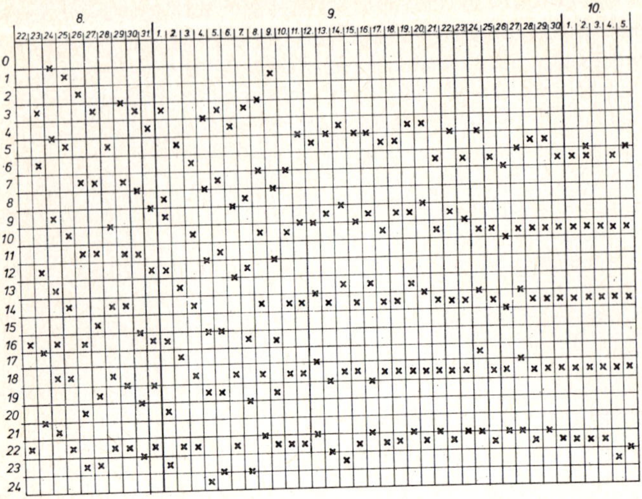

darf, aber *muß nicht* essen, freilich notfalls die Folge auf sich nehmen, bis zur nächsten Mahlzeit warten zu müssen, ohne in der Zwischenzeit mit Süßigkeiten getröstet zu werden. Der dabei geforderte geringfügige Aufschub der Stillung des Hungers ist ein wichtiger Beitrag zur Entwicklung der Kunst des Wartens und der Selbstbeherrschung. Man kann sich, wenn man die Nahrungsaufnahme nicht zu einem Streitpunkt werden läßt, auf die regulierende Funktion des Hungers und Durstes ohne Sorge verlassen.

Auch die Beherrschung der *Ausscheidungen* ist, wenn erst die Funktion ausgereift ist, eine eigene Angelegenheit des Kindes, deren Störungen oft überraschend schnell verschwinden, wenn die Erwachsenen auf Einmischung verzichten (*Trombini* 1970). Die Folgerungen für die Freudsche „Geschenk"-Theorie liegen auf der Hand. – Wie viele der unter uns verbreiteten Ausscheidungsschwierigkeiten auf diesen Störungen des natürlichen Ablaufs in der Kindheit beruhen, wird sich erst zeigen, wenn auch dies kein Anlaß zu Streitigkeiten zwischen Eltern und Kindern mehr ist. – In diesen Zusammenhang gehört auch der Verzicht auf allen Zwang hinsichtlich der *Schlafenszeiten*. Es schadet dem Kind nichts, eine nach dem Mittagessen allgemein übliche Ruhe-

[1] Ich danke Herrn Eribert Thannisch für die Tabelle.

stunde einzuhalten. Es kann aber ihm überlassen bleiben, ob es während dieser Zeit schläft oder sich mit einem stillen Spiel oder Bilderbuchbesehen beschäftigt. Machen sich Störungen der Nachtruhe, zum Beispiel zu frühes Aufwachen, bemerkbar, so kann man diese oft von einem Tag zum anderen beheben, wenn man auf den Zwang zur Mittagsruhe verzichtet. *M. Montessori* geht folgerichtig weiter. Sie bemängelt allgemein die willkürlichen – meist viel zu langen – Schlafzeiten der Kinder, die, wie sie sicher nicht ganz zu Unrecht behauptet, zum großen Teil mehr dem Ruhebedürfnis der Erwachsenen als dem des Kindes dienen. Das Kind müsse das Recht haben, sich schlafen zu legen, wenn es müde ist, und wenn es ausgeschlafen ist, wieder aufzustehen. Sie empfiehlt daher an Stelle des herkömmlichen Käfigs ein niedriges, offenes Lager, nur wenig höher als der Fußboden. „Die Kinder gehen dann vergnügt des Abends ganz von selbst schlafen und stehen in der Frühe ebenso vergnügt auf, ohne irgendwen zu stören", – und können, wie ich hinzufügen möchte, auch in der Nacht unbehindert und ohne Hilfe ihre Notdurft verrichten. Es ist nicht unwahrscheinlich, daß ein großer Teil der bei uns schon fast zur Norm gewordenen Schlafstörungen eine Spätfolge der fortgesetzten willkürlichen Eingriffe in dieses offenbar empfindliche Regulationssystem ist; vgl. *Montessori* 1952. Auch hierüber sind noch gründliche Untersuchungen erforderlich. Zur Frage der Regulation allgemein: *W. B. Cannon* 1932.

Ohne auf weitere Einzelheiten einzugehen, kann man wohl sagen, daß der Erzieher, der es als seine Aufgabe betrachtet, die natürlichen Regulationsvorgänge am Organismus lahmzulegen und durch willkürliche Festlegungen zu ersetzen, nur Schaden anrichtet. Wir müssen, umgekehrt, unsere Kinder dazu anleiten, in allen diesen Dingen auf ihren Organismus zu *vertrauen* und auf seine Bedürfnisse zu horchen, ohne zum Hypochonder zu werden, und das bedeutet zugleich, ihm immer dann auch etwas zuzumuten, wenn – ausnahmsweise – etwas Wichtigeres und Unaufschiebbareres fällig ist als Essen oder Schlafen.

b) Man kann wohl als Handwerker aus einem Werkstück, aber nicht als Erzieher aus einem Zögling Beliebiges „machen". Der Erzieher hat – im Gegensatz zum Künstler – nicht die Möglichkeit, einen Menschen „herzustellen" oder „anzufertigen", wie er ihm vorschwebt. Er kann an den Gegenstand seiner Bemühungen überhaupt nicht mit beliebigen „Ideen" von außen herantreten, wie mancher Vater glaubt, der, kaum daß sein Sohn zur Welt gekommen ist, schon genau weiß, was aus ihm werden soll, und dies – man möchte beinahe sagen: über seine Leiche – durchzusetzen versucht. Es gibt zwar für jedes lebende Wesen und so auch für einen menschlichen Zögling einen gewissen Formbarkeits-Spielraum; und wie breit dieser ist, läßt sich nicht in jedem Fall von vornherein sagen. Aber man kann dem Zögling auf die Dauer nichts gegen seine Natur aufzwingen. Man kann nur zur Entfaltung bringen, was in ihm selbst als Möglichkeit angelegt ist. Ohne einen scharfen Blick und ein sicheres Gefühl für die Möglichkeiten der Entfaltung, die in ihm schlummern, ist im Grunde keine erfolgreiche Erziehungsarbeit möglich.

c) Während der Handwerker sein Werkstück seiner Vorstellung gemäß formt, indem er allerlei Kräfte nacheinander von außen auf seine verschiedenen Stellen einwirken läßt, haben die Kräfte und Antriebe, durch die ein lebendes Wesen sich entfaltet, und so auch diejenigen, durch welche die Persönlichkeit eines Zöglings sich ausformt, ihren Ursprung in dem betreuten Wesen selbst. Wie bei allem Lebendigen, sind auch bei ihm nur solche Formen in sich stimmig und von Dauer, die sich durch die Wirksamkeit innerer Kräfte ausbilden und ständig von ihnen getragen und wiederhergestellt werden.

Das bedeutet auch, daß der „örtliche Eingriff" zwar – wie beim Beschneiden oder Anbinden eines Baumes – nicht völlig unmöglich oder sinnlos ist, aber nur eine begrenzte Bedeutung hat, die größte noch bei dem Erwerb von Kenntnissen und Fertigkeiten, aber nur sehr geringe bei den „Lebensgewohnheiten", die in ihrer Gesamtheit das Bild oder den Stil der Persönlichkeit ausmachen. Diese können nur über den Kern der Persönlichkeit beeinflußt werden, derart, daß infolge einer Gesamtumstellung, im Sinne der Individualpsychologie zum Beispiel einer Auswechselung dessen, „worauf es einem im Leben ankommt", auch alles einzelne sich ändert – wie dies seit *Freud* zum Gemeingut der Psychotherapie geworden ist.

d) Der tote Stoff wartet im typischen Fall geduldig auf seine Bearbeitung. Die Zeit, während welcher der Handwerker an ihm arbeiten will, steht völlig in dessen Ermessen. Er kann sie beliebig früh oder spät festsetzen, sie auch nach Belieben unterbrechen und wieder aufnehmen, sie in beliebig kleine Abschnitte unterteilen, aber auch beliebig lange ununterbrochen fortsetzen.

Alles dieses ist beim Lebewesen, und so auch beim Gegenstand erzieherischer Bemühungen, völlig anders. Er hat seine eigenen fruchtbaren Zeiten und Augenblicke, er hat auch seine eigenen Rhythmen der Empfänglichkeit und der Leistungsbereitschaft auf der einen und der Erschöpfung und des Ruhebedürfnisses auf der anderen Seite, die der Erzieher, wenn er etwas erreichen will, sorgsam beachten muß. Dies gilt im großen wie im kleinen: für Jahre wie für Stunden. Der Lehrer kann daher die Schulstunden nicht zu beliebigen Tageszeiten und nicht beliebig kurz oder lang ansetzen. Man kann auch nicht nach Ermessen den Beginn der Reinlichkeitserziehung oder des Sprechenlernens oder der Einführung in die Geheimnisse der Mathematik festsetzen. Man kann sich andererseits, wenn es beim Zögling für irgendeine Erwerbung Zeit ist, nicht auf den Trost zurückziehen, er würde es später schon noch lernen. In beiden Fällen kann die mangelnde Beachtung der rechten Zeit höchst unliebsame Folgen haben.

Ebenso notwendig wie das geduldige Abwarten ist also das Gefühl für den rechten Augenblick und die Bereitschaft, ihn beim Schopf zu fassen und nicht etwas eben Fälliges auf unbestimmte Zeit zu verschieben, weil man gerade etwas anderes vorhat oder weil es zu beschwerlich ist. Im *einzelnen:* Was die Beachtung der rechten Zeit im *kleinen* betrifft, so kann man zum Beispiel als unbefangener Beobachter leicht sehen, daß die üblichen Schulstunden für das Alter von Schulanfängern zu lang sind und daß außerdem zu viele Stunden unmittelbar aufeinander folgen. Untersuchungen über die zeitlichen Grenzen der Mitarbeit, das heißt, von der anderen Seite gesehen, über den Umfang des Leerlaufs, der dadurch bedingt ist, wären dringend erwünscht.

Über den geringen Nutzen des Unterrichts am Nachmittag, zur Zeit des täglichen physiologischen Tiefpunkts, berichtet *Hellbrügge* (1966).

Die Bedeutung der rechten Zeit im *großen* veranschaulichen an einem einfachen Beispiel die – inzwischen in großem Umfang wiederholten und bestätigten – Versuche von *Gesell* und *Thompson* (1929) über den Zusammenhang zwischen der (organischen) Reifung und dem Übungserfolg. Versuchspersonen waren zwei eineiige Zwillinge, knapp ein Jahr alt, kurz vor dem Übergang vom Krabbeln zum Gehen. Aufgabe war, das Erklettern einer Treppe von einigen Stufen zu erlernen. Lockmittel war, wie üblich, eine von Kindern geschätzte Süßigkeit auf der obersten Stufe. Die Übung begann bei dem ersten Zwilling in der 47. Lebenswoche, bei dem zweiten in der 52., in dem Augenblick, als der erste die Kunst beherrschte. (In der Zwischenzeit hatten beide das Gehen gelernt.) Beim Beginn mit 47 Wochen betrug die Übungsdauer 5 Wochen, beim Beginn mit 52 Wochen betrug sie nur 1 Woche, war also auf ein Fünftel verkürzt. Außerdem hatte das verfrühte Lernen des ersten Zwillings zur Folge, daß er die Treppe weiterhin mit der primitiven Krabbeltechnik erkletterte, während sich der zweite des entwickelteren Verfahrens des Steigens bediente. Drittens blieb für den ersten Zwilling das Erklettern der Treppe auch später ein *Mittel,* um eine Süßigkeit zu erwerben, während dem zweiten das Klettern selbst so viel Spaß machte, daß er es auch ohne Süßigkeitsangebot weiter betrieb.

Dieser Befund wurde an einer Reihe anderer Fertigkeiten bestätigt (1943). Sein Geltungsbereich ist noch nicht abgesteckt. Ein überzeugendes literarisches Beispiel für die Folgen verfrühter Einübungsversuche gibt *W. Hauff* in der Geschichte vom *„Hirschgulden".*

Doch liegen auch schon einige pädagogisch bedeutsame Ergebnisse vor. Nach *Christoffel, Blum-Zapas* und *Metzger* kann die Dauer der *Reinlichkeitserziehung* von mehr als zwei Jahren auf *wenige Wochen* herabgesetzt werden, wenn man – bei sorgfältiger Sauberhaltung und Beachtung der Entleerungszeiten – die Beherrschung der Ausscheidungen von dem Kind selbst erst in der Mitte des dritten Lebensjahres verlangt. – Hierher gehören wohl auch die außerordentlich verlängerten Übungszeiten, die bei dem u. a. von *Doman* und *Lückert* empfohlenen Lesenlernen im Vorschulalter beobachtet werden und deren vergleichende Messung erst ein endgültiges Urteil über die Zweckmäßigkeit dieser Vorschläge gestatten würde.

In den bisher angeführten Fällen handelte es sich um die Begründung der Notwendigkeit, für bestimmte erzieherische Maßnahmen den günstigsten Zeitpunkt *abzuwarten.* Ebenso wichtig erscheint es aber, darauf hinzuweisen, daß es Fristen gibt, die auf keinen Fall *versäumt* werden dürfen. Dafür nur wenige Beispiele.

Daß ein Kind, das außerhalb der menschlichen Gesellschaft aufgewachsen ist, nach unseren heutigen Kenntnissen nach dem 12. Lebensjahr nicht mehr imstande ist, die menschliche Sprache zu erlernen, ist bemerkenswert, aber für das erzieherische Handeln unter unseren Lebensbedingungen kaum von Bedeutung. Dagegen hat es in zahllosen Fällen erhebliche Folgen für die Schul- und Berufslaufbahn, wenn im zweiten und dritten Lebensjahr die eifrigen Bemühungen des Kindes, durch unablässiges Fragen seinen Wortschatz zu erweitern, bei den Erwachsenen seiner Umgebung keinen Widerhall finden, wenn man also zum Beispiel seine Fragen lästig findet und zurückweist, oder wenn man das Kind vor dem Abklingen des Fragealters in Gemeinschaftserziehung bringt, wo es niemandem möglich ist, auf jede seiner unzähligen Fragen einzugehen. Sein Bedürfnis, fragend die Welt zu erobern, bleibt unbefriedigt. Es hört zu fragen auf. Es lernt, neben den Dingen zu leben, deren Namen es nicht kennt ... Seine Sprachentwicklung verlangsamt sich und verarmt. Diese Verarmung der Sprache ist oft, trotz aller Anstrengungen, während der ganzen Schulzeit nicht wieder aufzuholen (*Schenk-Danzinger* 1970).

Noch verhängnisvoller sind die Folgen, wenn die Phase versäumt wird, in welcher der junge Mensch auf den friedlichen Umgang mit seinesgleichen und auf die Einordnung in die Gruppe geprägt wird. Wir vermeiden den heute, nach schlechtem amerikanischen Vorbild, allgemein üblichen Ausdruck „Anpassung" (adaptation) an die Gruppe; denn Anpassung bedeutet, genau genommen, ein Gleich-werden wie deren übrige Glieder; aber dies ist gerade nicht gemeint, sondern vielmehr die Fähigkeit, sich mit den anderen zu vertragen, mit ihnen auszukommen und mit ihnen zusammenzuwirken. Das Heimtückische an der Prägung dieser für das Zusammenleben grundlegenden Verhaltensformen ist, daß sie

1) zu einem Zeitpunkt erfolgt, an dem diese noch gar nicht ausgeübt werden können, und infolgedessen

2) unter Umständen, denen man ihre späteren Auswirkungen gar nicht ansehen kann, daß außerdem

3) diese Prägung an die Eltern Forderungen stellt, die sie nur erfüllen können, wenn sie bei jedem Kind jahrelang auf Lebensansprüche verzichten, die in unserer gegenwärtigen Gesellschaft, und gerade unter den jungen Menschen, mehr und mehr als unverzichtbar gelten. Die Prägung der sozialen Verhaltensformen erfolgt sozusagen auf dem Schoß der Mutter (oder ihrer Vertrete-

rin). Sie setzt voraus, daß während eines Zeitabschnitts, der noch genauer zu bestimmen ist, an diesen Menschen *eine dauernde persönliche Bindung entsteht.* Dies bedeutet wieder, daß die Kinder während dieser Zeit von ihrer Mutter nicht getrennt werden dürfen (was deren Abwesenheit für einige Stunden, vielleicht sogar für einige wenige Tage, nicht ausschließt). Noch weniger darf ein *mehrfacher* Wechsel der Pflegeperson stattfinden. Ein Kind, dem seine eben angeknüpften Beziehungen immer wieder zerrissen werden, bleibt schließlich bindungslos, wie ein Mensch, der beim Einschlafen immer wieder geweckt wird, trotz größter Müdigkeit schließlich schlaflos bleibt. – Über den Beginn und das Ende der Phase der Prägung für das Sozialverhalten des Menschen schwanken die Angaben. Nach *R. Spitz* (1960) setzt sie etwa im Alter von sechs Monaten ein. Über ihr Ende sagt er nichts Genaues. Nach *Schenk-Danzinger* (1965) liegt sie zwischen dem 6. und 10. Lebensmonat. Nach *B. Hassenstein* (1970) zwischen dem 3. und 12. Lebensmonat. Seinen Ausführungen ist zu entnehmen, daß er noch bis zum Ende des 3. Lebensjahres eine stark erhöhte Trennungsempfindlichkeit annimmt. Eine Trennung des Kindes von seiner Mutter während dieser Zeit ist, wie *Hassenstein* sich ausdrückt, ein „pathogener Faktor allerersten Ranges". H. warnt die Ärzte vor allen Krankenhaus-Einweisungen, außer bei akuter Gefahr, und fordert in diesem Fall, daß die Mutter das Kind täglich besucht, mit ihm spielt und sich möglichst an der Pflege und Fütterung beteiligt (wie dies in englischen Kinderkrankenhäusern nach dem *Bowlby*-Bericht schon längst selbstverständlich geworden ist). – Dem ist die ebenso dringliche Forderung an alle jungen Eltern hinzuzufügen, während dieser Jahre unter allen Umständen ihren Urlaub so zu planen, daß sie ihn *mit* ihren Kindern *zusammen* verbringen können (und daß er auch für das Kind keine unerträglichen Strapazen mit sich bringt). Der Ernst dieser Forderung kann nicht genug betont werden. Auch vor den verlockendsten Angeboten von Kinderheimen, Großmüttern usw. ist dringend zu warnen. Die jedesmal aufs neue erhoffte Ausnahme („es kann doch auch einmal gut gehen") *findet nicht statt.* Die Eltern müssen darauf gefaßt sein, bei ihrer Rückkehr aus ihren „unbeschwerten" Ferien ein mehr oder weniger stark zu seinen Ungunsten verändertes Kind vorzufinden, das vielleicht sein ganzes Leben lang Schwierigkeiten im Umgang mit anderen Menschen hat, die man ihm durch das kleine „Opfer" hätte ersparen können.

Bei außerhäuslicher Erwerbstätigkeit kann die Mutter die Beschäftigung mit ihrem Kind nicht auf die Ferien verschieben. Sie *muß* sich so einrichten, daß sie sich regelmäßig täglich mehrmals ausgiebig mit ihm beschäftigen kann. Ausführlicher hierzu nochmals *Hassenstein* 1970.

M. Montessori (1950) nimmt besondere Phasen einer allgemein erhöhten Empfänglichkeit und Lernbereitschaft an. Auch *Lückert* spricht von einer erhöhten Aufnahmebereitschaft des Kindes im letzten Vorschuljahr, die er durch verfrühte Einschulung zu nutzen empfiehlt. Doch müßte zuvor experimentell entschieden werden, ob nicht das Sinken der Aufnahmebereitschaft nach diesem Jahr durch die Schule, genauer durch die übliche Art unseres Schulunterrichts selbst bedingt ist. Sollte sich dies bestätigen, so würde die verfrühte Einschulung einen ebenso verfrühten Verfall der Aufnahmebereitschaft bedeuten, wäre also kaum zu empfehlen.

e) In der Technik lassen sich vielfach Fertigungsgeschwindigkeiten fast beliebig steigern. Demgegenüber hat alles lebend sich Entwickelnde, und so auch der Zögling, seine eigenen Geschwindigkeiten der Entfaltung, der Änderung, der Annahme oder des Ablegens gewisser Verhaltensweisen. Die genau planende und Termine festsetzende Organisationssucht ist darum in der Erziehung ebensowenig am Platz wie die Ungeduld, die alles schneller und immer noch schneller, früher und noch früher erreichen will. Beispielsweise sind sowohl das fruchtbare Denken wie auch die Umstellung *ehrlichen* Gehorchens (siehe oben S. 65 ff.) ihrer Natur nach *langsame* Vorgänge, die durch ungeduldiges Drängen nicht beschleunigt, sondern nur verhindert werden. Die Erziehung ist für olympische Geschwindigkeitswettbewerbe nicht der rechte Platz, weder im großen noch im kleinen. Pädagogische „Stoßtherapien“ sind ebenso fragwürdig wie die medizinischen.

Einer der Hauptummelplätze für Versuche, die Geschwindigkeit von Einübungsvorgängen willkürlich zu steigern, ist wiederum die Reinlichkeitserziehung. Wer versucht, aus dem langsamen Fortschreiten mit gelegentlichen Rückfällen, wie es in einer dem Kinde freundlichen Atmosphäre die Regel ist, durch „Strenge“, also durch Drohen, Schelten und Schlagen, in einen raschen Endspurt überzugehen, „um endlich Ruhe zu haben“, muß u. a. damit rechnen, daß er sich noch Jahre später mit einem Bettnässer herumquälen muß.

Besonders wichtig ist es, plötzliche, unerwartete und unvorbereitete *Umstellungen* zu vermeiden. Das bedeutet nicht, daß man darauf verzichten soll, das Kind, falls nötig, in neue Lagen zu versetzen. Wird jedoch das Kind zu jäh aus einer Lage in eine andere, ihm möglicherweise widerwärtige, möglicherweise auch fremde und daher ohnehin beunruhigende Lage versetzt, so kann dies Schockwirkungen haben, deren für das Kind und seine Umgebung schwer erträgliche Nachwirkungen Jahre, Jahrzehnte und ein ganzes Leben lang anhalten können. Es kommt alles darauf an, den Übergang in die neue Lage möglichst *fließend* zu vollziehen und Umstellungshilfen zu geben, die vor allem in rechtzeitigen und geeigneten Ankündigungen und Vorbereitungen bestehen.

Unzählige *Trotzanfälle* können vermieden werden, wenn man nicht vergißt, dem hingegeben spielenden Kind fünf Minuten vorher anzukündigen, daß jetzt gleich Schluß sein muß, weil es beispielsweise Essens- oder Schlafenszeit ist. Ein vorbildliches Beispiel dafür, wie man einem sehr schwierigen Kind dazu verhelfen kann, sich mit dem unvermeidlichen Ende einer trostreichen Stunde abzufinden, gibt *Virginia Axline* (1970), indem sie das Nahen des Endes von Minute zu Minute ankündigt: „Jetzt noch 5 Minuten", „jetzt noch 4 Minuten", usw. Der Hinweis auf die mit dem Schlafengehen verbundenen beliebten Unternehmungen, wie Singen oder Erzählen, vermehrt noch die Bereitschaft zur Umstellung.

Im Alter des „Fremdens", also etwa vom 8. oder 9. Lebensmonat bis gegen Ende des 2. Lebensjahres, fällt es dem Kind besonders schwer, sich mit neuen Menschen zu befreunden. Es zieht sich vor jedem neuen Gesicht hinter die Mutter zurück oder, auf ihrem Arm, versteckt es sein Gesicht in ihrer Bluse. Es weigert sich standhaft, dem Unbekannten das Händchen zu geben, und gerät in Panik, wenn er es auf den Arm nehmen will. Überläßt man es – im Einverständnis mit dem Fremden – dem Kind, ihn aus dem sicheren Versteck zu beobachten und sich ihm nach eigenem Ermessen allmählich zu nähern, so geht es nicht lang, bis die Freundschaft geschlossen ist. – Man kann sogar erreichen, daß das Kind *sofort* auf den Neuankommenden zugeht und sich ohne Scheu mit ihm einläßt. Man braucht dazu nur einige Wochen vorher ein großes Foto des erwarteten Besuchers in das

Zimmer des Kindes zu stellen, ihm zu sagen, wer das ist, von ihm zu erzählen und seine Ankunft anzukündigen ...

Schwere Umstellungsschocks pflegen durch Krankenhaus-Einweisungen veranlaßt zu werden, selbst wenn nicht zugleich eine Trennung von der Mutter erfolgt (oben S. 39, 80). Es kommt hier alles zusammen: fremde Räume mit einem sonderbaren Geruch, unheimliche Geräte, fremdartig angezogene Leute, ungewohnte Zeremonien; und in dieser Lage nun noch schmerzhafte Eingriffe, wie Blutentnahmen, Hirnstrommessungen, Punktierungen und so fort. Schon ein Bruchteil davon würde ausreichen, um ein Kind schwer zu verängstigen. Trotzdem kann man erreichen, daß ein Kind sich voll Zuversicht in diese ungewisse Lage begibt und sich ohne Schreien und Strampeln gefallen läßt, was dort mit ihm vorgenommen wird. Man muß zu diesem Zweck nur 14 Tage vorher mit den Puppen des Kindes alles immer wieder durchspielen, was ihm bevorsteht, möglichst einschließlich der weißen Bekleidung des behandelnden Personals; vgl. Bielicki 1971.

Nicht ausschließlich, aber doch zum großen Teil als Umstellungsschock sind die bekannten Eifersuchtsanfälle des bisher jüngsten Kindes einer Familie nach der Geburt eines jüngeren Geschwisterchens zu verstehen. Das Heilmittel, mit dem dieser Teil seiner Schwierigkeiten bekämpft werden kann, ist wieder die rechtzeitige Vorbereitung: die Teilnahme an all den verschiedenen Zurüstungen, das gemeinsame Planen, die Aufklärung über den gegenwärtigen Aufenthalt des Erwarteten und als Höhepunkt die Erlaubnis, seine Bewegungen in der Mutter zu fühlen, – womit zugleich aufs anschaulichste und zugleich unauffälligste ein wichtiges Stück zur geschlechtlichen Aufklärung beigetragen ist. Natürlich genügt das nicht. Es muß zusätzlich auch die unvermeidliche Einbuße an spürbarer mütterlicher Fürsorge in der nächsten Zeit angekündigt und verständlich gemacht werden, zusammen mit einer unauffälligen, auf das Kind nicht als Ersatzangebot wirkenden, Betonung der *erfreulichen* Begleiterscheinungen des größeren Alters und mit den geplanten Ausgleichsmaßnahmen (die, wenn es Zeit ist, auch tatsächlich gewährt werden müssen: eine lohnende Aufgabe für Väter).

f) Das fünfte Merkmal der Arbeit am Lebendigen ist die Duldung von Umwegen. Wer ein Werkstück bearbeitet, kann – grundsätzlich – geradlinig auf sein Ziel, die endgültige Gestalt, lossteuern. Wer mit der Pflege, Aufzucht und Erziehung von lebenden Wesen zu tun hat, muß überall dort Umwege in Kauf nehmen, wo diese in deren „Entwicklungsplan“ vorgesehen sind. Ich zitiere aus „Schöpferische Freiheit“ (Seite 31 f.): „Hierher gehört schon, daß die meisten Menschenkinder nicht sogleich den zweibeinigen, aufrechten Gang einüben, sondern vorher auf allen vieren krabbeln und dabei eine Fertigkeit ausbilden, von der sie später kaum noch Gebrauch machen – und daß es bei uns Eltern gibt, die dem Kind sogar diesen liebenswürdigen – und, wie in diesem Fall klar feststeht, sehr bekömmlichen – kleinen Umweg mit Gewalt zu „ersparen“ versuchen. Wichtiger ist, daß dem nüchternen Wirklichkeitssinn, der sich in der zweiten Hälfte der Kindheit bei den meisten Menschen einstellt, eine Zeitspanne vorausgeht, in der sie sich nicht nur für Märchen mit all ihrer Zauberei und ihren Fabelwesen begeistern, sondern wo sie auch ihre alltägliche Umwelt mit märchenhaften Gestalten bevölkern, wo sie z. B. manchmal jahrelang spielerischen Umgang mit Zwergen pflegen, die nur ihnen sichtbar und wahrnehmbar sind; wo sie mit dem Gedanken an allerlei zauberhafte Fähigkeiten spielen; wo die mythologischen Gestalten des Nikolaus, des Osterhasen, des Sandmännchens und manche anderen für sie Wirklichkeiten sind, die sie selbst erfinden würden, wenn man sie ihnen nicht entgegenbrächte. Wie bekannt, waren (und sind zum Teil noch heute) die Entwicklungstechniker der Aufklärung der Meinung, man müsse die Beschäftigung mit solchem Unsinn an der Wurzel ausrotten, um zu verhindern, daß aus den Kindern wirklichkeitsfremde Träumer würden, die Sein und Schein nicht zu unterscheiden vermöchten. Sie wollten diesen Umweg mit Stacheldraht versperren und den kindlichen Geist zwingen, auf dem kürzesten Weg seine endgültige Form zu gewinnen. Andere trieben es zeitweise noch weiter: sie versuchten, den Kindern das Spielen gleich ganz zu verwehren und sie von vornherein zur Arbeit zu zwingen, die das Kennzeichen der Erwachsenen ist. Die Erfahrung hat aber gezeigt, daß immer wieder aus den einfallsreichsten kindlichen Träumern erwachsene Menschen werden, die besonders fest und sicher in der Wirklichkeit stehen, die sich kein X für ein U vormachen lassen und vor allem sich auch über sich selbst und die eigenen Möglichkeiten (und Schwächen) keinen Täuschungen hingeben. Sie hat auch gezeigt, daß aus den verspieltesten Kindern die tüchtigsten Arbeiter werden können. Das heißt, sie hat gezeigt, daß diese

Umwege gesund sind: Vieles spricht dafür, daß der Weg über das Wunder für das Kind der sichere Weg zur Wirklichkeit ist." Um noch ein letztes Beispiel zu geben: „Die Entwicklung des künstlerischen Verständnisses und der Gestaltungsfähigkeit... führt beim gegenwärtigen Stand der Dinge an ihrem Ende zur Gestaltung abstrakter Gebilde, oder wenigstens zum Verständnis für sie. Also – so schließt man messerscharf (sofern man Wert darauf legt, modern zu sein) – muß die künstlerische Erziehung des Kindes gleich im ersten Schuljahr, möglichst schon im Kindergarten, mit der Einführung in das abstrakte Gestalten beginnen. Überflüssig, den kindlichen Geist erst den Umweg durch das Reich des Gegenständlichen zu führen, und außerdem gefährlich, denn möglicherweise findet er gar nicht wieder heraus und verpaßt den Anschluß an seine Zeit! – Dabei ist nur *ein* Fehler in der Rechnung: Der Umweg über das Gegenständliche ist unvermeidlich, für den einzelnen Menschen nicht anders als für die ganze Menschheit. Von dem Augenblick an, wo das Kind fähig und bereit ist, mit Bildern umzugehen, wird es zunächst nur von gegenständlicher Gestaltung angesprochen und bezaubert; hat es die Wahl, so läßt es das Abstrakte völlig unbeachtet. Auch es selbst versucht aus eigenem Antrieb nur Dinge zu gestalten, die ihm aus der Wirklichkeit, in der es lebt, bekannt sind. Seine erste Frage lautet jedenfalls: Was ist das? Aber genausowenig wie am Märchenhaften bleibt der kindliche Geist am Gegenständlichen haften. Der Übergang vollzieht sich, wenn es Zeit ist, ganz von selbst, wie man immer wieder beobachten kann. Ich kannte ein Mädchen, das – bei vielfachem Umgang mit überlieferten Werken großer Kunst – bis zum Alter von 16 Jahren ausgerechnet für Spitzweg schwärmte und sich eine vollständige Sammlung seiner Werke angelegt hatte, – und dann von einem Tag zum anderen zu Klee überging. Auch hier hat offenbar der Umweg nichts geschadet.

Der Erzieher, der sich vorsetzt, den gewundenen Weg der geistigen Entwicklung seiner Zöglinge zu begradigen, strengt sich nicht nur völlig überflüssigerweise an. Er vergewaltigt seine Zöglinge, er verstößt gegen Gesetzlichkeiten des Lebendigen und richtet damit unter Umständen Schlimmeres an als die Ingenieure, die im vorigen Jahrhundert so stolz auf die Begradigung der großen Ströme waren.

Aus der Erkenntnis, daß die Entwicklung eines Lebewesens ihr Ziel auf allerlei Umwegen erreicht, folgt nicht nur, daß der Erzieher solche Umwege ohne Besorgnis dulden kann und soll, wo die kindliche Entwicklung sie selbst einschlägt. Es folgt darüber hinaus, daß der Erzieher selbst dem jungen Menschen solche Umwege *zumuten* darf, wenn dadurch die Bedingungen des Gedeihens und der Erziehbarkeit in irgendeiner Hinsicht wesentlich verbessert werden.

Dies ist zum Beispiel ausgesprochen der Fall bei der *religiösen Erziehung*. Aus Vernunftgründen, die auf den ersten Blick überaus einleuchtend aussehen, wird es heute von vielen als unverantwortlich erklärt, wenn Eltern, die einem der überlieferten Bekenntnisse anhängen, auch ihre Kinder in eben diesem Bekenntnis aufziehen: wenn sie sie in die Überlieferung ihres Glaubens, in die heiligen Schriften einführen und mit ihnen, von der Begehung der großen Feste bis zum einfachen Nachtgebet, die Gebräuche pflegen, die mit ihrem Bekenntnis verknüpft sind. Man erklärt dies als Zwang und Manipulation. Man befürchtet, daß die jungen Menschen dadurch mehr oder weniger unwiderruflich in eine Art von Lebenshaltung hineingedrängt werden, die ihnen möglicherweise gar nicht gemäß ist. Und man verlangt „Glaubensfreiheit" auch für die Einjährigen. Das heißt, man verlangt, daß alle religiöse Erziehung zu unterlassen sei. Man möge statt dessen dem Heranwachsenden, wenn er dazu geistig herangereift ist, eine Übersicht über die Mannigfaltigkeit der Religionen (einschließlich der Religionslosigkeit) geben und ihm die Entscheidung überlassen, ob er sich irgendwo anschließen will.

Diesen Vorschlag wird kein seelisch gesunder und unbefangener Erzieher befolgen. Er kann es wohl meist nicht erklären, aber er hat das sichere Gefühl, daß seine Befolgung eine der Grundvoraussetzungen der Erziehbarkeit radikal beseitigen würde, nämlich die – vom Kind als solche erlebte – Zugehörigkeit und Geborgenheit. Die Grundlagen dieser Voraussetzung sind ja nicht allein das räumliche Zusammensein, die gemeinsamen Wände, zwischen denen man lebt, und die Beweise der Zuneigung und der Fürsorge, die das Kind von seinen Eltern erfährt, sondern ebenso die Gemeinsamkeit des Bildes der Welt, in der man lebt. Und eben dieses ist vom Glauben wesentlich mitbedingt. Die Forderung, die Eltern möchten in *ihrem* Glauben leben, aber ihr Kind damit verschonen, bedeutet daher nicht weniger als das Verlangen, das Kind aus ihrer Gemeinschaft auszustoßen. Dieses Verlangen ist aber unerfüllbar, weil im Zustand der Ausgestoßenheit Erziehung nicht stattfinden kann.

Der Erzieher ist danach gehalten, seine Kinder in *seinem* Glauben aufzuziehen, ohne Rücksicht darauf, ob dieses sich später einmal für den heranwachsenden jungen Menschen als gerader oder als Umweg herausstellen wird. Und er *kann* das auch verantworten. Er muß nicht damit rechnen, daß alles, woran sich sein Zögling als Kind gewöhnt hat, ihm fürs Leben unauslöschlich eingeprägt bleibt. Denn offensichtlich ist in die Entwicklung des Menschen die *Pubertät* als eine Phase der endgültigen Verselbständigung eingebaut, wo unter anderem alles bisher selbstverständlich Hingenommene und Geglaubte in Frage gestellt und dadurch ein neuer Anfang möglich gemacht wird, der schließlich ebensowohl in gänzlich neue geistige Bereiche wie in die Welt der Eltern zurückführen kann.

g) Das sechste Kennzeichen der Arbeit am Lebendigen, und so auch der Erziehung, ist die für den Regelfall geltende Wechselseitigkeit des Geschehens. Wo man toten Stoff bearbeitet, ist, wie Hans Freyer (1955) es ausdrückt, das Tun „ein Strahl, der nur in eine Richtung zielt und nicht zurückkehrt". Der Umgang mit Lebendigem, und so auch der zwischen Erzieher und Zögling, ist ein Hin und Her zwischen beiden, einem Frage-und-Antwort-Spiel zu vergleichen, das gegenseitige Achtung und wechselseitiges Vertrauen voraussetzt. Alle echte Pflege, und so auch alle Erziehung, ist persönliche Einzelbetreuung. „Sie ist es auch dann noch, wenn sie sich auf eine kleinere und größere Gruppe von Pfleglingen richtet: auf eine – natürliche oder künstliche – Geschwisterschar, eine Schulklasse, einen Kindergarten oder eine Krankenstube. Wird die Schar so groß, daß der Pfleger sich nicht mehr reihum um alle besonderen Bedürfnisse kümmern kann, so wird der Zweck der Pflege verfehlt, und es gibt keine technischen Einrichtungen, mit denen man diese Grenzzahlen überschreiten kann." (Wie hoch diese liegen, das hängt von dem Maß der Betreuungsbedürftigkeit ab. Sie sind also etwa in einer Säuglingsstube viel niedriger als in einer Schulklasse. Bei dieser streitet man sich noch, ob die Grenze bei einer Klassengröße von 15 oder von 24 Schülern liegt. Jedenfalls läßt die in Deutschland immer noch bestehende und vielfach erheblich überschrittene Richtzahl von 40 Schülern die Grenze fruchtbarer Betreuung weit hinter sich.)

Eine scheinbare Ausnahme ist die programmierte Unterweisung, bei welcher der „Zögling" sich keinem Menschen, sondern einem Gerät gegenüber befindet. Streng genommen handelt es sich hier aber – genau wie beim Lesen eines Buches – um eine Art Selbstunterricht, mit allen seinen Vor- und Nachteilen, worauf aber hier nicht eingegangen worden soll.

h) Noch in einer weiteren, entscheidenden Hinsicht, die bei einem Gegenstand, den der Handwerker bearbeitet, völlig fehlt, werden Lebewesen, mit denen wir umgehen, uns selbst um so ähnlicher, je höher sie entwickelt sind, und sie werden uns vollkommen gleich im menschlichen Kind, das uns zur Erziehung anvertraut ist: Das Kind ist, wie wir selbst, ein „Subjekt", das in eine ihm zugeordnete Welt hineinschaut. Sein Fühlen und Handeln wird gesteuert von dieser seiner Welt; es ist seine laufende Antwort auf das, was ihm in ihr begegnet, was es in ihr vorfindet, was in ihr geschieht, wie sie als Ganze beschaffen ist, wie man sich in ihr bewegen kann und was für eine Art von Klima und Atmosphäre in ihr herrscht. „Nie wird ein Lehrer ein Kind mit Erfolg angemessen leiten können, wenn er nicht die psychologische Welt verstehen lernt, in der das individuelle Kind lebt. Eine Situation ‚objektiv' beschreiben heißt in der Psychologie in Wirklichkeit: Die Situation als die Gesamtheit jener Fakten und ausschließlich jener Fakten beschreiben, die das Feld des betreffenden Individuums ausmachen. Diese Welt des Individuums durch die Welt des Lehrers, des Arztes oder sonst jemandes zu ersetzen, ist nicht objektiv, sondern falsch" (*Lewin* 1942).

Nun setzen wir Erwachsene allgemein höchst voreiligerweise voraus, daß diese Welt des Kindes genau wie die unsere aussieht, ja daß sie ganz einfach bis in alle Einzelheiten die unsere ist. Sie unterscheidet sich aber tatsächlich von der unsrigen im allgemeinen und im einzelnen um so mehr, je jünger das Kind ist. Und wenn das Verhalten des Kindes uns unerwartet und unbegreiflich ist, lohnt es sich, *nach seiner Welt zu fragen;* es lohnt sich der Versuch, die Welt „mit seinen Augen zu sehen". Etwas nüchterner ausgedrückt, bedeutet das, sein Verhalten als Hinweis auf die Eigenart seiner Welt zu verstehen. Das ist eine Kunst, die man lernen kann, wenn es auch nicht jeder darin so weit bringt, wie wir es etwa an *Hans Zulliger* (1953) bewundern. Die Unvergleichbarkeit der Welt des Kindes und der des Erwachsenen wird u. a. deutlich, wenn wir uns fragen, *welchen Wert* ein und derselbe Gegenstand für ein Kind und für einen Erwachsenen besitzt. Dieser Wert kann (wie bei der alten, verschlissenen Puppe, siehe oben S. 41) ein Vertrautheitswert sein. Aber auch ein beliebiger Gegenstand, der von Erwachsenen abgelegt und von einem Kind gefunden und von ihm zum Spielding erkoren wurde, kann bekanntlich in seiner Welt außerordentlich weit über dem Wert liegen, den *wir* ihm in der unsrigen zusprechen und der im Grenzfall gleich Null ist. An Ordentlichkeit leidende Mütter, die, ohne etwas von dem Unterschied zwischen ihrer Welt und der des Kindes zu ahnen, jeden Nullwert, zum Beispiel eine alte Zigarrenkiste, dem Müllkutscher anzuvertrauen pflegen, ahnen auch nicht, daß das für das Kind vielleicht soviel bedeutet, wie es ihr bedeuten würde, wenn dasselbe mit ihrem geliebten Mahagonischrank geschähe.

Claessens (1967, Seite 62 f.) meint offenbar genau diesen, entscheidend wichtigen Sachverhalt, wenn er von einer besonderen, „perspektivistischen Sphäre" der Kernfamilie spricht, die durch die besondere Perspektive des Kleinkindes „von unten", „aufwärts" bedingt sei. Er weist auf so selbstverständliche und zugleich im allgemeinen unbeachtete Sachverhalte hin, wie etwa die überwältigende Riesenhaftigkeit der Erwachsenen (und ihrer Einrichtungen), durch die, je nachdem, das unwiderstehlich Bedrohliche und Beängstigende ihres Daseins, ihres Verhaltens, ihrer Forderungen sich ebenso potenziert wie das Tragende, Stützende, Bergende. Er bemerkt mit Recht, daß dieses kindliche Weltbild (er sagt „fast") nur mit Uexküllschen Kategorien zu fassen sei (*Uexküll* 1956). Er findet aber aus dem Normalitätsbewußtsein, das der Erwachsene für *seine* Perspektive hat, nicht heraus. Er kommt nicht auf den Gedanken, daß, vom Kind aus gesehen, die Welt des Erwachsenen ebenfalls eine perspektivisch verzerrte Welt ist, die nur mit Uexküllschen Kategorien gefaßt werden kann. (Nebenbei nimmt die Freudsche Annahme eines auf die Mutter gerichteten sexuellen „Besitz"-Wunsches beim dreijährigen Knaben in dem Augenblick den Charakter des Absurden an, wo man sich diese perspektivischen Verhältnisse ernsthaft klarzumachen versucht.)

Unverantwortlich ist – das sei abschließend bemerkt – der *Mißbrauch* der andersartigen Wirklichkeitsbegriffe des Kindes zu gedankenlosen Späßen und billigen Drohungen. Bis ins Schulalter hinein hält das Kind *alles für möglich*. Natürlich richtet man kaum Schaden an, wenn man ein Kind fragt, ob ein junges Pferdchen schon getauft sei und in welcher Kirche. Aber wenn es nach dem Zweck eines Briefkastens fragt und man erklärt ihm, daß da die kleinen Mädchen hineingesteckt werden, wenn sie nicht lieb sind, kann man erreichen, daß es jahrelang, trotz Schelten und Strafen, alle Straßen mit Briefkästen aufs ängstlichste meidet, auch wenn es längst nicht mehr weiß, warum (Beispiel von *M. L. Fischer* 1968). Bekannt ist die Gefährlichkeit all der frei erfundenen *Drohgespenster,* mit denen so gut wie sämtliche Erzieher kleiner Kinder bei uns ihre unzureichende Autorität zu stützen versuchen, also der Hunde, Schutzmänner, Schornsteinfeger, Ärzte, Lehrer, Blitze und Schwarzen Männer, deren Eingreifen man dem Kind in Aussicht stellt, um es in den erwünschten Gehorsam zu scheuchen, – dasselbe Kind, das man für die kleinste Lüge bestraft. Auch wo dieser Mißbrauch der kindlichen Gläubigkeit, um es zu ängstigen und es auf bequeme Weise gefügig zu machen, nicht gerade eine ausgesprochene Phobie erzeugt, kann er Schaden genug anrichten, indem er beispielsweise den Kindern gerade vor denjenigen Menschen Angst einimpft, denen es sich eines Tages wird anvertrauen müssen, beispielsweise vor dem Schutzmann oder dem Arzt. Übrigens: Eines Tages beginnt das Kind zu ahnen, daß alles nur Bluff ist, und es beginnt zu experimentieren. Aber dadurch wird es nicht besser. Denn die unvermeidlichen Ergebnisse solcher Versuche sind nicht geeignet, die Glaubwürdigkeit des Erziehers – und damit die Wirksamkeit seiner weiterhin folgenden Bemühungen – zu verstärken.

Dagegen ist es durchaus sinnvoll, Eigentümlichkeiten der kindlichen Welt, die ja nicht nur Abweichungen von „Vorstellungen“ oder „Meinungen“, sondern Andersheiten *seiner Welt selbst* sind, *zugunsten* des Kindes auszunutzen. Zu den greifbarsten magischen Zügen seiner Welt gehört, daß man ihm – bis etwa zum fünften Lebensjahr – auch recht empfindliche Schmerzen zwar durch bejammerndes „Trösten“ und Versprechungen („du kriegst auch ...“) beliebig steigern, aber andererseits durch ernsthaft vorgebrachte Heil- und Segenssprüche, Anblasen und ähnliche Rituale so gründlich beseitigen kann, daß es beruhigt zur Tagesordnung übergeht.

i) Beim Umgang mit dem heranwachsenden *Menschen* kommt zu dieser Eigentümlichkeit des höher entwickelten Lebenden noch hinzu, daß das Kind von früh an, auch wenn seine Geisteskräfte noch gering sind, ein *Gefühlsleben* hat, das leidenschaftlicher und zugleich verletzlicher ist als das des Erwachsenen: das seine ganze Welt stärker beeinflußt als bei diesem, das sein Können beflügelt oder lähmt, und das sogar in das organische Wachstum hineinwirkt, je nachdem, zum Gedeihen, zum Stillstand oder zur Verkümmerung. Das Gefühlsleben des Kindes ist zusätzlich gefährdet, weil wir Erwachsenen – wer weiß, warum: wegen seines kleineren Formats, wegen seiner geringeren Fähigkeit, sich verständlich zu machen, oder weil die meisten von uns bei der Beurteilung kindlichen Verhaltens auf die pseudopädagogische Dimension des „Artig"- oder „Unartig"seins festgelegt sind? – kindliche Gefühle in der Regel als „unbeachtlich" zu behandeln pflegen, – wenn wir überhaupt etwas von ihnen bemerken. Alles Bemühen des Erziehers bleibt daher fragwürdig, wenn er nicht bereit ist, die Gefühle eines Kindes ebenso ernst zu nehmen und zu achten wie die eines Erwachsenen, wenn er nicht lernt, einem Kind ebenso taktvoll zu begegnen wie jedem anderen Menschen, und wenn er sich nicht auch aus diesem Grunde die Mühe nimmt, sich in das kleine Wesen hineinzuversetzen, gerade dann, wenn es sich *nicht* nach seinen Wünschen verhält.

Die Übernahme der Ordnungen des Zusammenlebens

Der Mensch verbringt sein Leben in der Gemeinschaft anderer Menschen. Er ist dasjenige Wesen, das – in der Wortsprache – unter allen Lebewesen das vollkommenste Instrument der gegenseitigen Verständigung, des Zusammenwirkens und der Ausrichtung auf gemeinsame Anliegen und Ziele besitzt, und das – abgesehen von den anlagemäßig starr festgelegten staatenbildenden Insekten – die verwickeltsten und vielschichtigsten sozialen Gebilde geschaffen hat und immer aufs neue schafft.

Es gibt zwar im Bau von Lebewesen allerlei Widersinniges. Man denke nur an die Kreuzung der Luftwege (von der Nase zur Lunge) und des Verdauungstrakts (vom Mund zum Magen) im Rachen der Wirbeltiere, auch in unserem eigenen, mit ihren umständlichen und so oft versagenden Einrichtungen zur „Verkehrsregelung". Aber daß das sozial erfindungsreichste aller Wirbeltiere so eingerichtet sein soll, daß die Grundausstattung seines Triebsystems asozial oder, genauer, antisozial ist, daß es daher zur Einordnung in die Gruppe und zur Anerkennung und Übernahme ihrer Ordnungen gegen seinen heftigen Widerstand *gezwungen* oder durch allerlei verlockende Angebote *verführt* werden muß, und darüber hinaus, daß bei diesem Vorgang seine antisoziale Uranlage nicht etwa als verwandelt oder ersetzt, sondern nur als schlecht und recht abgekapselt gedacht werden soll, ist schon für denjenigen, der mit der Entwicklungsgeschichte der Lebewesen auch nur in den gröbsten Zügen vertraut ist, zuviel des Widersinns. Und dies trotz der Tatsache, daß die Übernahme der Ordnungen und die reibungslose Einordnung in die Gesellschaft oft genug verfehlt wird, nicht nur beim Verbrecher und beim Verwahrlosten, sondern auch beim Neurotiker und bei unzähligen vor-neurotisch Auffälligen.

Es gibt bisher vier Versuche, die Herkunft des sozialen Verhaltens und Fehlverhaltens des Menschen zu erklären.

Erste Ansicht: Was aus einem Menschen wird, ist schon bei seiner Geburt *durch seine Anlagen* endgültig festgelegt. Hat er gute

Anlagen, so wird er ein guter Mensch, hat er schlechte Anlagen, wird er ein schlechter Mensch. Wird er zum Verbrecher, so war es eben seine „Verbrechernatur", – die manche (wie *Lombroso* und *Ferrero* 1887) sogar an körperlichen Merkmalen erkennen zu können meinen. Diese Ansicht ist in der Trivialpädagogik weit verbreitet als einfachste Entschuldigung erzieherischer Mißerfolge. Sie war ein Bestandteil der „Rassenlehre", die die Nationalsozialisten zwar predigten, aber nicht ernsthaft für wahr hielten, wie sie durch ihren unermüdlichen „Schulungs"-Eifer bekundeten.

Obwohl es in der vergleichenden Verhaltensforschung genug Beispiele von anlagemäßig mehr oder weniger starr festgelegtem sozialem Verhalten gibt, hat diese Annahme in der wissenschaftlichen Psychologie des menschlichen Sozialverhaltens nie eine große Rolle gespielt. Zwar gibt es ausreichende Belege für die Erbbedingtheit gewisser Temperaments-Eigenschaften (*Kretschmer* [10]1951) und gewisser Spezialbegabungen, aber bisher keinen genügend überzeugenden über die des Sozialverhaltens. Die sozialen Verhaltensweisen werden demnach im wesentlichen während des Einzellebens erworben. Dies wird auch durch Untersuchungen über die Verbrechensprognose wie die der beiden Kriminalisten *S.* und *E. Glueck* bewiesen. Hier bietet sich nun die zweite, der ersten genau entgegengesetzte Annahme an: daß von vornherein *überhaupt nichts festgelegt sei* und der Mensch nicht nur hinsichtlich seiner Weltkenntnis, sondern auch hinsichtlich seines Sozialverhaltens als „tabula rasa", als „unbeschriebenes Blatt" auf die Welt komme.

Wir kommen auf diesen Ansatz gleich zurück, wollen aber zuvor noch kurz auf zwei besondere Annahmen eingehen, die, sosehr sie einander entgegengesetzt sind, doch einige Voraussetzungen gemeinsam haben: die Annahme *Rousseaus* und diejenige von *Schopenhauer* und *Freud*. Das Gemeinsame der beiden Ansätze besteht darin, daß nach ihnen der Mensch nicht als *ganz* unbeschriebenes Blatt auf die Welt kommt, sondern eine sehr bestimmte allgemeine Ausgangs-Festlegung mitbringt, die später entweder verschüttet oder verdeckt, verdrängt und abgekapselt wird. Beide unterscheiden daher zwischen einem *eigentlichen* und einem *uneigentlichen* Menschen. Der „eigentliche" ist von Anfang an da, der uneigentliche bildet sich erst nachträglich aus: unter dem Druck oder dem entstellenden Einfluß der Mitmenschen. Der uneigentliche Mensch wird dabei also als eine Oberflächenschicht aufgefaßt, der eigentliche Mensch als ein mehr oder weniger gut verborgener Kernbereich. Den uneigentlichen Menschen kann man alle Tage sehen, der eigentliche ist nur kurz nach dem Eintritt ins Leben unverfälscht und unverdeckt zu beobachten; später offenbart er sich nur noch unter besonderen Umständen, wie Krieg, Aufstand, Umsturz und jeder Art der Auflösung der gesellschaftlichen Ordnungen, wenn die Fesseln zerreißen, durch die er unter geregelten Lebensumständen gebändigt wird.

Wenn *Rousseau* den Menschen als „ursprünglich gut" bezeichnet, so kann das in dem hier befolgten Sprachgebrauch nur heißen: daß er ihm eine ursprüngliche Haltung der Güte, des Mitleids, der Rücksicht, der Kameradschaftlichkeit zuschreibt, durch die er auf das friedliche, wirhafte und fruchtbare Zusammenleben in einer Gruppe ausgerichtet ist. Von den angeborenen Verhaltensformen, die die vergleichende Verhaltensforschung bei manchen Tierarten findet, unterscheiden sich die von *Rousseau* vermuteten nur dadurch, daß sie offenbar unfest und durch ungünstige Umstände außerordentlich leicht störbar und zerstörbar sind, oder, in einem Bild, das seiner Meinung vermutlich besser entspricht, daß sie leicht „verschüttet" und dadurch unwirksam werden. Sittliche Erziehung müßte danach im wesentlichen darin bestehen, alles zu vermeiden, was geeignet ist, diese „Verschüttung" zu bewirken; worauf wir später zurückkommen.

Das *Schopenhauer-Freud*sche Gegenstück zu dem Ansatz *Rousseaus* ist oben schon ausführlich genug besprochen: Der Mensch als Ur-Ungeheuer, naiv-egoistisch, rücksichtslos, gewalttätig, auf die sofortige Befriedigung aller seiner Gelüste erpicht, zu denen außer der Freude am eigenen Schmutz und Gestank und allerlei Hautkitzel auch die Quälsucht, die Raubsucht, der Kannibalismus, die Lust an Vatermord und Blutschande gehören *würden,* wenn nicht für ihre Ausübung die ausreichenden Kräfte fehlten. Das Ur-Ungeheuer wird, wie schon angemerkt, durch die Forderungen der übermächtigen Gesellschaft, genauer, durch die ihrer nächstliegenden Vertreter, der Eltern, gebändigt und ins Verlies des Unbewußten gesperrt. Dies ist die eigentliche Aufgabe der „sittlichen Erziehung".

Diese Lehre ist alt: Sie ist als die Lehre von der Erbsünde ein Bestandstück der jüdisch-christlichen religiösen Überlieferung, und sie ist, wie schon bemerkt, vor *Freud* schon von *Schopen-*

hauer, und übrigens schon 200 Jahre früher ausdrücklich von *Hobbes* verfochten worden, dessen uns allen geläufige Formeln – homo homini lupus – bellum omnium contra omnes – den stammesgeschichtlichen Urzustand der Menschheit kennzeichnen sollen.

Für die Lehren von dem „eigentlich guten" und von dem „eigentlich schlechten" Menschen lassen sich leicht Belege im kindlichen Verhalten finden: Für die eine findet man sie zum Beispiel in der kindlichen Tierquälerei: in dem Kind, das einem aus dem Nest gefallenen Vögelchen mit Genuß den Hals umdreht oder es zertritt – die andere in der kindlichen *Liebe* zum Tier, also zum Beispiel in dem Kind, das, vom Mitleid überwältigt, das Tier behutsam aufhebt, es nach Hause trägt, es pflegt und füttert (wenn auch aus Unkenntnis nicht immer in der ganz richtigen Weise) und es endlich, falls es die meist nicht ganz angemessene Behandlung übersteht, mit wehem Herzen in die Freiheit entläßt. Die Lage ist mißlich, da sich zu jedem Beleg für die *eine* „eigentliche" Natur des Menschen Gegenbelege für die entgegengesetzte finden lassen. Der Geist *unserer* Zeit neigt, was nach den Erfahrungen des letzten halben Jahrhunderts verständlich ist, ungeachtet aller Gegenbelege, in seiner Vorliebe für alles Makabre dazu, der pessimistischen Auffassung von der Urnatur des Menschen den Vorzug zu geben und ihr die Merkmale der „Tiefe" und ihren Vertretern das Merkmal der „Unerschrockenheit" zuzusprechen; dagegen die optimistische Vermutung über die menschliche Urnatur unbesehen als flach, oberflächlich und obendrein als feige Beschönigung abzutun. Nur so ist der ungeheure Öffentlichkeitserfolg der Lehre *Freuds* verständlich, der freilich vielen ihrer Vertreter immer noch nicht durchschlagend genug erscheint (s. *A. Mitscherlich* in *Freud* 1970).

Zweifellos ist die Unterscheidung zwischen dem, was man „eigentlich will", und dem, was man „tatsächlich tut", oder in anderen Fällen die Unterscheidung zwischen dem *wirklichen* Antrieb und den sogenannten „Rationalisierungen" oder (wie man sie mit alltagssprachlichen Mitteln auch nennen könnte) den *Ausreden,* für das Verständnis des „nervösen Charakters" (wie *Adler* die vor-neurotischen Fehlhaltungen gelegentlich nennt) und der Neurosen selbst von größter Bedeutung. Aber es ist nicht dasselbe, wenn man dieses Auseinanderfallen des Eigentlichen und des Uneigentlichen am Menschen für das Auftreten von *Verhaltensstörungen* verantwortlich macht, und wenn man es als Grundbegriff in die Lehre von der Ausbildung des gesunden Sozialverhaltens des Menschen aufnimmt. Man kann sehr wohl das erste tun, das zweite aber zugleich als unangemessen unterlassen.

Die Möglichkeiten einer Theorie der Übernahme der Ordnungen des Zusammenlebens, in welcher der Mensch beim Eintritt in die Welt als unfestgelegt, als „diesseits von Gut und Böse" aufgefaßt, d. h. ihm der Zustand der „vormoralischen Unschuld" zugeschrieben wird, aus der er sich so und so entwickeln kann, zur gelungenen oder zur verfehlten Einordnung – die Möglichkeiten einer solchen Theorie müssen vor aller Festlegung aufs gründlichste durchdacht werden.

Zwei Ansätze dieser Art sind vorhanden. Von beiden war schon oben die Rede: Erstens der *lerntheoretische* Ansatz, nach welchem das soziale Verhalten des Menschen aus einem Aggregat von Gewohnheiten besteht; zweitens der *gestalttheoretische* – in wesentlichen Zügen sich mit dem individualpsychologischen deckende –, wonach der Mensch als Unter- oder Teilsystem des dynamischen Gesamtsystems der Gruppe zu verstehen ist, wobei seine sozialen Verhaltensweisen sich aus seinem Verhältnis zu der Gruppe, in der Kindheit allerdings mehr aus dem Verhältnis der Gruppe zu ihm, ergeben.

Nach dem lerntheoretischen Ansatz werden diejenigen Verhaltensweisen, Rollen usw. „eingeübt" bzw. „verstärkt", die Annehmlichkeiten oder Vorteile zur Folge haben, wenn auch nur den Vorteil, anerkannt, gebilligt oder wenigstens geduldet zu werden, und diejenigen, die Unannehmlichkeiten, wie Bestrafungen oder auch nur Zeichen der Mißbilligung zur Folge haben, nach einigen wenigen Versuchen wieder aufgegeben.

Daß so etwas nicht selten vorkommt, ist bekannt. Ob es der Grundvorgang ist oder nur ein Aushilfsvorgang, der unter ungünstigen Umständen in Kraft tritt, bleibt fraglich.

Die Gestalttheorie läßt noch eine ganz andere Möglichkeit offen: Die Gruppe als ganze tendiert auf einen Optimalzustand reibungslosen Funktionierens, der nur möglich ist, wenn gewisse Ordnungen von allen Beteiligten eingehalten werden. Dieser Tendenz der Gesamtgruppe entspricht das Streben des einzelnen Mitglieds, die Ordnung kennenzulernen und sich ihr gemäß zu verhalten. Das Erfassen der Ordnung und das „richtige" Mitspielen braucht nicht durch besondere Belohnungen gefestigt zu werden, denn es gewährt in sich selbst eine Befriedigung, die derjenigen zu vergleichen ist, die das Mitglied eines Quartetts empfindet, wenn es seine Stimme beherrscht und infolgedessen alles gut zusammenklingt (Wertheimer).

Daß es zahlreiche verschiedene Ordnungen, also nicht nur *einen* Optimalzustand des Zusammenlebens gibt, ist hinzunehmen, genau wie wir ganz selbstverständlich die Tatsache hinnehmen, daß man sich vermittels zahlreicher nach Wortschatz und Satzbau voneinander abweichenden Sprachen befriedigend verständigen kann.

Der Spracherwerb des kleinen Kindes kann geradezu als Musterfall der Erwerbung von Formen des Zusammenlebens gelten: Kein Kind lernt seine Muttersprache gegen seinen Willen, weil die Erwachsenen ihm für die Aneignung ihrer Wörter und Wortfügungen Belohnungen anbieten oder sein standhaftes Schweigen oder den Gebrauch von Urlauten und unüblichen Ausdrücken unter Strafe stellen. (Das geschieht erst später in sehr bescheidenem Umfang mit einigen Urlauten wie „hä?" statt „wie bitte?" und mit ausgesprochenen „Kraftausdrücken".) Eines Tages entdeckt das Kind die Möglichkeit, sich vermittels dieser eigenartigen Lautgebilde besser zu verständigen als mit seinen bisherigen Gebärden und Gefühlslauten, und durch sie der Verständigung völlig neue Bereiche und Möglichkeiten zu erschließen. Und von diesem Augenblick an liegt es auf der Lauer, um Ausdrücke zu fischen und ihre Bedeutung zu erraten und wenig später auch die Art, wie man mit ihnen umgeht. Und jeder neue gelungene Versuch ihres Gebrauchs ist ein freudiges Ereignis, das, ohne daß man es „belohnt" oder auch nur lobt, zu weiteren Erwerbungen anspornt. Schon durch den Erwerb der Sprache kann sich nun das Kind sehr viel dichter und fließender in das Wechselspiel des gemeinsamen Lebens einfügen. Folgendes wäre nun auf Grund gestalttheoretischer Überlegungen als Grundannahme über den Erwerb der Sitten und Gebräuche der Umgebung eines jungen Menschen möglich: Genau wie es die Sprache entdeckt, die von seiner Umgebung gebraucht wird, entdeckt das Kind in einem gewissen Abschnitt seiner Entwicklung auch, daß im Zusammenleben der Gruppe, zu der es gehört, bestimmte Regeln herrschen, und es erwacht in ihm die lebhafte

Begierde, diese Regeln herauszukriegen und dann „richtig mitzuspielen", wie es schon oben am Beispiel des Quartettspielers erläutert wurde. Diese auffallende „Sehnsucht nach Wiederholung des Gewohnten, nach Gesetz und Ordnung", kann jeder, der mit kleinen Kindern wirklich zusammenlebt, vom zweiten Lebensjahr an beobachten (vgl. auch *E. Plattner*, zum Beispiel [10]1969, Seite 23). Das ist nicht so einfach wie beim Erlernen der Sprache. Obwohl das Kind auch dort immer wieder verwirrt wird, weil ein Ausdruck, den es in einer bestimmten Weise zu gebrauchen gelernt hat, plötzlich etwas anderes bedeutet, und der Zusammenhang herausgefunden werden muß, der an dieser unerwarteten Änderung schuld ist, und weil es sich außerdem herausstellt, daß man dasselbe auf vielerlei Weisen sagen kann – die Sache mit den Lebens-Ordnungen ist viel schwieriger. Denn von den Ereignissen und Verhaltensweisen, denen das Kind sich täglich von morgens bis abends gegenübergestellt sieht, wiederholen sich einige unverändert, stehen also offenbar fest, während andere in gewissen Bereichen veränderlich und austauschbar, also wohl beliebig sind.

In dieser undurchsichtigen Lage verfällt fast jedes Kind zunächst auf die einfachste mögliche Vermutung, nämlich daß im Grunde *alles* streng geregelt und jede Abweichung ein Verstoß sei, dessen Verhinderung es vielfach selbst in die Hand nehmen zu müssen meint. Das bekannte Bestehen kleiner Kinder auf gewissen Ritualen, durch das zeitweilig ein ganzes Haus tyrannisiert werden kann, ist also, wie mir scheint, trotz aller Ähnlichkeit nicht mit den Zwangssymptomen Erwachsener zu vergleichen. Es läßt sich viel einfacher deuten als Ausgangshypothese über die Ordnung des Zusammenlebens, aus der nach und nach das Veränderliche, dem Belieben anheimgestellte, ausgeschieden wird und das Skelett der tatsächlich einzuhaltenden Ordnungen sich herausschält – falls solche vorhanden sind, d. h., auch von den übrigen Familienmitgliedern eingehalten werden. (Es gibt noch einige andere Bedingungen, z. B. daß die Gebräuche der Erwachsenen, die das Kind erlernen soll, ihm nicht verheimlicht werden, wie dies bis in unsere Zeit bei den Ausscheidungsgewohnheiten in vielen Familien der Fall ist.)

Die damit umrissene Theorie der Übernahme der Lebensordnungen unterscheidet sich von der lerntheoretischen dadurch, daß diese Übernahme als Ausfluß der Dynamik der Gesamtgruppe gesehen wird. Wenn wir also von einer ursprünglichen Begierde sprechen, die Ordnungen des Zusammenlebens kennenzulernen und sich ihnen zu unterwerfen, so ist das nicht etwa als vererbter „Urtrieb“ zu verstehen, der unter allen Umständen eines Tages erwacht. Das Erwachen eines solchen Antriebes kann vielmehr nur dann erwartet werden, wenn es sich um die Ordnungen einer konkreten Gruppe handelt, welcher der junge Mensch sich als selbstverständlich *zugehörig* fühlt, und wenn er sich außerdem in dieser Gruppe als gleichwertiges und gleichgeachtetes Glied erlebt. (Die *Gleichberechtigung* ist nicht erforderlich; sie wird auch von keinem Kind erwartet; ihr Erwerb gehört zu den wichtigsten Veränderungen des Alters der Geschlechtsreife.) Außer dem Gefühl der Nicht-Zugehörigkeit verhindert auch das Gefühl, zwar zur Gruppe zu gehören, aber in ihr eine Paria-Stellung einzunehmen, das Aufkommen des Strebens nach Übernahme ihrer Ordnungen (siehe oben S. 46 f.). Wie es im einzelnen hergeht, wenn erst das Streben nach Übernahme der Ordnungen erwacht ist, darüber vgl. z. B. *Bandura* und *Walters* 1963 und *Bandura* 1965.

Die Vorgänge der „Übernahme“ der Ordnungen entsprechen übrigens genau denjenigen bei der „Übernahme“ eines einzelnen Befehls oder Auftrags, von welcher schon oben (S. 67 f.) die Rede war. Genau wie dort eine tiefe Kluft festgestellt werden mußte zwischen dem Tun, „weil es ein anderer will“ – vor dem man sich leider nicht in Sicherheit bringen kann –, und dem Ausführen einer *eigenen* Absicht, einer Absicht, die man zwar (durch den Auftrag) von dem anderen übernommen, aber inzwischen „sich zu eigen gemacht“ hat, – so besteht auch im Hinblick auf die Befolgung von Lebensregeln ein abgrundtiefer Unterschied zwischen ihrer Befolgung, weil es Regeln sind, deren Befolgung von *anderen* verlangt wird, bei denen man „nicht auffallen“, d. h. kein Ärgernis erregen will – und ihrer Einhaltung, weil sie zu eigenen Verhaltensgrundsätzen geworden sind, die auch dann gelten, wenn man allein ist, also gar keine Möglichkeit besteht, aufzufallen.

Das Bedürfnis, in der Gruppe möglichst reibungslos „mitzuspielen“, hängt damit zusammen, daß das reibungslose Zusammenspiel ein ausgezeichneter Zustand der Gruppe als ganzer ist, und nur insofern auch jedes einzelnen ihrer Glieder. Das hat für das Verständnis dieses Sachverhaltes sehr bestimmte Folgen: Auf den ersten Blick könnte das „Hineinstreben in die Ordnung der Gruppe“ als ein anderer Ausdruck für die Rousseausche Urgüte des Menschen aufgefaßt werden. *Rousseau* schrieb jedoch diese Urgüte dem jungen Menschen als isoliertem Wesen zu. Ja, es war seine Meinung, daß sie ihm nur dadurch erhalten bleiben und gefestigt werden könne, daß man ihn bis zu seiner Reifezeit von allen anderen Menschen und ihrem „schlechten Einfluß“ möglichst getrennt aufwachsen ließe. Zum Glück wurde dieser Versuch nie gemacht.

Warum gibt es trotzdem in der Erziehung kleinerer Kinder so viele Tränen? – Warum soviel Drohung und Züchtigung? – Sind sie nicht der einfachste Gegenbeweis gegen das „Hineinstreben“ in die Ordnungen des Zusammenlebens, das hier als Tatsache behauptet wurde? – Ich sage: Nein!, solange fast nirgends ernstlich der Versuch gemacht wird, *die Bedingungen herzustellen,* unter denen allein dieser Antrieb entstehen kann, d. h. solange nicht auf breitester Grundlage eines der wichtigsten pädagogischen Experimente durchgeführt ist, die zur Zeit fällig sind.

Über die Bedingungen, unter denen in einem solchen Versuch Kinder aufwachsen sollten, ist in unseren bisherigen Ausführungen schon genug die Rede gewesen. Wie er im einzelnen durchzuführen wäre, um beweiskräftig zu sein, darauf kann hier nicht im einzelnen eingegangen werden. Es gibt eine ganze Reihe von Möglichkeiten. Vergleiche zum Beispiel *Dreikurs* und *Soltz* 1966.

Gewissen und Ich-Ideal

> Man ehrt einen großen Denker am besten, indem man ernst nimmt, was er gesagt hat.

Im Zusammenhang mit unserer Auffassung von der Übernahme der Ordnungen des Zusammenlebens ohne Zwang und Freiheitsberaubung wird es auch notwendig, die Frage nach der Entstehung des *Gewissens* nochmals neu zu durchdenken.

Die einfachsten Tatsachen, die gemeint sind, wenn man von Gewissen spricht, werden von *Schenk-Danzinger* treffend, aber etwas kurz beschrieben. Es besteht

a) aus der Fähigkeit, zu unterscheiden, was erwünscht und unerwünscht, was erlaubt und was verboten ist; was „man“ tut und nicht tut;

b) aus dem Bewußtsein, daß, wer Verbotenes tut, „schlimm“, „böse“ oder „unartig“, und wer das Erwünschte tut, „brav“, „lieb“ oder „artig“ ist;

c) aus der Fähigkeit, sich selbst in dieser Hinsicht zu beurteilen, von welcher unmittelbare und folgenreiche Wirkungen auf das Selbstwertgefühl ausgehen;

d) aus dem Bestreben, „lieb“ zu sein, auch wenn es schwerfällt.

Ein seit jeher vielfach besprochener und oft zum Mittelpunkt der Frage nach dem Gewissen gemachter Sachverhalt ist die „Stimme“ des Gewissens, die nach zahlreichen Zeugnissen bei manchen Menschen, besonders bei Kindern, im Augenblick einer Versuchung laut wird und ihm sagt: „Das darf man nicht.“ Die „äußere“ Stimme der Eltern, die man oft genug in dergleichen Lagen gehört hat, ist zur „inneren“ Stimme des Gewissens geworden oder, wie *Claessens* es ausdrückt: „Die Außenkontrolle ist ins Innere des Individuums verlagert“ (1967, S. 115 f.). *Zulliger* (³1964) berichtet von einem Kind, das in dem Übergangsstadium in einer solchen Lage die unverkennbare Stimme seiner Mutter so laut und deutlich „von außen“ vernahm, daß es sich umschaute, weil es meinte, sie stünde hinter ihm.

Die einzige ins einzelne durchgeführte Theorie der Natur und der Entstehung des Gewissens stammt von *Freud* (1923). Nach *Freud* ist das Gewissen eine von vielen Funktionen des „Über-Ich“ (siehe oben S. 24 f.), einer der drei verhältnismäßig selbständigen und meist miteinander im Streit liegenden „Instanzen“ oder Teil-Persönlichkeiten, aus denen nach seinem Ansatz der Mensch als Person besteht. Das Über-Ich vertritt, mehr oder weniger streng, die Ansprüche der Moralität. Die Selbständigkeit und Macht dieser Nebenpersönlichkeit wird von *Freud* durch die verschiedensten Aussagen belegt und unterstrichen: Sie ist, wie er betont, unausgesetzt damit beschäftigt, das Tun und Denken des Menschen (*Freud* sagt: des „Ich“) zu kritisieren, zu vergleichen, an Idealen zu messen; sie sammelt Anklagen, erhebt Einspruch, zensiert, verbietet, richtet, droht, straft; sie weckt Schuldgefühle, Reue und Strafbedürfnis; im Grenzfall der Schwermut (Melancholie, Depression) überschüttet sie das arme, ihr hilflos preisgegebene Ich mit peinlichen Vorwürfen; sie beschimpft, erniedrigt, mißhandelt es aufs grausamste.

Es gibt Stellen, an denen *Freud* die Ausdrücke Gewissen und Über-Ich gleichbedeutend gebraucht, aber genug andere, an denen er, wie gesagt, das Gewissen ausdrücklich als eine der *Funktionen* des Über-Ich beschreibt; und zwar handelt es sich beim Gewissen um die „richterliche" Tätigkeit oder Zensor-Funktion des Über-Ich gegenüber dem Ich. Als verhältnismäßig selbständige weitere Funktion nimmt *Freud* die laufende *Beobachtung* des Ich an. Er stützt sich bei ihrer Annahme auf Erscheinungen, die man bei Wahnzuständen von Paranoikern beobachtet, Zustände, in denen diese Kranken mit aller Bestimmtheit spüren, daß jeder ihrer Schritte „ausgespäht", jeder ihrer Gedanken an irgendwen „gemeldet" und hämisch kritisiert wird. Er vermutet, daß Entsprechendes sich ständig in jedem Gesunden abspiele, wenn auch weniger auffallend und vor allem nicht – wie beim Kranken – als Tätigkeit einer *fremden, außen* befindlichen Macht. – Als dritte Funktion des Über-Ich nimmt *Freud* die *„Ideal-Funktion"* an; d. h., er betrachtet das Über-Ich als den Verwalter oder „Träger" des „Ich-Ideals", worunter er das Insgesamt der Eigenschaften eines „vollkommenen" Menschen versteht, dem wir uns mehr oder weniger eifrig anzunähern versuchen. (Übrigens gibt es auch Stellen [z. B. 1923], an denen die Ausdrücke Ich-Ideal und Über-Ich gleichbedeutend gebraucht werden.) – Das Über-Ich wird von *Freud* schließlich viertens auch als der *Zensor der Träume* und fünftens als die treibende Kraft bei allen *Verdrängungen* betrachtet. Er betont ausdrücklich, daß unter dem Über-Ich eine verhältnismäßig selbständige, reale Teil-Struktur des Psychischen zu verstehen sei, die ihre eigenen Absichten verfolge und nicht nur eine „Personifikation einer Abstraktion wie die des Gewissens" sei.

Bei der weiteren Behandlung der Frage nach der Natur des Gewissens durch neuere Autoren werden die Ausdrücke Über-Ich und Gewissen vielfach wieder bedeutungsgleich gebraucht. Und es bürgert sich in der Soziologie und der Psychologie mehr und mehr ein, statt Gewissen Über-Ich zu sagen, womit im Grunde nichts gewonnen ist.

Wie entsteht nun nach *Freud* das Gewissen und seine strukturelle Voraussetzung, das Über-Ich? Da Freuds Hypothesen alle gegenwärtigen Auffassungen wesentlich beeinflußt haben, seien sie in aller Kürze zusammenfassend geschildert. In „Das Ich und das Es“ (1923) heißt es: „Das Ich-Ideal“ (bzw. Über-Ich) „ist der Erbe des Ödipuskomplexes“ (S. 43). Dieser selbst entsteht, indem die schon zuvor bestehende Vater-Identifizierung eine „feindselige Tönung annimmt“; „sie wendet sich zum Wunsch, den Vater zu beseitigen (sic!), um ihn bei der Mutter zu ersetzen“ (S. 37).

Die Einsicht, daß die Besitzwünsche gegenüber der Mutter und die Todeswünsche gegenüber dem Vater gegen dessen drohende Übermacht keine Chance haben, verbunden mit gewissen kindlichen Liebesregungen (um mich einmal nicht-psychoanalytisch auszudrücken), führt nun bei dem Knaben zu dem Bestreben, den Ödipuskomplex zu verdrängen, ja, ihn zu „zertrümmern“. Dies geschieht, indem er das zunächst äußerliche *Hindernis* der Verwirklichung seiner verbotenen Wünsche durch „Identifikation“ mit dem Vater „in sich selber errichtet“ und es zugleich mit der Kraft des hereingenommenen Vaters ausstattet (S. 41); wie so etwas möglich ist, bleibt offen. Um die notorische Strenge des Über-Ich zu erklären, nimmt *Freud* an, daß bei seiner ersten „Einsetzung“ zugleich jenes Stück Aggression *gegen* die Eltern zu seiner Ausstattung verwendet wird, für die das Kind infolge seiner Liebesfixierung (beim Knaben in der Regel an die Mutter) und der „äußeren Schwierigkeiten“ – d. h. der befürchteten Gegenmaßnahmen des Vaters (z. B. Kastration!) – keine Abfuhr nach außen schaffen konnte. Diese unverwertete Aggression wird nun im Inneren wirksam als Aggression des Über-Ich gegen das Ich (Studienausgabe S. 542). Die Überlegungen *Freuds* über die naheliegende Frage, warum nicht das Ich selbst, sondern ein sich davon abspaltender Teil desselben sich mit dem Vater identifiziert, können wir hier nicht weiter verfolgen.

Als Beispiele für die spätere Entwicklung seien *Claessens* (1967) und *Schenk-Danzinger* (1969/70) herausgegriffen.

Beide stimmen mit *Freud* darin überein, daß für die Gewissensbildung eine typische engere Beziehung zwischen dem Kind und einem Elternteil eine entscheidende Bedeutung habe, die *Claessens* mit *Freud* als „Identifikation“ bezeichnet, während *Schenk-Danzinger* unverbindlicher von „emotionaler Bindung“ (auch „Liebesbindung“) spricht. Dagegen wird die Herleitung aus dem Abbau des Ödipuskomplexes aufgegeben, weil offenbar das Kind die Kategorien des Sollens und Nicht-Sollens und die Fähigkeit, die eigene Übereinstimmung mit ihnen und Verstöße gegen sie zu beurteilen und sich selbst als „lieb" oder „bös" zu erfassen und zu bekennen, nach *Claessens* (1967, S. 86) möglicherweise schon im vorsprachlichen Alter besitzt, also lange vor dem Lebensalter, in welchem nach *Freud* der Ödipuskomplex vorübergehend die Szene beherrscht (Claessens 1967, S. 81 f.). Dazu kommt, daß bei vielen Kindern auch in dem kritischen Alter die Symptome eines Ödipuskomplexes völlig fehlen (*Kemmler* und *Mirtschin* 1960), ohne daß dies ihre Gewissensentwicklung stört. Im Zusammenhang damit wird auch die Annahme der Geschlechtsgebundenheit der gewissens-begründenden Identifikationen – die übrigens schon *Freud* selbst stark relativiert hatte: „... so daß sich eine Reihe ergibt, an deren einem Ende der normale, positive, an deren anderem Ende der umgekehrte, negative Ödipuskomplex steht ..." – nicht mehr aufrechterhalten. Und dies schon vor dem Bekanntwerden des Befundes von *Supper* (1962), daß bis zum fünften (in Heimen sogar bis zum sechsten) Lebensjahr die Knaben – z. B. im Hinblick auf ihre Berufspläne – sich ebensooft mit der Mutter wie mit dem Vater identifizieren.

Auch die Auffassung des „Über-Ich" als einer Art Nebenpersönlichkeit mit „eigenen Absichten" ist außerhalb des engeren Freudschen Kreises nicht übernommen worden. Man sagt „Über-Ich", meint aber Gewissen oder allenfalls Ich-Ideal im strengen Sinne. *Claessens* will dies verstanden wissen „als eine psychische Repräsentation eines bedeutenden Umweltfaktors, die Sollcharakter hat und damit Initiator und Regulativ von Verhalten wird". Dieses Regulativ soll – auch dies ist gegenüber *Freud* mindestens eine Schwerpunktsverlagerung – alle gesellschaftlichen Imperative in sich aufnehmen, also nicht nur eine strafandrohende Instanz sein. *Claessens* schlägt in diesem Zusammenhang die Annahme eines ganzen Aufbaues von „Über-Ichen" vor, von denen immer das nächste sich dem vorigen – es modifizierend – überlagert: „als erste solche ‚Über-Ich'-Form wäre die Repräsentation der Mutter im Kind zu nennen" (daher „maternales" oder mütterliches Über-Ich) ... „die Differenzierung des primären maternalen Über-Ich würde ... durch Hinzunahme des Vaters auf ein erst parentales (elterliches), dann familiales oder häusliches Über-Ich hinleiten, dem sich kulturelles und soziales Über-Ich als die verinnerlichte Kultur und verinnerlichte soziale Verhaltensregeln überformen würden". Auf die – für das Verhalten entscheidenden – unterschiedlichen inhaltlichen Bestimmungen dieser einander überlagernden Regulative geht *Claessens* leider nicht ein, ebensowenig wie auf ihre gegenseitigen Beziehungen.

In den Annahmen über die Vorgänge bei der Entstehung des Gewissens geht man, wie *Freud,* von dem *Konflikt* zwischen Kind und Erwachsenem aus. Doch werden die extremen Annahmen *Freuds* über die asoziale oder sogar antisoziale Natur des ursprünglichen Triebsystems nicht übernommen, sondern eher der Zustand der tabula rasa oder des unbeschriebenen Blatts im Sinn der Lerntheorie vorausgesetzt. Es wird zwar, wie bei *Freud,* von „Triebansprüchen" des Kindes gesprochen, die gewissen allgemeinen Verhaltensrichtlinien der Erwachsenen widersprechen. Aber bei näherem Zusehen stellen sich diese als recht banale, konkrete Absichten heraus, wie: den Gashahn aufdrehen, aufs Sims des offenen Fensters klettern, auf die Straße laufen und dergleichen. Und der Konflikt zwischen diesen Absichten des Kindes und den Richtlinien der Erwachsenen wird nicht auf Besonderheiten der Triebbeschaffenheit des Kindes zurückgeführt, sondern schlicht auf seine mangelnde Einsicht in die Gefährlichkeit seines Tuns für es selbst oder für andere oder für deren Eigentum, auf dessen Erhaltung sie Anspruch haben. Zu den Konflikten aus Mangel an Einsicht beim Kind kommen natürlich auch solche aus mangelndem Vermögen, d. h. ungenügender Ausreifung der beteiligten Organe; so bei der heute immer noch üblichen vorzeitigen Reinlichkeitsdressur, oder auch bei der vorzeitigen Einübung sogenannter „Manieren" oder Tischsitten, vorzeitig unter anderem, weil sie eine Verteilung der Aufmerksamkeit (z. B. auf den Löffel und zugleich auf den Ellbogen) oder – wie bei der vorschriftsmäßigen Haltung des Messers beim Schneiden – eine Kraftanstrengung erfordert, zu der das Kind noch gar nicht fähig ist. Dazu kommen die Konflikte infolge von Tabuierungen im körperlichen und vor allem im geschlechtlichen Bereich, deren Notwendigkeit kein Kind begreift, weil man dazu spätantike Philosophie studiert haben muß. Dabei ist übrigens noch keine Entscheidung darüber gefallen, ob die konflikt-verschärfende Unwiderstehlichkeit der hierhergehörigen Antriebe des Kindes aus der Stärke ursprünglicher Triebbedürfnisse im Sinne der Schule *Freuds* oder aus der Aufmerksamkeitsfestlegung auf den verbotenen Gegenstand durch ungeschickte Verbote hervorgeht, wie es sich in dem Versuch von *F. From*

(1961) bestätigt hat, in dem ein Fleck an die Wand gemacht und den Kindern aufs strengste verboten wurde, ihn zu berühren; was zur Folge hatte, daß nach kurzer Zeit an seiner Stelle in der – geschlechtlich völlig neutralen – Tapete ein Loch war. Die Vermutung *Froms* wird von zwei Seiten gestützt: einerseits von der bekannten Tatsache, daß ein ungeschickter Beichtunterricht die gesunde Gleichgültigkeit, die normale Kinder gegenüber geschlechtlichen Dingen haben, zerstören kann, und andererseits von der Beobachtung *A. Neills*, daß Kinder, denen der Umgang mit dem eigenen Körper und dem der Spielkameraden durch keinerlei Verbote eingeschränkt wurde, auffallend *wenig* Interesse an geschlechtlichen Spielereien entwickelten (dies im ausgesprochenen Gegensatz zu *Freud, Reich, Gamm* u. a.).

Zum Schluß ist noch der Streit um das „Gehorchen" oder „Folgen" selbst zu erwähnen, wie er unter anderem auszubrechen pflegt, wenn ein an sich gebilligtes Tun des Kindes (etwa ein fesselndes Spiel) ohne Vorwarnung von dem Tagesplan der Eltern durchkreuzt wird (siehe oben S. 82 f.).

Um die Frage zu beantworten, wie aus der Erledigung aller dieser Konflikte nach gängigen Anschauungen so etwas wie ein Gewissen entstehen kann, müssen wir nochmals (siehe oben S. 65 ff.) auf die Frage zurückkommen, auf welche Weise diese Erledigung in der Regel zustande kommt. Wir befragen wieder *Schenk-Danzinger* und erfahren, daß es sich dabei um eine „instrumentale Konditionierung" handelt. Das heißt nach der Auffassung der Lerntheorie, daß das Kind auch in diesen Lagen durch Probieren herausfindet, bei welchen Verhaltensweisen Annehmlichkeiten (Belohnungen) und bei welchen Unannehmlichkeiten (Strafen) zu erwarten sind. Da es sich ja typisch um Konfliktlagen handeln soll, kommt das im wesentlichen darauf hinaus, daß das Kind das Verhalten, das der Anlaß des Konflikts gewesen ist, als solches erkennt und künftig meidet. Welches aber ist wiederum die typische Art der Unannehmlichkeiten, die es zu vermeiden gilt? „Der Elterneinfluß regiert das Kind durch *Gewährung von Liebesbeweisen* und *durch Androhung von Strafen,* die dem Kinde den Liebesverlust beweisen und (außerdem – Verf.) an sich gefürchtet werden müssen", sagt *Freud* an der in dieser Hinsicht eindeutigsten Stelle in den Vorlesungen zur Einführung in die Psychoanalyse (St. A. 1970, S. 500). Genauso lautet es bei *Schenk-Danzinger:* „... wobei die Belohnung der Liebesgewinn und die

Strafe der Liebesverlust ist." Die „Anpassung" des Kindes an die erzieherischen Forderungen beruht auf dieser frühen Stufe „auf dem Streben des Kindes nach Aufrechterhaltung der emotionalen Bindung zur Mutter". Im Konflikt zwischen Triebwünschen und Geboten leistet es den Triebverzicht „in der Hoffnung auf Liebesgewinn oder aus Furcht vor Liebesverlust". Da, wie hier deutlich genug gesagt ist, in einem Verhältnis zwischen Eltern und Kindern, in dem überhaupt erzogen werden kann, die Liebesbindung als Normalzustand vorauszusetzen ist, könnte man etwas überspitzt sagen, daß die wesentliche erzieherische Funktion dieser Liebesbindung darin besteht, daß sie *verlorengehen kann,* und daß das Kind bereit ist, alles zu opfern, um sie zu erhalten. Diese *Angst* ist also der eigentlich treibende Faktor für das Wohlverhalten des Kindes. So wird es verständlich, daß es die Hauptfunktion auch des späteren Gewissens wird, den Menschen *in Angst zu versetzen,* sobald er von irgendwelchen Normen abweicht oder mit dem Gedanken spielt, es zu tun: „Die Angst vor dem Über-Ich soll normalerweise kein Ende finden, da sie als Gewissensangst *in den sozialen Beziehungen unentbehrlich ist"* (*Freud,* 32. Vorlesung, St. A., S. 523).

Mit der Entstehung einer Mannigfaltigkeit von instrumentalen Konditionierungen oder Gewohnheiten, in denen die Vergünstigungen und Strafen der Eltern der „verstärkende" und der „löschende" Faktor sind, ist das Problem der Gewissensbildung aber nicht gelöst. Halten wir uns streng an die Denkweise der Lerntheorie, so müßte es für das Verständnis des Verhaltens eines Menschen am Ende seiner Erziehungsperiode, genau wie für das einer dressierten Ratte oder Taube, ausreichen, die Summe dieser Konditionierungen, bzw. jede einzelne davon, zu kennen, genau wie jede einzelne andere Konditionierung, die auf Grund von „sachlichen Erfahrungen", ohne Eingreifen der Eltern, zustande gekommen ist. Die Annahme, daß sie ein besonderes, von den übrigen Erfahrungen abgesetztes und in sich zusammenhängendes *System* bilden, eben dasjenige, das wir Gewissen nennen, ist zur Erklärung ihrer *Wirksamkeit* nicht notwendig.

Erste mögliche Annahme: Ein solches Realsystem gibt es gar nicht. Es ist genauso ein Gedankending, unter dem nichts zu verstehen ist als die Summe der Erfahrungen im Umgang mit Erwachsenen, – wie man die Summe dessen, was man allgemein in der Auseinandersetzung mit der Wirklichkeit sich an zweckmäßigen Verhaltensweisen angeeignet hat, unter dem Ausdruck „Lebenserfahrung" zusammenfassen könnte, ohne darunter, über diese Summe der einzelnen Gewohnheiten hinaus, ein bestimmtes, in sich geschlossenes und verhältnismäßig selbständiges seelisches Organ zu verstehen.

Nach der zweiten möglichen Annahme ist das Gewissen eine solche in sich geschlossene Struktur, ein psychisches Organ.

Die Aussonderung und Heraushebung einer bestimmten Gruppe von Erfahrungen und Gewohnheiten und ihre Zusammenfassung zu einem einheitlichen Gebilde, und zwar zu einer Art Kodex, ist keine Vermutung, sondern ein, wenn auch nicht von allen, so doch von vielen Menschen beobachtbarer Sachverhalt. Daß er mit der besonders nachdrücklichen Einschaltung der Erzieher zu tun hat, darüber herrscht Einigkeit. *Freud* führt diese Zusammenfassung bekanntlich zurück auf eine „Identifizierung" mit der Haupterziehungsperson. Das *Beobachtbare* an diesem Vorgang wird von ihm zunächst klar, unmißverständlich und hypothesenfrei beschrieben. Es ist, mit seinen eigenen Worten, die „Angleichung eines Ichs an ein fremdes, in deren Folge dies erste Ich sich in bestimmten Hinsichten so benimmt wie das andere, es nachahmt" (1970, S. 500).

Und gleich nochmals: Wenn der Knabe sich mit dem Vater identifiziert, so will er *sein* wie der Vater; wenn er ihn zum Objekt seiner Wahl macht (das heißt in nicht-psychoanalytischer Sprache: wenn er ihn *liebt,* seine Nähe sucht, sich mit ihm *verbunden* fühlt), so will er ihn *haben,* besitzen[1]. Im ersten Fall wird sein Ich nach dem Vorbild des Vaters verändert, im zweiten Fall ist dies nicht notwendig.

Die Identifizierung in diesem Sinne fällt natürlich nicht vom Himmel. Es muß in jedem Fall zuvor schon eine Liebesbindung (eine ‚Objektbesetzung') bestanden haben. Es ist die Liebesbindung, die es den Eltern gestattet, durch die Manipulation von Liebesbeweisen und Liebesentzug bzw. Liebesverlust, besonders des letzteren, und die dadurch erzeugte Realangst (St. A., S. 500)

---

[1] Daß hier Freud statt von Verbundenheit von Besitz spricht, ist eine Verwechslung, die unvermeidlich wird, sobald von seinem solipsistischen Grundansatz (s. o. S. 26 f.) her der andere Mensch nur als „Objekt" oder „Instrument" zur Triebbefriedigung gesehen werden kann.

das Verhalten des Kindes zu steuern bzw. in erwünschter Weise zu „konditionieren". Zu dieser Liebesbindung muß nun die Identifizierung *hinzukommen,* damit ein Gewissen sich ausbilden kann. Obwohl die Identifizierung offenbar aus der Liebesbindung hervorgeht, mit anderen Worten, obwohl keine Identifizierung stattfinden kann, wenn nicht zuvor eine genügend feste Liebesbindung besteht, und obwohl diese Liebesbindung im allgemeinen, mindestens vorläufig, neben der Identifizierung weiterbesteht, muß diese begrifflich klar von jener unterschieden werden[1].

Soweit sind *Freuds* Ausführungen nüchterne Beschreibung. Aber schon *vor* ihrem Abschluß werden hypothetische Elemente eingemengt: das Nachahmen des zweiten Ich durch das erste wird erläutert durch die Bemerkung, daß es dieses „gewissermaßen in sich aufnimmt", in sich hereinnimmt oder verinnerlicht (oder wie man heute vielfach gelehrter, aber nicht treffender sagt, „introjiziert" oder „interiorisiert" oder auch „internalisiert"), in einer Weise, die man nach Freud „nicht unpassend mit der oralen, kannibalistischen Einverleibung der fremden Person" vergleichen kann (St. A., S. 501). Aus diesem, durch die Triebschicksals-Mythologie nahegelegten, zunächst offenbar ganz unverbindlich gemeinten Vergleich erwächst dann sogleich eine in der ursprünglichen Fassung offenbar gar nicht vorgesehene Abänderung der Hypothese: nicht „das Ich" als Gesamtperson gleicht sich an, im Gegenteil, es bleibt ziemlich genau, was es vorher war, findet sich aber mit einem Mal beschattet von einer inneren Nebenperson, mit der es von nun an unentrinnbar verkoppelt ist. Diese Nebenperson trägt die Züge des Vaters – bzw. allgemein der Identifikations-Person –, sie *verlangt* vom Ich, daß es diese Züge ebenfalls annehme, und droht widrigenfalls mehr oder weniger strenge Strafen an. Sie ist das, was Freud bekanntlich als Über-Ich bezeichnet.

Wieweit dieses offensichtliche Konstruktum eines selbständig agierenden neuen seelischen Organs notwendig ist, davon soll gleich eingehender die Rede sein. Zuvor sei ein Blick auf die, wie mir scheint, gegenwärtig vorherrschende Auffassung der

---

[1] Daß in der nach-Freudschen Auseinandersetzung diese klare Unterscheidung zwischen Identifikation und Verbundenheit wieder verwischt und Identifikation vielfach zur Allerwelts-Bezeichnung für jede Art von näherer Beziehung zwischen zwei Menschen geworden ist, kann Freud nicht zum Vorwurf gemacht werden.

Normalpsychologie (*Schenk-Danzinger* 1969, S. 95 ff.) geworfen. Auch für sie ist eine besonders enge, und zwar positive und dauerhafte Beziehung zwischen Kind und Erziehungsperson die Voraussetzung der Gewissensbildung. Hierüber besteht wohl allgemein Einigkeit, da es inzwischen klar geworden ist, daß, wenn eine solche Beziehung – und zwar schon im ersten Lebensjahr – aus irgendwelchen Gründen nicht zustande kommt, sich kein Gewissen ausbildet. Diese Beziehung zwischen Kind und Erwachsenem wird aber *nicht* als Identifikation beschrieben, sondern als „emotionale" oder „Liebesbindung". Das Gewissen bildet sich nach *Schenk-Danzinger* dadurch, daß das Kind eines Tages die geforderten Verhaltensmuster „bejaht", daß es die Werturteile seiner Erzieher, die sich – wie „brav" und „böse" – auf seine eigene Person beziehen oder mindestens beziehen *können*, „sich zu eigen macht", so daß es von nun an in der Lage ist, eigenes (und fremdes) Verhalten *selbst* entsprechend zu *bewerten*. Dabei „identifiziert sich das Kind mit den Werten und Normen seiner Erzieher". Es sind lediglich diese Werte und Normen, die es bei der Bildung des Gewissens in sich hineinnimmt oder „interiorisiert", und nicht, wie in der *Freudschen* Hypothese der Über-Ich-Bildung, gewissermaßen die ganze fremde Person, die dabei in irgendeinem Sinne fremd bleibt.

Der Annahme dieses „Fremd-Bleibens" liegt, wie stets bei *Freud*, eine bedeutsame Beobachtung zugrunde: wenn das Ergebnis „instrumenteller Konditionierung" die „Identifikation" mit Werten und Normen der Erzieher ist, so gewinnt damit dieser Ausdruck beim Kinde eine völlig andere Bedeutung als in den Tierversuchen, die zu seiner Aufstellung geführt haben. Wenn irgendeine Verhaltensweise des Tieres erfolgreich „verstärkt" oder „gelöscht" ist, so kann das Tier gar nicht mehr anders, als das tun, was ihm auf die bekannte Weise beigebracht, und das lassen, was ihm ebenso ausgetrieben wurde. Sein *Verhalten selbst* ist durch die vorausgehende Manipulation entsprechend verändert. Beim Menschen ist dies offenbar nicht oder mindestens nicht notwendig der Fall. Es bildet sich keine neue Gewohnheit. Statt dessen ist ein nicht unmittelbar objektivierbares *Bewußtsein* dessen entstanden, was man – unter bestimmten Bedingungen – tun oder lassen *sollte*. Und es hängt von weiteren Faktoren ab, ob man es auch wirklich tut oder läßt, – ganz im Sinne des „zweiten Signalsystems" von *Pawlow* (1934). Unter anderem muß zu diesem Bewußtsein die Fähigkeit treten, zu erfassen oder abzuschätzen, ob das tatsächliche eigene Verhalten mit dem geforderten übereinstimmt oder wieweit es von ihm abweicht, und endlich der Drang oder das Bestreben, diese Abweichungen zu verringern oder möglichst aufzuheben. Fest steht jedoch, daß der Bestand an so entstandenen Regulativen nicht nur eine logische Klasse, sondern eine realiter in sich zusammenhängende Gesamtheit bildet. *Grundsätzlich* könnten diese, genau wie die Konditionierung im strengen Sinne der Gewohnheitsbildung, ihre eigentümliche Wirkung ebensogut ausüben, wenn sie nicht in dieser Weise zusammengeschlossen wären. Die Frage nach dem Grund ihres Zusammenschlusses ist also nach wie vor offen.

Wie schon erwähnt, ist bei denjenigen „Konditionierungen", die als Gewissen zusammengefaßt werden, die Einschaltung erwachsener Bezugspersonen von Bedeutung. Ist diese Einschaltung der Erwachsenen das unterscheidende und zusammenfassende Merkmal? Sie ist es nicht; denn jeder junge Mensch erhält von den Erwachsenen „guten Rat" für den Umgang mit Menschen und Dingen, der mehr oder weniger genau aufgenommen wird, ohne aber in das im Gewissen geeinte Normensystem einzugehen. Es handelt sich dabei um alle diejenigen Anweisungen, die nur praktisch-technisch, aber nicht „moralisch" gemeint sind und auch nicht so verstanden werden.

Welches sind aber die Merkmale des „Moralischen"? Eines der Grundmerkmale ist, daß das Moralische, obzwar es von den Eltern *vermittelt* wird, von vornherein gerade *nicht* an die Person der Eltern gebunden ist. Die moralischen Forderungen werden typischerweise *nicht* begründet mit Formeln wie „weil *ich* es so will", „weil *ich* es auch so mache", „weil *ich* dich sonst so oder so bestrafe", sondern, sobald überhaupt das geringste Sprachverständnis vorausgesetzt wird, mit der Formel „das tut *man* nicht"; wobei der Ausdruck „man" die unbestimmt gelassene Gesamtheit der Menschen bedeutet. Das heißt, die Eltern *sind* dabei nicht nur – worüber allgemeines Einverständnis herrscht – Vertreter der Gesellschaft, sondern sie *verstehen* sich auch ganz ausdrücklich als solche, gewissermaßen als deren Sprachrohr, – und stellen sich auch dem Zögling als solche dar. Man könnte das Gewissen, von hier ausgehend, als das Insgesamt dessen bezeichnen, was „*man* tut" und was „*man* nicht tut".

Der Name Ich-Ideal, den *Freud* für das Insgesamt der Gewissensforderungen verwendet, scheint mir daher *nicht* angemessen, und dies vor allem auch, weil es einen *anderen* Komplex von Erscheinungen gibt, dem dieser Name geradezu auf den Leib geschnitten ist, der aber bisher von den Tatsachen des Gewissens nicht klar unterschieden wird. Ich meine den Ausbau eines Systems von Verhaltensgrundsätzen, der während der Reifezeit im Zusammenhang mit dem Aufbau eines Weltbildes und Wertesystems von allgemeinerer Bedeutung und Tragweite erfolgt (*Schenk-Danzinger* 1970, S. 239 f.), und dies in einer *Folge* von Akten der *Selbstbestimmung,* in denen der einzelne junge Mensch mehr oder weniger ausdrücklich, und zwar grundsätzlich unbefristet, festsetzt, an welche Regeln er selbst sich in seinem Leben halten wird, ohne daß damit die Forderung verknüpft ist, daß alle anderen sich an dieselben Grundsätze halten. Zweifellos erfolgen in derselben Zeit auch gewisse Abänderungen an dem Bestand der aus der Kindheit überlieferten Gewissensforderungen. Aber sie unterscheiden sich von den Bestimmungen des nunmehr neu sich ausbildenden Ich-Ideals in dem von uns neu festgesetzten Sinn klar und deutlich dadurch, daß sie ihrer Natur nach überindividuell sind und als allgemeinverbindlich verstanden werden. Sie sagen, was *man* tut und nicht tut, während die Forderungen des Ich-Ideals nur individuelle Gültigkeit besitzen: sie sagen, was *ich* tun und nicht tun werde, ganz gleich, was die anderen tun.

Schenk-Danzinger spricht in beiden Fällen (1970, S. 96 und 239) von einer Interiorisation von Normen. Daß ein Unterschied besteht, verkennt sie nicht. Aber sie sieht ihn *nur in der Art und Weise,* wie sich diese Hereinnahme der Normen vollzieht. Während sie dem *kleinen* Kind mehr oder weniger aufgenötigt werden, entscheidet sich der Jugendliche – wenn auch durch Vorbilder angeregt – in freier Selbstbestimmung für sie. *Schenk-Danzinger* geht nicht darauf ein, daß auch inhaltlich und hinsichtlich des subjektiven Geltungsbereiches Unterschiede bestehen. Unmittelbar im Anschluß an ihre Ausführungen über die (in freier Selbstbestimmung erfolgte) „Wert- und Normeninteriorisation" des Jugendlichen behandelt sie – im Anschluß an eine höchst bemerkenswerte Untersuchung von *Mittenecker* über jugendliche Mopedfahrer (1967) – Konflikte zwischen den „triebhaften Bedürfnissen", beispielsweise nach „ekstatischem Erleben der Geschwindigkeit", und vor allem der Geltungssucht in allen ihren

Formen auf der einen – und den „Geboten verantwortlichen Handelns“ auf der anderen Seite, die ganz eindeutig allgemeingültige *Gewissensforderungen* und nicht Bestandteile eines Ich-Ideals in dem soeben erläuterten Sinne sind.

Streng genommen bedeutet der Begriff der Hereinnahme, der Verinnerlichung oder der „Interiorisation“ bei den Inhalten des Gewissens und denjenigen des Ich-Ideals *nicht genau dasselbe*. Für den Außenstehenden besteht zwar kein Unterschied. Denn nach erfolgter Ausbildung *beider* psychischer Strukturen sind in der Umgebung des fraglichen Menschen keine Personen mehr zu finden, die sein Verhalten steuern: weder mahnende Eltern, denen er sich unterwirft, beim Gewissen, noch ein bewundertes Vorbild, dem er nacheifert, beim Ich-Ideal. In der *Erlebenswelt* des fraglichen Menschen *selbst* sieht das ganz anders aus. Die Inhalte des Ich-Ideals haben ihren *Ursprung* auch für ihn *in seinem Innern,* wenn sie auch als „Vorstellung“, wie alle anderen Vorstellungen, „vor ihm stehen“. Die Inhalte des *Gewissens,* die Wertetafel, an denen er sein eigenes Verhalten mißt, werden von ihm, nachdem sie sich von der Stimme der Eltern gelöst und selbständig gemacht haben, keineswegs als etwas „Inneres“, etwas Persönliches, erlebt, sondern als etwas Allgemeingültiges und insofern ihm *weiterhin von außen Gegenübertretendes.*

Um keine Zweifel darüber zu lassen, wovon hier die Rede ist, seien einige mögliche Grundsätze aufgezählt, auf denen sich ein Ich-Ideal aufbauen kann: „Ich kaufe nichts auf Pump“, „ich verleihe nichts“, „ich wette nicht“, „ich kaufe keine Lose“, „ich spiele nicht um Geld“; „ich trage keinen Hut, keine Weste, keinen Schlips“; „ich lasse meinen Bart wachsen“; „wenn ich etwas telefonisch erledigen kann, schreibe ich keine Briefe“; „ich verspreche nichts, was ich nicht mit hoher Wahrscheinlichkeit halten kann“; „ich behandle Kinder genauso höflich wie Erwachsene“; „ich versuche jeden notwendigen Tadel so zu formulieren, daß der Getadelte sein Gesicht wahren kann“, aber auch: „ich sage jedem ins Gesicht, was ich von ihm denke“; „für mich kommt nur ein Beruf in Frage, in dem ich niemand über mir habe“ (Aussage eines schwach mittelbegabten, sechzehnjährigen Mädchens), usf. usf.

Wie man sieht, unterscheiden sich also die Forderungen oder Grundsätze des Ich-Ideals in unserem Sinne von denjenigen des Gewissens nicht nur durch ihre Entstehungsweise, sondern vor allem auch dadurch, daß sie nur für das Individuum Geltung besitzen. Damit hängt unmittelbar zusammen, daß die Forderungen des Ich-Ideals sich auf Sachbereiche beschränken, innerhalb deren das Gewissen Handlungsspielraum läßt, daß sie also gewissermaßen nicht in die Zuständigkeit des Gewissens eindringen. Werden die Forderungen des Gewissens im Sinne *Schenk-Danzingers* von Triebbedürfnissen überschrien, so hören sie offenbar nicht auf, zu bestehen. Sie bleiben im Hintergrund erhalten, sogar dann, wenn in gewissen Gruppen ein unbeherrschtes und verantwortungsloses Verhalten schick wird und man es als altmodisch, kleinbürgerlich und sentimental verlacht, noch auf das Gewissen zu hören.

Es sieht so aus, als sei die seelische Organisation in dieser Hinsicht außerordentlich stabil. Einbrüche perverser Ich-Ideale in die Substanz des Gewissens scheinen aber zu den bis heute noch nicht genauer verfolgten Auswirkungen der psychischen Desorganisation durch gewisse Rauschgifte zu gehören, wie außer gewissen geschlechtlichen Abnormitäten die neuerlich sich mehrenden Bekenntnisse von Süchtigen z. B. zum Mord an beliebigen Menschen oder etwa zum Kannibalismus es wahrscheinlich machen.

Die Gegenüberstellung von Gewissen und Ich-Ideal in dem vorgetragenen Sinn gestattet noch einige weitere Unterscheidungen: es gibt zwischen beiden noch ein „Wir-Ideal", also ein Insgesamt von Verhaltensforderungen, die sich z. B. auf die Angehörigen einer bestimmten Familie und nur auf diese beziehen. Dazu gehört aber, daß in dieser Familie ein sehr bestimmter Verhaltensstil gepflegt wird; es kann also bei uns heute nicht sehr häufig sein. Endlich gibt es noch die Sonderkomments von Gruppen, Cliquen, Banden, Gangs, die sich in ihrer Unerbittlichkeit dem „eigentlichen" Gewissen nähern, die aber mit diesem insofern nicht übereinstimmen, als in ihm eine Abgrenzung der Gruppe, für die seine Forderungen gelten, *nicht erfolgt*. Trotzdem gibt es zwischen diesen ausgesprochenen Gruppenkomments und dem eigentlichen, für das Bewußtsein der Beteiligten unbegrenzt gültigen Gewissen noch Zwischenformen, in denen beispielsweise ausgesagt ist, was „ein deutscher Junge", oder „ein rechter Tischler" oder auch ein Freimaurer oder Pfadfinder tut oder nicht tut.

Es ist an dieser Stelle zu betonen, daß diese besonderen Verhaltensideale oder -grundsätze begrenzter kleinerer oder größerer Gruppen *nicht* verwechselt werden dürfen mit den von Claessens (1967) vermuteten verschiedenen „Über-Ichen". Wie früher bemerkt, unterscheidet er zwischen dem mütterlichen, elterlichen, familialen, sozialen und kulturellen „Über-Ich" oder richtiger Gewissen. Nach der Art, wie er diese Unterscheidungen einführt, handelt es sich bei ihm um die Entstehung von Wertetafeln, deren *Geltung* von Anfang an für die Erzieher wie für den Zögling *allgemein* ist, wenn auch der Verband, innerhalb dessen sie sich ausbilden, von der Zweiergruppe Mutter–Kind ausgehend, allmählich immer größer wird und zugleich der Bestand an Forderungen, der sich zunächst innerhalb der kleinsten Gruppe ausgebildet hat, im Rahmen der nachfolgenden, Schritt für Schritt größer werdenden Gruppe immer weiter ergänzt (und gegebenenfalls zurechtgerückt) wird. Abgesehen davon hat diese von *Claessens* aufgestellte Reihe einen Sprung zwischen sozial und kulturell. Der Übergang vom sozialen zum kulturellen Gewissen kann nicht, wie die vorausgehenden Übergänge, durch die Einbeziehung der zuletzt maßgeblichen Gruppe in eine noch größere verstanden werden, sondern vielmehr nur durch die Hereinnahme neuer *Sachgebiete*, auf die sich gewissensmäßig verankerte Forderungen beziehen, eben der für eine bestimmte Kultur kennzeichnenden. Dadurch aber wird der Begriff des Gewissens auch auf den Bereich des *Geschmacks* ausgeweitet. Und dies durchaus berechtigterweise. Denn tatsächlich sind zwischen Geschmack und Gewissen keine scharfen Grenzen zu finden, und die Schwäche oder das Fehlen des einen ist häufig genug von einer Schwäche oder dem Fehlen des anderen begleitet.

Wir halten fest, daß das „Gewissen" im engeren Sinn als „man"-Kodex von den verschiedenen „Ich"- und „Wir"-Idealen grundsätzlich engeren Geltungsbereichs und geringeren Verbindlichkeitsgrads unterschieden werden kann und muß, und daß es als solcher sich von vornherein von den vermittelnden Einzelpersonen im Erleben ablöst und unabhängig macht. Die „Stimme" des Gewissens ist zwar der Nachfolger der Stimme des Vaters oder der Mutter. Aber, was sie sagt, ist mehr als bloß eine Meinung oder ein Wunsch dieser *Personen;* es ist etwas, was unabhängig von ihnen besteht und auf das sie nur hinweisen.

Wie schon oben gesagt, besteht aber dieses Verhältnis nicht bloß für die sittliche Belehrung, sondern auch für den sachlichen, praktisch-technischen Rat, den das Kind unter günstigen Umständen von seinen Eltern in reichem Maß erhält. Auch bei diesem erfährt das Kind, wie „man" ein Messer oder Streichholz halten muß. Aber es erfährt sogleich, *warum;* etwa: um sich selber nicht zu schneiden oder zu brennen. Diese Begründung fehlt bei der typischen moralischen Belehrung. Es gibt zwar, besonders im Umgang mit sehr kleinen Kindern, auch technische Belehrung *ohne* Begründung, und es gibt moralische Belehrung *mit* einer solchen („auf daß du lange lebest in dem Lande, das dir Gott der Herr gibt"). Aber die technische Belehrung ist ohne die Begründung unvollständig, und es versteht sich, daß sie später durch diese Begründung ergänzt werden wird. Bei der moralischen Belehrung dagegen ist die Begründung ein Zusatz, der ebensogut auch fehlen könnte. Theoretisch würde man zwar in jedem Fall hinzufügen können: weil andernfalls der Fortbestand der menschlichen Gesellschaft gefährdet würde. Aber bei der konkreten moralischen Belehrung, wie sie in der Familie immer wieder erfolgt, ist dieser Bezug bei keinem der Beteiligten gegenwärtig und wird auch von keinem vermißt. *Man* tut (oder läßt) es eben einfach, je nachdem, was gefordert ist, und *wenn* man sich so verhält, wie *man* sich verhält, *ist* man „artig", „brav", „lieb", „gut", „anständig", und andernfalls das Gegenteil. Hier entscheidet sich, wer man *ist,* nicht nur, was man *kann.* Eben dieses ist ausgesprochen anders, wenn man praktisch-technische Ratschläge befolgt oder nicht befolgt. Wer sie *nicht* befolgt, ist „dumm" oder „ungeschickt", aber er ist nicht „böse". Daher entstehen in diesem Fall auch bei einem seelisch gesunden Menschen keine Schuldgefühle und keine Reue, sondern allenfalls Ärger, und nicht etwa der Vorsatz, *sich* zu bessern, sondern allenfalls, die unvollständigen Kenntnisse zu ergänzen oder die unzureichenden Fertigkeiten weiter zu üben.

Es gibt freilich Aufweichungen und Überschreitungen dieser Grenze, und zwar von beiden Seiten her: die „Moralisierung" des Praktisch-Technischen und die „Technisierung" des Moralischen.

Die Moralisierung des Praktisch-Technischen besteht darin, daß auf die *sachliche* Begründung des technisch richtigen Verhaltens verzichtet und an deren Stelle die Beurteilung – und Selbstbeurteilung – des Menschen als gut oder schlecht gesetzt wird.

Die Technisierung des Moralischen besteht darin, daß man für jede sittliche Forderung die Zweckmäßigkeitsfrage stellt, und wenn nicht sogleich und ohne viel Nachdenken eine einleuchtende Antwort darauf zur Hand ist – eine Antwort, die in vielen Fällen nur in jahrelangen wissenschaftlichen Untersuchungen gefunden werden könnte –, die sittliche Forderung als sinnlos und willkürlich abtut.

Die Moralisierung des Praktisch-Technischen vollzieht sich in allen Handwerken einfach dadurch, daß bei der Überlieferung von Verfahrensvorschriften allmählich die sachlichen Gründe, die ihre Festsetzung veranlaßten, verblassen und schließlich ganz abhanden kommen. Beim Bau von Möbeln verwendet man ausschließlich Holzstifte und nicht Drahtstifte, nicht weil die letzteren allmählich rosten, so daß die Verbindungen sich lockern und das Möbelstück verdirbt, – sondern weil „ein anständiger Tischler so etwas nicht tut". Und beim Bau von Häusern bringt man unter den Fenstern ein hervorstehendes Sims an, auf dessen Unterseite sich eine Rinne befindet, ebenfalls, weil „ein rechter Baumeister das eben tut", und nicht, weil sonst das von den Fenstern herabfließende Regenwasser die Mauern darunter mit Bärten verunziert. In Zeiten der Erneuerung, etwa der „Neuen Sachlichkeit", schneidet man dann die „alten Zöpfe" ab, die man für willkürlich hält, und merkt erst hinterher an den Schäden, die dadurch entstehen, daß es sich um technisch sehr wohl begründete Maßnahmen gehandelt hat, deren Gründe nur in Vergessenheit geraten waren.

Eine zweite, für ihr Opfer oft verhängnisvolle Art der Moralisierung des Praktisch-Technischen liegt in der herkömmlichen autoritären Erziehung nahe, wenn man aus übergroßer Vorsicht technische Pannen in dem Umgang mit Dingen durch Verbote zu verhindern sucht, und wenn sie dann doch vorkommen, da der Drang nach fortschreitender Beherrschung der Dinge nicht zu bändigen ist, wenn der Junge also sich mit dem verbotenen Messer geschnitten oder bei dem verbotenen schnellen Laufen sich die Knie aufgeschlagen hat, an Stelle einer sachlich nüchternen Behandlung und Behebung des Schadens und der Anleitung zum zweckmäßigeren Umgang mit dem Werkzeug, zu dem Kummer noch Scheltreden, Strafen und Mißhandlungen, jedenfalls eine *moralische* Verurteilung zu gewärtigen hat, die in ihm auch bei rein *technischen* Pannen *Schuldgefühle* erwecken soll.

Ich habe junge Menschen mit schweren allgemeinen Hemmungen angetroffen, deren Zustand wesentlich durch die Moralisierung fast des gesamten praktisch-technischen Erfahrungsbereichs bedingt war.

Die Technisierung des Moralischen ist bei den gegenwärtigen Rationalisten, Progressiven und Revolutionären so verbreitet, daß sich besondere Hinweise erübrigen und wir uns damit begnügen können, zu betonen, daß man gerade auch *moralische* Vorschriften, deren Bedeutung nicht ohne weiteres zu erkennen ist, trotzdem nicht mit Sicherheit als willkürlich und überflüssig abtun kann, da sie *faktisch* sehr wohl eine lebenswichtige Bedeutung haben können.

Zwischenbemerkung: Nicht weniger problematisch als die Abgrenzung der Gewissens-Themen von ihrer praktisch-technischen Nachbarschaft ist ihre Abgrenzung von den Bräuchen und Manieren. Kein Kind wird sich „schlecht" vorkommen, wenn es etwa die Gabel in die „falsche" Hand nimmt oder die Ellbogen aufstützt oder wenn es einmal in Gesellschaft aufstößt oder in der Nase bohrt. Die Beobachtung der Kinderzimmer ergibt aber, daß es ziemlich allgemein üblich ist, solche Verstöße gegen die vorgeschriebenen Manieren ebenso heftig und mit dem selben unerbittlichen Ernst zu bekämpfen wie echte Übeltaten, etwa wenn der größere Bruder dem kleineren die Spielzeug-Lokomotive aus den Händen reißt und ihm damit auf den Kopf haut, oder wenn er ihm die Zuckertüte leerfrißt – also gegen Gebote der Rücksicht und der Mitmenschlichkeit verstößt. Man kann sich nur wundern, daß die Kinder selbst in dieser Hinsicht im allgemeinen viel schärfer zu unterscheiden wissen als ihre Mütter. Woher sie zu diesen Unterscheidungen gelangen, ist nicht erforscht.

Man hat in der Schulpsychologie zwar *Freuds* Ausdruck „Über-Ich" übernommen, aber, wie schon früher bemerkt, offenbar nicht seine Annahmen über dessen Natur und Wirkungsweise. Eine ausdrückliche Erörterung der Frage, ob diese Annahmen notwendig sind, hat aber, soweit ich sehe, nicht stattgefunden. Wir fragen also: ist es zum Verständnis der Erscheinungen des Gewissens erforderlich, eine beobachtende, richtende, drohende und strafende, also selbständig handelnde und eigene Absichten verfolgende Nebenpersönlichkeit einzuführen, einen Konkurrenten des Ich? *Freud* entlehnt seine Auffassung vom Über-Ich den Erlebnissen von Paranoikern, und diese sind bekanntlich groß in der unfreiwilligen Erfindung ganzer Pandämonien. Also nochmals: Ist diese Entlehnung von der Sache her erforderlich?

Wenn dem Menschen irgendwann im Verlauf seines dritten Lebensjahres die Zeitperspektive nach der Vergangenheit und Zukunft sich endgültig entrollt, so erwirbt er damit auch die Fähigkeit, das Verhalten von Menschen über eine längere Zeit hinweg zu beobachten und durch eine Art von Integrierung über diese Zeiträume das Typische des Verhaltens *verschiedener* Personen zu erfassen („der drängt sich immer vor", „der gibt nie was ab", „der hilft einem immer, wenn man ihn bittet"). Und offenbar ist er zugleich von vornherein auch fähig, von diesem neu erworbenen Vermögen auch sich selbst gegenüber Gebrauch zu machen. Zu seinem schon vorher vorhandenen *Daseinsbewußtsein* – der Grundlage des sinnvollen Gebrauchs erst des eigenen Namens, dann des Wortes „Ich" – und seinem *Befindlichkeitsbewußtsein* – also dem Innewerden seiner augenblicklich vorherrschenden Gefühle, seiner Freude, seines Schmerzes, seiner aufgeregten Erwartung – tritt nun als dritte Stufe des Selbstbewußtseins allmählich, erst unklar, dann immer klarer und differenzierter – sein *Besonderheitsbewußtsein,* – das Bewußtsein, gerade so und so einer zu sein. Erst jetzt wird es möglich zu erfassen, ob man selber „lieb" oder „bös" ist. Erst jetzt wird es möglich, sich mit anderen Menschen zu vergleichen und so sein zu wollen wie jemand anders, z. B. wie der Vater oder wie die Mutter. Und jetzt wird es ebenso möglich, das eigene Verhalten an einer vorgegebenen Wertetafel zu messen und nach ihr zu beurteilen. Es ist nicht anders als – sagen wir – bei einem (sich nicht selbst regulierenden) Heizgerät: man schaut auf das Thermometer, um festzustellen, ob man die Heizung drosseln, so lassen oder weiter aufdrehen soll. Es ist dazu keine Einrichtung am Gerät nötig, die ihrem Benutzer entgegenruft, was er tun soll oder was er versäumt hat. Das sieht er alles selber, wenn er nur hinschaut. Außerdem legt er selbst Wert auf die „richtige" Temperatur. Daraus folgt, daß die Personifizierung im Freudschen Sinne, d. h. zu einer selbständig agierenden und eigene Absichten verfolgenden Instanz, durch die Tatsachen *nicht* gefordert wird. – An manchen Stellen drückt *Freud* selbst sich ganz in diesem Sinne aus, so St. A. 1970, S. 501, wo er von der Identifikation als „Angleichung seines Ichs an ein fremdes" spricht – nicht etwa von der Ausbildung einer besonderen, dem fremden Ich angeglichenen Instanz neben dem Ich; ferner ganz allgemein

(S. 497): „Das Ich kann sich selber zum Objekt nehmen, sich behandeln wie andere Objekte, sich beobachten, sich kritisieren, Gott weiß was noch alles mit sich selbst anstellen"; endlich in noch unmittelbarerem Zusammenhang mit der Funktion des Gewissens auf S. 503, wo er das Über-Ich als „Träger des Ich-Ideals" (d. h. des Inbegriffs eines „vollkommenen" Menschen) beschreibt, *„an dem das Ich sich mißt, dem es nachstrebt"* usw. Wenn das Ich das kann, so folgt unmittelbar auch, daß es, wenn es einen allzugroßen Unterschied zwischen dem gesollten und seinem tatsächlichen Verhalten bemerkt, schon hierdurch in jede Verzweiflung gestürzt werden kann; und es ist nicht einzusehen, wozu noch eine besondere Instanz erforderlich ist, die das alles nochmals tut, die die Messung des Ich an dieser Wertetafel übernimmt, die ihm das Ergebnis dieses Vergleichs mitteilt und ihre Mitteilung mit allerlei Strafandrohungen verbindet. Es genügt, wie gesagt, die von *Freud* als „Ich-Ideal" (siehe aber oben S. 112 ff.) bezeichnete *Wertetafel*. Alles andere kann das „Ich" bzw. der Mensch allein.

Es ist ferner einmal ausdrücklich die Frage zu stellen, ob sich die Annahme Freuds halten läßt, daß das Über-Ich bzw. Gewissen „aufs Innigste mit dem Schicksal des Ödipuskomplexes verknüpft ist, so daß das Über-Ich als der Erbe dieser für die frühe Kindheit so bedeutungsvollen Gefühlsbindung erscheint" (1923, Kapitel III, auch 1970, S. 502).

Für die Beurteilung dieser Annahme sind zwei Gesichtspunkte von Bedeutung: erstens die Verbreitung des Ödipuskomplexes: er müßte, um die Gewissensbildung vorzubereiten, bei *jedem* Kind vorhanden sein, bei dem später Spuren eines Gewissens festzustellen sind. Zweitens die Zeitfolge von Ödipuskomplex und ersten Gewissensregungen im Leben des Kindes. Solche Regungen wären unmöglich vor dem Abbau des Ödipuskomplexes und noch unmöglicher vor seiner Entstehung.

Zur ersten Frage gibt die schon mehrfach erwähnte Untersuchung von *Kemmler* und *Mirtschin* (1958) Auskunft. Dort wurde vermittels des Düss-Fabel-Tests die Verbreitung des Ödipuskomplexes unter *normalen* drei- bis fünfjährigen Kindern festgestellt. Um Gruppen von *wirklich* normalen Kindern zu erhalten, wurden dabei ausgeschieden a) nach Umgebungsmerkmalen: Vollwaisen und Halbwaisen, uneheliche Kinder, Kinder getrennt lebender und geschiedener Eltern, Kinder mit voll erwerbstätigen Müttern und aus schwierigen häuslichen Verhältnissen (ein Elternteil trunksüchtig, übernervös oder sonst auffällig), auch Kinder, die lange in Heimen gelebt hatten; b) nach acht Verhaltensmerkmalen: Sprachhemmungen, Zurückweichen vor neuen Aufgaben, Unbotmäßigkeit, Rücksichtslosigkeit gegen Gleichaltrige, außerdem Verhaltensauffälligkeiten wie Stottern, Nägelkauen, ständiges Lutschen, Einnässen. In den solcherart gesicherten Gruppen seelisch normaler Kinder ist keine überzufällige Zahl von Anzeichen für das Bestehen eines Ödipuskomplexes zu entdecken. Dabei ist zu beachten, daß es sich zugleich gerade um diejenigen Kinder handelt, bei denen ein für Alltagszwecke ausreichend arbeitendes Gewissen vorausgesetzt werden muß, mindestens in den älteren Jahrgängen, da sonst ihre Bereitschaft zur *Rücksicht* auf die Spielkameraden und zum *Eingehen auf die Anordnungen der Erzieher* nicht zu verstehen wäre.

Für die verbreitete Annahme, der Ödipuskomplex sei ein notwendiges Durchgangsstadium jeder normalen Persönlichkeitsentwicklung, fehlen also die empirischen Grundlagen. Die Schwierigkeiten, die der Übergang von der ursprünglichen Mutter-Kind-Gruppe zur dreigliedrigen Kind-Eltern-Gruppe in jedem Fall, auch ohne die Annahme *geschlechtlicher* Besitz-Wünsche und Rivalitäts-Regungen, mit sich bringt, scheinen also von seelisch gesunden Kindern ohne auffällige Krisenzeichen bewältigt zu werden.

Die Häufigkeit schwerer Spannungen zwischen Vätern und Söhnen, die schon in die frühe Kindheit zurückgehen, beweist nicht das Gegenteil. Der bei der Mehrheit unserer Väter übliche Erziehungsstil gibt den Jungen, auch ohne daß sie die Mutter „zu besitzen" wünschen, schon frühzeitig genug Anlaß, ihren Vater hassen zu lernen und zugleich, wenn die Mutter findet, daß er etwas zu streng sei, sich von ihr verhätscheln zu lassen und dies mit gesteigerter Anhänglichkeit zu beantworten.

Übrigens ist nichts leichter, als beliebig heftige ödipusartige Regungen in kleinen Kindern und sogar in Hunden und Katzen zu wecken. Diese haben durchweg das dringende Bedürfnis, in die Zärtlichkeitsbeziehungen der Erwachsenen mit einbezogen zu werden. Bleiben sie – beispielsweise bei etwas stürmischen Begrüßungen – spürbar davon ausgeschlossen, so ist die Regung da, und gegen wen sich die Feindseligkeit des gekränkten Kindes richtet, hängt von den Umständen ab: sie wird denjenigen treffen, der nach seiner Meinung der Hauptschuldige an seinem Ausschluß ist, ganz unabhängig von seinem Geschlecht. – Damit ist aber zugleich gesagt, auf welche höchst einfache (und durch zahlreiche Erfahrungen bestätigte) Weise solche Regungen wieder beruhigt oder gleich im voraus verhütet werden können.

Zur zweiten Frage, nach dem zeitlichen Verhältnis zwischen den ersten Gewissensregungen und, falls überhaupt vorhanden, den ersten ödipalen Regungen, gibt es noch keine systematischen Untersuchungen. Doch liegen genug Zufallsbeobachtungen über Gewissensregungen in einem Alter von weniger als drei Jahren vor, also in einem Alter, wo nach den verfügbaren Angaben die Ausbildung des Ödipuskomplexes noch nicht begonnen haben kann. Sie unterstützen die Vermutung, daß auch dort, wo ein Ödipuskomplex durchlebt wird, die Gewissensbildung *nicht erst* im Zusammenhang mit seiner Entstehung und Erledigung erfolgt; vergleiche auch *Bruns* und *Metzger* 1967.

Es müssen also andere Grundlagen der Gewissensbildung gesucht werden. Dies ist möglich, aber nur unter Aufgabe des Freudschen Grund-Ansatzes hinsichtlich der Natur menschlicher Triebbedürfnisse, d. h. der Annahme, daß die *Quelle* jeder Triebregung „ein Erregungszustand im Körperlichen, ihr Ziel die Aufhebung dieser Erregung und die damit verknüpfte örtliche ‚Organlust' ist" (St. A. 1970, S. 530, 531); – daß andere Menschen für das Kind zunächst nicht seinesgleichen, sondern Objekte sind, die zur Aufhebung von körperlichen Erregungszuständen als Hilfsmittel „eingeschoben" werden können; daß in allen seinen Antrieben das Kind zunächst nur für sich selbst sorgt: der Neid komme vor der Gerechtigkeit (St. A. 1970, S. 564), die Eifersucht und Rivalität vor den sozialen Gefühlen (S. 576) usf. Die Achtung vor den Regeln des Zusammenlebens müsse dem Kind „aufgedrängt" werden (S. 576), und zwar im wesentlichen durch Angst, zunächst vor dem Objekt-(Liebes-)Verlust, dann durch Angst vor dem Über-Ich, die normalerweise kein Ende finden darf, da sie bei dem durchschnittlichen Menschen für die sozialen Beziehungen als Gewissensangst *unentbehrlich ist* (S. 523).

Wie müßten nun die Gegenbehauptungen aussehen?

1. Sobald die Fähigkeit zur Erfassung der Umwelt einen gewissen Reifegrad erreicht hat – höchstwahrscheinlich schon vom

dritten Monat ab, aber mit Sicherheit spätestens im sechsten Monat, befindet sich das Kind erlebnismäßig *zwischen Mitmenschen*. Sobald dies der Fall ist, werden

2. *menschliche Bindungen* möglich, Erlebnisse der Zugehörigkeit, Haltungen des Vertrauens, die für die weitere Entwicklung unentbehrlich sind. Das nun sogleich erwachende *Bedürfnis* nach solcher Verbundenheit ist *ebenso primär* wie die leiblichen Bedürfnisse (vgl. *Schenk-Danzinger* 1970, S. 42). Es ist nicht etwa auf dem Wege der Konditionierung aus oraler Befriedigung abgeleitet (vgl. *Harlow* 1958, *Reik* 1950).

3. Um die Wende vom ersten zum zweiten Lebensjahr vollzieht sich die Vertreibung aus dem „Urparadies", das u. a. dadurch gekennzeichnet ist, daß es

1) noch keine eigentlichen Zusammenstöße zwischen dem kindlichen und dem elterlichen Willen gibt und daß

2) das Kind nur empfängt, ohne zu geben.

Der neue Zustand wird meistens nur unter dem ersten Gesichtspunkt gesehen: Das Kind wird beweglich und unternehmend, und es kann nicht ausbleiben, daß es mehr oder weniger häufig mit Forderungen und Verboten der Erwachsenen zusammenstößt. Der zweite Gesichtspunkt ist aber nicht weniger bedeutsam: Es werden zugleich (was weniger bekannt ist) die ersten Anzeichen des Bestrebens bemerkbar, aus dem Ungleichgewicht des bloßen Empfangens herauszugelangen. Die *Freude am Geben* erwacht (*Anna Freud* 1944, S. 12 ff., und eigene Beobachtungen). Das Kind macht nun die ersten Versuche, die Mutter zu füttern, in sichtlich freudiger, ja – weil dabei die Welt gewissermaßen auf den Kopf gestellt wird – merklich belustigter Stimmung. Natürlich ist dieser spontane Antrieb zunächst nur zu erwarten, wenn der Hunger des Kindes gestillt ist („ich bin lieb, weil ich nicht mehr kann" – wie ein etwas älteres Kind einmal zutreffend bemerkte).

4. Aus dem einfachen Geben, das unter günstigen Umständen etwas später auch ganz selbstverständlich und unaufgefordert gegenüber den Geschwistern geübt wird, zweigt sich schon im zweiten Lebensjahr die Bereitschaft und der Drang *zum Helfen* ab (Hausschuhe bringen, der Mutter die Wäscheklammern, dem hämmernden Vater die Nägel anreichen und dergleichen mehr), der natürlich nicht nach seinem Ertrag bewertet werden darf,

aber vielfach gerade wegen dieser unangemessenen Bewertung und aus Ungeduld wieder verschüttet wird. „Nun besteht ein ungeheurer Abstand zwischen dem, was die Kleinen für uns tun können, und dem, was sie von uns empfangen. Aber nicht die Größe der gegebenen oder empfangenen Hilfe, sondern das gegenseitige Zusammenspiel des Gebens und Nehmens gibt den Ausschlag. Sobald ein Kind (das schon bereit ist, zu helfen) nur empfängt und zu keiner Hilfeleistung herangezogen wird, also verwöhnt wird, fängt es an, begehrlich, undankbar, lieblos, launisch und widerwillig gegen jede Hilfeleistung zu werden. Denn es fühlt sich lieblos im Stich gelassen, weil ihm das Beste fehlt, das Gefühl des Dazugehörens." (*Plattner* [10]1968, S. 305)

5. Noch ein weiterer Schritt auf dieser Linie ist im vierten Lebensjahr zu beobachten: Die *Verteidigung* eines jüngeren Geschwisters gegen Angriffe fremder Kinder, auch wenn sie stärker sind.

6. Entscheidend ist die ebenfalls schon im zweiten (nach *Montessori* [1950, deutsch [4]1952] bereits gegen Ende des ersten) Lebensjahr beginnende Entdeckung, daß im Zusammenleben der Familie gewisse Regeln, Normen und Ordnungen herrschen. Wir haben oben (S. 96 ff.) von der Leidenschaft gesprochen, mit der zwei- bis vierjährige Kinder auf der exakten und vollständigen Wiederholung gewisser häuslicher Vorgänge bestehen und sie dadurch in „Rituale" verwandeln, und sie mit dieser Entdeckung in Zusammenhang gebracht. *Montessori* hat (1950 bzw. 1952) an Hand einer Reihe von eindrucksvollen Beispielen auf ein zweites, bisher unbeachtetes Symptom hingewiesen, das im zweiten Lebensjahr besonders auffällig ist: scheinbar unbegründete Unruhe, Schreien, Angstzustände des Kindes, die sich in dem Augenblick verflüchtigen, wo eine von den Erwachsenen achtlos veränderte Lage des Kindes wieder in die gewohnte Ordnung gebracht wird.

Von hier aus ist dann auch eine neue Theorie des Gewissens, seiner Natur und seiner Entstehung, möglich. Im Zusammenhang mit der Entdeckung der Ordnungskategorie lernt nämlich das Kind nun auch, zu unterscheiden, ob sein eigenes Verhalten „in Ordnung ist" oder ob und wie es von den Normen abweicht, und es entwickelt offenbar unter günstigen Umständen ein mehr oder weniger feines Gefühl für diese Abweichungen und zugleich ein mehr oder weniger dringendes Bedürfnis, der Norm gemäß zu handeln und etwaige Abweichungen zu verringern, und dies nicht nur in dem – am meisten ins Auge fallenden – Verhalten gegenüber den Mitmenschen und der Gemeinschaft, sondern ebenso bei jeder sachlichen Aufgabe, in dem Bestreben, aus ihr das Beste zu machen (vgl. *Wertheimer* 1945).

Dies *ist* das Gewissen. Wie *Wexberg* ([2]1931, 229) im Sinne von *A. Adler* es ausdrückt, hat es – bildlich gesprochen – die Aufgabe eines „Wächters“ des Gemeinschaftsgefühls (der Wirhaftigkeit *und* der Sachlichkeit). Es ist als Gefühl für das Notwendige auch bei demjenigen stillschweigend am Werk, der die Forderungen der Gemeinschaft und der Sache *erfüllt:* bei dem „gewissenhaften“ Menschen. Es macht sich dort *bemerkbar,* wo die Abweichungen des Verhaltens von den sachlichen Forderungen der Lage ein bestimmtes – für jeden einzelnen kennzeichnendes – Maß überschreiten. Und zwar nicht nur die Abweichungen einer schon getanen Tat oder Unterlassung, sondern auch schon diejenigen einer nur *beabsichtigten,* die also – und das ist der lebenswichtigste Fall – noch unterlassen (bzw. nachgeholt) werden kann. Das Bewußtsein dieser Abweichung ist es selbst, was den Menschen in um so tiefere Beunruhigung versetzt, je größer sie ist, und die schließlich – im Zusammenhang mit der Erkenntnis, daß das fragliche Verhalten in der Vergangenheit stattgefunden hat und daher, streng genommen, nicht mehr ungetan gemacht werden kann – unter Umständen diejenigen Maße annimmt, die üblicherweise als „Gewissensqual“ bezeichnet werden.

Der Inhalt der Wertetafel, die den Kern des Gewissens ausmacht, stammt zum größten Teil aus den *Weisungen,* aus den „guten Lehren“ und aus dem Verständnis der eigenen Verhaltensweisen der Erzieher, denen der junge Mensch sich in kindlichem Gehorsam und Nachahmungseifer mehr oder weniger genau unterworfen hat. Sie können aber später abgeändert werden, was wohl vornehmlich während der Reifezeit geschieht.

Aber offensichtlich wirkt die Art und Weise, wie dieser Gehorsam in der Kinderzeit bewirkt wurde, in der späteren „Arbeitsweise“ des Gewissens nach. Wir haben früher ausführlich über die beiden Arten des Gehorsams gehandelt (siehe oben S. 65 ff.): das Ausführen einer Weisung auf der einen Seite *aus Angst* vor Strafen, die von dem übermächtigen Erzieher zu erwarten sind (oder infolge der Verlockung durch einen Köder), auf der anderen Seite infolge eines „Einschwenkens des Willens“, d. h. der vertrauensvollen Übernahme der Weisung, ihrer Verwandlung in eine im strengsten Sinne *eigene* Absicht.

Bei der ersten Form des Gehorsams wird, wie schon oben ausgeführt, der Inhalt der Weisung *nicht* „übernommen" und zur eigenen Absicht gemacht. Die Ausführung der Weisung erfolgt also im Dienste einer *nach wie vor fremden* Absicht. In diesem Sinn kann der gesamte Inhalt der Wertetafel des Gewissens das ganze Leben lang *aus fremden Gesetzen bestehen.* Der fragliche Mensch empfindet die Ordnungen bis ins Alter als *auferlegt.* Er unterwirft sich ihnen zwar, aber er identifiziert sich nicht mit ihnen. Das heißt: er macht sie nicht zu *seiner* Ordnung. Er steht also nicht *in* diesen Ordnungen, sondern er steht ihnen gegenüber bzw. sie ihm, und das Gefühl, in dem der „Abstand" von ihrer Erfüllung sich bemerkbar macht, ist bis zuletzt die *Angst,* die Nachfolgerin der Angst vor dem Stock des Vaters oder vor der kalten Abwendung der Mutter, da ja – ein Kreuz für die Lerntheorie – die einmal mit einer bestimmten Lage verknüpfte Angst beliebig lange ungelöscht bleibt, auch wenn jene Lage sich nicht wiederholt.

Man kann sagen, daß die Über-Ich-Theorie *Freuds* – bis auf die Personifizierung – eine glänzende bildliche Darstellung dieses Zustands ist. *Er konnte auf eine andere Theorie des Gewissens nicht verfallen,* weil ihm eine andere Art, Gehorsam zu erzielen, als die durch Drohung (oder allenfalls durch einen Köder), gar *nicht bekannt war,* wie aus sämtlichen von ihm überlieferten Bemerkungen über Erziehungsfragen einheitlich hervorgeht.

Aber dies ist tatsächlich nicht die einzige Art und Weise, wie Gewissen wirksam werden kann. Bei der zweiten Art des Gehorsams fehlt die Angst vor der Übermacht (übrigens auch die Erwartung des Köders). Aus Vertrauen in den Erzieher – genauer in seine Zuständigkeit – schwenkt im einzelnen Fall der Wille des Zöglings in die Richtung seiner Weisungen ein, die Absicht des Erziehers wird zur Absicht des Zöglings. Die Ausführung der jeweiligen Weisung erfolgt *nicht* mehr im Dienst einer *fremden* Absicht. Und die allmählich entstehende Wertetafel besteht *nicht* aus Fremdgesetzen, sondern aus Gesetzen, die man als allgemeingültig erlebt, aber dabei *selbst* für notwendig und berechtigt hält, zunächst im Vertrauen auf die Glaubwürdigkeit des Übermittlers, später als Spezifizierungen der Wirhaftigkeit und Sachlichkeit. Die so entstandene Art der Ordnung steht dem Individuum *nicht fremd gegenüber,* die einzelnen Gesetze werden von ihm nicht als auferlegt empfunden; es sind ja *seine* eigenen Gesetze. Ein Abweichen von ihnen bedeutet für ihn ein Abweichen von sich *selbst;* und das Gefühl, das ihm die Abweichung anzeigt, ist nicht Angst, auch nicht ein fruchtloses Grübeln über die eigene Schlechtigkeit, sondern einerseits Beschämung, andererseits – und dies vor allem – *Sorge* um das menschliche oder sachliche *Anliegen,* das nicht mit der gehörigen Gewissenhaftigkeit verfolgt wurde, und Erwägungen über die Möglichkeit, dem Anliegen *besser gerecht zu werden,* es doch noch in Ordnung zu bringen. Auf diese Form des Gewissens läßt sich die Über-Ich-Theorie *Freuds* nicht mehr anwenden. Wie schon früher bemerkt, spricht man bekanntlich bei der Gewissensbildung von einer Hereinnahme (oder „Interiorisierung") von Werten und Normen (*Schenk-Danzinger* 1970, S. 96, 238). Der Begriff der Hereinnahme bedarf aber hiernach einer noch weiteren Differenzierung, als sie schon oben (S. 113) versucht wurde. Wir müssen nochmals zwischen den als fremd erlebten, auferlegten Ordnungen und den wirklich übernommenen und zu eigen gemachten unterscheiden. Es liegt nahe, bei den ersteren von einer unvollständigen, auf halbem Wege stehengebliebenen Verinnerlichung zu sprechen. Die bei ihr wirksame Angst, die *Freud* für eine Angst vor einem inneren Dämon namens Über-Ich hält, ist, genau genommen, bis ins hohe Alter hinein eine Angst „vor den Leuten" und vor dem, was sie über einen selbst sagen oder denken könnten. Das erweist sich schlagend bei verschiedenen Gelegenheiten: in Zeiten der allgemeinen Verwirrung und des Zusammenbruchs der öffentlichen Ordnung am Ende eines verlorenen Krieges, aber auch bei den Mitgliedern der Besatzungsmacht in einem besiegten Lande, dessen Bevölkerung „nichts zu sagen hat", fern von den kritischen Blicken der Nachbarn, auch bei den Mitgliedern einer Clique von Usurpatoren, die sich über die Meinung der Bevölkerung hinwegsetzen kann, also in lauter Lagen, in denen man keinen Grund mehr empfindet, sich vor „den Leuten" zu ängstigen. Es zeigt sich dann, daß erstaunlich viele wohlansehnliche Leute, Bürger mit einem scheinbar festen Bestand an Grundsätzen, plötzlich beispielsweise ohne jede Hemmung Beutezüge in die Wohnungen ihrer geflüchteten Nachbarn unternehmen oder ihre Kinder zu solchen ermuntern, und dergleichen mehr.

Wir beschließen damit die Erörterung des Gewissensproblems. Sie mußte notwendigerweise sich großenteils im Bereich von

Hypothesen bewegen. Aber mir scheint, daß bei der gegenwärtigen Problemlage die Gegenüberstellung genügend scharf durchgebildeter konkurrierender Hypothesen die beste Art ist, experimentelle Fragestellungen vorzubereiten, an deren Beantwortung sich auch der praktische Erzieher beteiligen kann.

Produktives Denken

Was verstehen wir unter „Denken"?

Die Wörter „Denken" und „Gedanken", wie sie im Alltag und in der Wissenschaft gebräuchlich sind, haben mindestens ein halbes Dutzend verschiedener Bedeutungen, die sich mehr oder weniger klar voneinander abheben lassen. Sie sollen zunächst an Hand von Beispielen erläutert werden.

1. Der erste Begriff (der Alltagssprache) zeigt sich in Formeln wie: „*Ich habe gedacht,* das sei ein Becher; nun sehe ich, daß es zwei Gesichter sind." „Ich habe gedacht, das seien (etwas verrutschte) Teile zweier konzentrischer Kreise; jetzt sehe ich, daß sie zu zwei *gekreuzten* Kreisen gehören." „Ich habe gedacht, das sei eine reizende junge Dame, jetzt sehe ich, daß es eine häßliche alte Hexe ist." „Ich dachte erst, dort stünde ein Mann im Nebel, jetzt sehe ich, daß es ein Weidenstumpf ist." „Ich dachte erst, das sei Schlagsahne, jetzt merke ich, daß es Quark ist." „Als das Stück anfing, dachte ich, es wäre im Dreivierteltakt, jetzt *höre* ich, daß es Sechsachteltakt ist." Oder auch „*Denke einmal, diese* vier Punkte wären nicht die Ecken eines Quadrats, sondern die Enden eines schrägliegenden Kreuzes."

Hier bedeutet „Denken" nichts weiter als das Vorherrschen einer bestimmten *Auffassungsweise* von etwas unmittelbar in der Wahrnehmung Gegebenem, und zwar einer *mehrdeutigen* Anordnung, das heißt einer Anordnung, die eben verschiedene Auffassungen zuläßt. Statt des Wortes Denken wird für solche Fälle im Alltag auch das Wort „meinen" gebraucht, oder „für etwas halten". Der wissenschaftliche Ausdruck ist, wie gesagt „(als etwas Bestimmtes) *auffassen*". Die gegenständlichen Korrelate verschiedener Auffassungen eines Sachverhalts heißen in der Wahrnehmungslehre seine verschiedenen „Fassungen". Man kann also zum Beispiel im Versuch auch in strenger Redeweise sagen: „Versuche, diese vier Punkte, statt als die Ecken eines Quadrats, als die Enden eines schrägen Kreuzes aufzufassen." Das schräge Kreuz gilt dabei als eine andere „Fassung" der Punktanordnung, deren räumliche Verteilung bei dieser inneren Umstellung einigermaßen dieselbe bleibt, so daß es tatsächlich möglich ist, von zwei Fassungen eines und *desselben* Sachverhalts zu sprechen. Es ist von Bedeutung, daß alle angeführten Ausdrücke auf *eindeutige* Wahrnehmungen, also solche, die keine verschiedenen Auffassungen und daher keinen *Auffassungswechsel* zulassen, auch im Alltag nicht angewendet werden. Aber auch, wo ein solcher Wechsel möglich ist, werden sie *nicht* für *alle* Auffassungsweisen gleichermaßen verwendet. Das Wahrnehmen des Alltags geht von der wohlbegründeten und selbstverständlichen Voraussetzung aus, daß von verschiedenen Auffassungen eines fraglichen Gegenstandes nur eine die „zutreffende", „richtige", „wirkliche", „wahre" sein könne. Freilich trifft das nur bei den Gegenständen selbst, aber nicht bei deren Abbildungen zu. Es wird jedoch naiverweise von einem nicht wahrnehmungspsychologisch verdorbenen Laien in der Regel ebenso selbstverständlich auch bei ihnen vorausgesetzt („‚in Wirklichkeit' sind es zwei Kreise").

Der Ausdruck „Denken" wird dabei nur für diejenigen Fassungen gebraucht, die den Gegenstand offenbar *nicht* richtig wiedergeben, die (bei einem Musikstück) der – später irgendwie erkennbar werdenden – Absicht des Komponisten *nicht* entsprechen: Hier hat das Wort „Denken" unverkennbar die Nebenbedeutung des „Irrtums", des Abirrens von der Wirklichkeit, wie in der volkstümlichen Redensart „denkste". Von „Denken" spricht man aber zweitens auch bei denjenigen Fassungen, die mehr oder weniger *spielerisch*, jedenfalls aber willkürlich herbeigeführt werden: „Denken" steht in dem ersten Beispiel im *Gegensatz* zu (richtig) „Sehen", „Hören", allgemein „Merken", im letzten Beispiel im Gegensatz zu dem *absichtsfreien* – und *daher* (vermutlich) zutreffenden – „Auf-sich-wirken-Lassen".

Es ist deutlich, daß im Rahmen dieses ersten Begriffs von „Denken" „Gedanken" im eigentlichen Sinn dieses Wortes gar nicht auftreten. Gleichwohl wird diese erste Bedeutung des Wortes „Denken" hier so ausführlich besprochen, weil, wie sich später zeigen wird, zwischen den Vorgängen des Auffassungswechsels in dem dargelegten Sinn und den Umstrukturierungen, die den Kernvorgang des produktiven Denkens ausmachen, keine scharfe Grenze gezogen werden kann.

2. Die zweite Bedeutung des Wortes „Denken" (ebenfalls in der Alltagssprache) ist in Formeln der folgenden Art enthalten: „Ach, daran habe ich gar nicht gedacht", wie etwa ein Heimkommender sie gebraucht, der aus der Stadt Briefmarken mitbringen oder vom Amt aus ein wichtiges Ferngespräch erledigen wollte, oder jemand, dem in einer Auseinandersetzung ein wichtiger Gesichtspunkt, der vielleicht den Ausgang des Gesprächs zu seinen Gunsten hätte verändern können, nicht gegenwärtig war. Weitere Fälle: Der Dichter sagt: „All mein Gedanken die ich hab, die sind bei Dir." Der Lehrer fragt einen geistesabwesenden Schüler: „Woran hast du eben gedacht?", und dieser antwortet: „An unseren Ausflug", oder: „An das Fußballspiel von heut nachmittag." Hierher scheinen mir auch Formeln zu gehören wie „dabei kann ich mir nichts denken", wenn man ein unbekanntes neues Wort hört oder eine Rechnung an der Tafel zu verfolgen versucht, ohne die Bedeutung der verwendeten Zeichen zu kennen.

In allen diesen Fällen bedeutet das Wort „Denken" die willkürliche oder unwillkürliche Vergegenwärtigung eines – im Augenblick oder überhaupt – nicht antreffbaren Sachverhaltes, ganz gleich, ob dieser ein allgemeiner und abstrakter Sachverhalt wie die Bedeutung eines Wortes oder Zeichens ist oder ein einmaliger konkreter, gewissermaßen geschichtlicher Sachverhalt, wie ein bestimmtes – erinnertes, erwartetes, spielerisch ausgedachtes – *Erlebnis* oder auch eine eigene Vornahme, ein Plan oder dergleichen mehr.

Solche Vergegenwärtigung kann auf die verschiedenste Weise veranlaßt sein: durch eine Rückfrage, durch den Text einer Erzählung, durch das „Reizwort" in einem „Assoziationsversuch" nach C. G. *Jung,* durch irgendwelche Ereignisse oder durch Züge der gegenwärtigen Lage, auch – um noch die Grenzfälle zu nennen – einerseits durch absichtliches Suchen im Gedächtnis im Rahmen einer Aufgabe (*Duncker* 1935) oder durch den Fluß der Gedanken und Bilder, dem man sich vor dem Einschlafen absichtslos hingibt.

Es handelt sich um die Mannigfaltigkeit von Vorgängen, die vom einfachen Wortverständnis über das Gegenwärtighaben von Wissensbeständen bis zum Tagtraum und zum Schwelgen in Plänen oder Erinnerungen reicht. Kennzeichnend ist die wesentliche Beteiligung von quasi-objektiven Sachverhalten, „*an* die" man denkt, die diesmal treffend „ein Gedanke" heißen. Auch die

Formeln „Ich habe mir dabei nichts gedacht", oder „Es sei kein Gedanke daran, daß ..." sagen aus, daß irgendwelche weiteren möglichen Folgen einer Handlung nicht ins Bewußtsein getreten, oder daß sie absichtlich von einer Planung ausgeschlossen worden seien. Der „Gedanke" in diesem Sinn ist ein *Inhalt,* kein Vorgang.

Nicht von Bedeutung für unseren Zusammenhang ist eine Unterscheidung, die besonders in den Erörterungen der Würzburger Schule von *Messer* über *Marbe* und *Bühler* bis *Ach* eine große Rolle spielt: die Unterscheidung zwischen (anschaulichen) *Vorstellungen* und (unanschaulichen) Bewußtheiten. Entscheidend für *unsere* Überlegungen ist, daß es sich um einen – ganz gleich in welcher Weise – *vergegenwärtigten Inhalt* handelt.

3. Ebenfalls um Inhalte, aber von einer sehr viel gewichtigeren Art, die deshalb von den freien Vergegenwärtigungen streng zu unterscheiden sind, handelt es sich etwa in der Formel: „Ich denke da anders!" Der Mann, der so sagt, äußert eine (verfestigte) Meinung über *Tatsachen,* eine Ansicht, eine Überzeugung, eine Gewißheit, die für ihn unzweifelhaften Wirklichkeitscharakter besitzt. Welches die Bedeutung dieser Sachverhalte ist, wird sofort klar, wenn wir bedenken, daß unsere Wahrnehmungswelt ja immer nur ein zufälliger Ausschnitt aus der Wirklichkeit ist und auch stets als solcher erlebt wird. Unsere erlebte „Welt" entsteht, indem dieser Ausschnitt nach allen Richtungen durch unwahrnehmbar Existierendes ergänzt wird, nicht nur nach hinten, vor die Tür und um die Ecke, sondern auch durch die Wände, ins Innere der Gegenstände (zum Beispiel eines eben eingetroffenen Pakets) und in die Ferne, die nur noch durch den Fahrplan und den Atlas mittelbar zur Kenntnis genommen werden kann – einschließlich des gesamten Weltgeschehens, von dem wir nur aus den Zeitungen und den Medien etwas erfahren, und darüber hinaus durch alles mögliche Faktische, das sich seiner Natur nach der Wahrnehmung entzieht, wie die Geltung von Naturgesetzen, von Lebensregeln, von Glaubenssätzen und politischen Überzeugungen, von Meinungen über den Wert und die Bedeutung von Menschen, Dingen und Ereignissen. In diese bedeutsame Klasse von seelisch wirklichen Inhalten gehört auch alles, was man neuerdings als „Image" und als „Stereotyp" zu bezeichnen pflegt, auch das „Vorurteil", als Überzeugung, deren Inhalt als wirklich erlebt wird, obwohl er von der nachprüfbaren

Wirklichkeit mehr oder weniger weit abweicht. So verstanden, besteht unsere erlebte Wirklichkeit zum großen Teil aus Vorurteilen. Diese können, solange es möglich ist, sie durch neue Tatsachen-Feststellungen und Aufschlüsse zu berichtigen, gewissermaßen als „gesunde" Vorurteile gelten. Zu krankhaften Vorurteilen, den bevorzugten Gegenständen der Vorurteilsforschung, werden sie erst, wenn sie sich auch von zuverlässigen neuen Aufschlüssen nicht mehr erschüttern lassen, – beispielsweise, indem diese kurzerhand zu – nicht kennzeichnenden – „Ausnahmen" entwertet werden, wenn also die Meinung einen Eigenwert annimmt und daher als *solche* verteidigt wird, ohne Rücksicht auf das in ihr gemeinte Wirkliche.

Die Sonderstellung der Meinungen und Überzeugungen besteht, um es nochmals zusammenzufassen, darin, daß sie überdauernde Bestandteile dessen sind, was sich für uns als „die Wirklichkeit" darstellt. Sie haben mit den von *A. Pfänder* (1913) beschriebenen „Gesinnungen" gemein, daß sie in uns auch – und gerade – dann wirksam sind und die Art unseres Verhaltens mit bestimmen, wenn wir sie uns nicht ausdrücklich vergegenwärtigen.

Von den bisher behandelten drei *inhaltlichen* Bedeutungen der Worte „Denken" und „Gedanken" lassen sich drei funktionale Bedeutungen abheben:

4. „Denken" im vierten Sinn ist das Lösen einer Aufgabe durch die Anwendung einer Regel, mit anderen Worten durch das Operieren an Hand von Formeln oder Verfahrensvorschriften (von „Algorithmen"), etwa – um ein einfaches Beispiel zu nennen – beim Vervielfachen mit mehrstelligen Zahlen. *Von Clausewitz*, der die Eigenart dieser Weise zu denken – und die Grenzen ihrer Anwendbarkeit – als erster erkannte, wählt als Beispiel die Verwendung statischer Formeln aus einer Sammlung durch den Bauingenieur.

Der Ausdruck „operieren" deutet darauf hin, daß es sich um eine fortgesetzte planmäßige *Aktivität* des Subjekts handelt. Diese Aktivität besteht aber kennzeichnenderweise nicht aus einer unmittelbaren Auseinandersetzung mit dem Problem, nicht aus einem „Eindringen in den Sachverhalt". Zwischen dem Subjekt und dem Problem ist der „Wahrheitsapparat", wie *von Clausewitz* sagt, die Regel oder Formel eingeschaltet, das „Aufgabelösungsgerät", das wie eine Art Fremdkörper im eigenen Geist sitzt:

Man kann es korrekt anwenden, ohne im Augenblick zu wissen, *warum* es tauglich ist. Man hat es früher einmal gelernt, es vielleicht *damals* auch verstanden, aber seine Begründung inzwischen längst vergessen. Und nicht einmal das ist nötig. Man kann die Regel schon damals blindlings und ohne Prüfung ihrer Gültigkeit übernommen und eingeübt haben, im guten Glauben an die Verläßlichkeit des Lehrers oder des Rechenbuchs. Es beeinträchtigt jedoch ihre Verwendbarkeit genauso wenig, wenn sie bis eben völlig unbekannt war und nur zum Zweck einer bestimmten Berechnung aus einer Formelsammlung herausgesucht wurde.

Beispiele für solche Denkrezepte liefert neben der Mathematik auch die Rechtsprechung und die Verwaltungspraxis. An sich ist auch die alte Lehre von den Schlußfolgerungen oder Syllogismen als eine Sammlung solcher „Denkregeln" oder -rezepte gedacht gewesen. Wir bezeichnen diese wichtige und verbreitete Art des planmäßig operierenden Denkens, wie schon angedeutet, als Regeldenken oder Werkzeugdenken. Sie ist nur anwendbar, wenn das eben zu Denkende *schon früher einmal gedacht wurde,* wenn es sich also bei der neuen Aufgabe nicht um einen von Grund auf neuen, unbekannten Aufgabetypus handelt, sondern nur um einen neuen Anwendungsfall eines Aufgabetypus, mit dem sich schon irgendwer erfolgreich auseinandergesetzt und die Regel als den Ertrag dieser Auseinandersetzung hinterlassen hat, so daß man sich darüber von ihm Auskunft besorgen kann.

Eben daß man sich dabei auf die beliebig verwickelte gedankliche Vorarbeit anderer verlassen und sich dadurch unter Umständen höchst beschwerliche Umwege ersparen kann, ist der eine Vorteil des Regeldenkens. Der andere besteht darin, daß man durch sorgfältige Befolgung der Vorschriften die gesuchte Lösung *mit Sicherheit herbeiführen,* also gewissermaßen erzwingen kann. Ihre Schwäche ist, wie schon angedeutet, daß man mit ihrer Hilfe keine Regeln *finden* und ihre Brauchbarkeit nicht begründen kann. Hierzu sind andere geistige Tätigkeiten erforderlich.

5. Die fünfte Form des Denkens – wie auch die sechste dort anzuwenden, wo Aufgabelösungsregeln noch nicht zur Verfügung stehen – ist das Entdecken eines Zusammenhangs durch fortgesetztes Aufstellen, Prüfen und Verwerfen von Vermutungen (Hypothesen), – so lange, bis man eine Vermutung gefunden hat, die sich an einer so großen Anzahl von Beispielen oder Proben

bestätigt, daß sie mit hoher Wahrscheinlichkeit als allgemein gültig angesehen werden kann. Das ist das sogenannte probierende Denken, das je nach dem Zusammenhang, in dem es auftritt, verschiedene Namen trägt.

In Tierversuchen, die er 1898 veröffentlichte und in denen verständlicherweise rein praktische Aufgaben gestellt waren (wie etwa, sich aus einem verschlossenen Käfig zu befreien), nannte *Thorndike* dieses Vorgehen Trial-and-error-Methode, also wörtlich Versuch-und-Irrtums-Verfahren, sinngemäß das Lernen aus Erfolg und Mißerfolg: das Verwerfen aller erfolglosen Annahmen und Verhaltensweisen und die Beibehaltung und Einprägung derjenigen Verhaltensweisen, vermittels derer der angestrebte Erfolg erzielt wird. Als Beispiel aus dem Bereich der Erziehung nannten wir oben den Übergang vom „primären" zum „sekundären" Trotz (S. 19). Die Bezeichnung „trial and error" wurde neuerdings durch die Bezeichnung „operant" oder „instrumental" conditioning (in deutschen Fremdwörtern: operierende oder instrumentelle Konditionierung) ersetzt, durch welche der vermutete Zusammenhang mit der von *Pawlow* (1904) entdeckten und untersuchten „bedingten Reaktion" oder „zeitweiligen Verknüpfung" auch sprachlich zum Ausdruck gebracht werden soll.

Mit dem Versuch-Irrtums-Lernen in praktischen Situationen aufs engste verwandt – wenn nicht sogar in seiner Grundstruktur damit identisch – ist das in der wissenschaftlichen Forschung gebräuchliche „induktive" Denken, bei dem man aus der Tatsache, daß ein bestimmter Zusammenhang unter ähnlichen Umständen immer wieder festzustellen ist, die Vermutung ableitet, daß er in allen noch nicht untersuchten Fällen ebenfalls bestehe, also aller Wahrscheinlichkeit nach ein notwendiger Zusammenhang sei*. Doch braucht ihr gegenseitiges Verhältnis hier nicht ausführlicher erörtert zu werden. Hinsichtlich ihres *Ertrags* stimmen sie insofern überein, als man mit beiden zu der Feststellung des *Faktums* gelangen kann, *daß* ein bestimmter Zusammenhang besteht, aber nicht darüber hinaus zu seinem „Verständnis", das heißt zu der Erkenntnis, daß und warum dieser Zusammenhang

---

* Ein induktiver ‚Beweis' des pythagoreischen Lehrsatzes (S. 159 ff.) wäre es danach, wenn man in den rechtwinkligen Dreiecken das Verhältnis der Seiten a und b variierte und sich mit der Feststellung begnügte, daß die Summe der Flächen der Quadrate über a und b tatsächlich jedesmal gleich der Fläche des Quadrates über c ist, und daraus folgerte, daß dies wahrscheinlich immer so sei.

nach der Natur der Sache bestehen *muß,* daß er sachlich *notwendig* und ein anderer gar nicht möglich ist.

6. Eben dieses leistet die sechste Form des Denkens, die ihr erster Entdecker, der Jenaer Mathematiker *Erhard Weigel* (1685), als „Rechenschaft" bezeichnete, die *von Clausewitz* (1832) den „freien Blick des Geistes" nannte und für die *Wolfgang Köhler* (1917) den Ausdruck „einsichtiges Denken" eingeführt hat, während *Max Wertheimer* (1945) und *Karl Duncker* (1935) für genau denselben Sachverhalt den allgemeineren Ausdruck „produktives Denken" gebrauchen.

Inzwischen sind von Verfassern, denen die grundlegenden Untersuchungen der eben genannten Forscher offenbar unbekannt geblieben sind, mehrere weitere Ausdrücke vorgeschlagen worden. Zunächst der vornehmere Ausdruck „kreativ" (schöpferisch) statt produktiv; daneben einige Bezeichnungen, die etwas konkreter andeuten sollen, worauf es dabei – nach ihrer Meinung – ankommt. Sie sprechen von „horizontalem" oder „lateralem" im Gegensatz zum „vertikalen" Denken (worunter sie die logische Deduktion, das heißt die Ableitung einer Behauptung aus zwei oder mehreren gegebenen Vordersätzen verstehen), oder von einem „divergierenden" im Gegensatz zum „konvergierenden" Denken, wobei mit dem letzteren wiederum die logische Deduktion gemeint ist (vgl. *de Bono,* Das spielerische Denken, 1968). Auf den Sinn (und die Zweckmäßigkeit) dieser Bezeichnungen kommen wir später zurück. Hier genüge die Feststellung, daß in keinem der fraglichen Ansätze und Namen irgend etwas vorgebracht wird, was nicht schon in den diesbezüglichen Ausführungen von *Wertheimer, Köhler* und *Duncker* – um einmal die wissenschaftsgeschichtliche Abhängigkeitsfolge einzuhalten – ausdrücklich enthalten ist.

Bevor wir auf Einzelheiten eingehen, sei nochmals kurz vergleichend auf die verschiedenen Begriffe eingegangen. Es hat sich ergeben, daß sechs verschiedene Bedeutungen des Wortes Denken und ebenso viele entsprechende des Wortes Gedanken unterschieden werden müssen, drei inhaltliche, drei funktionelle. Je nach der Art des Denkens, die gerade gemeint ist, ändert sich auch die Bedeutung dessen, was man „einen Gedanken" nennt: Man kann darunter zum ersten die – unbeabsichtigte oder vorsätzliche – besondere Auffassungsweise eines Wahrnehmungsgegenstandes verstehen, zum zweiten die Bedeutung eines Wortes oder Satzes und auch einen der Einfälle in einem Assoziationsversuch oder im Tagtraum, zum dritten eine Überzeugung oder Gewißheit über Wirkliches, zum vierten einen Schritt in einer nach Regeln vollzogenen Operation, zum fünften eine der wechselnden Vermutungen, die im probierenden Denken aufeinander folgen, und zuletzt, sechstens, – im Rahmen eines einsichtigen Denkverlaufs – eine „Erleuchtung", das Aufgehen des Verständnisses, das Erfassen des Sinns oder des Prinzips eines Sachverhalts, das den Wendepunkt, den „fruchtbaren Moment" (*Copei* 1930) alles einsichtigen Denkens darstellt.

Ein Gedanke kann demnach einmal eine innere Bedingung des Wahrnehmens, einmal ein Gegenstand oder Inhalt, einmal eine Tätigkeit, einmal ein Vorgang: der Übergang vom Zweifel oder der Verwirrung zur Gewißheit sein.

Die sechs Arten des Denkens und der Gedanken treten in der Wirklichkeit in den mannigfaltigsten Verflechtungen auf: Auffassungsabsichten und willkürliche ebenso wie unwillkürliche Einstellungsänderungen zum Teil am unmittelbar in der Wahrnehmung Gegebenen, teils am Vergegenwärtigten; teils außerhalb jeder Aufgabe, etwa rein spielerisch, teils an einem ganz bestimmten Platz in einem Lösungsverlauf. Auch Vergegenwärtigungen, teils mehr oder weniger selbständig, von inneren oder äußeren Zufällen (assoziativ) geweckt, aber auch im Rahmen eines Lösungsversuches gesucht und gefunden. Aufgabelösungen nach vorgegebenen Regeln und probierendes Feststellen von Zusammenhängen, beides unter Umständen ohne jede Einsicht. Endlich einsichtige Lösung von Problemen mit und ohne probierende bzw. induktive Vorbereitung; mit und ohne Hilfsoperationen nach bewährten Regeln, mit und ohne Vergegenwärtigung augenblicklich nicht greifbarer Sachverhalte; aber allerdings nie, ohne daß sich in der Auffassung der Sache ein grundlegender Wechsel vollzieht, falls diese Art des Denkens überhaupt zu ihrem Ziel gelangt.

Was ist „produktives" Denken?

Dieser Ausdruck wird in einer weiteren und in einer engeren Bedeutung gebraucht. Es leuchtet ein, daß die Kennzeichnung produktiv (= hervorbringend) nicht auf das Haben von Inhalten, also nicht auf die ersten drei Begriffe des Denkens angewendet werden kann, sondern nur auf Denk*vorgänge*, aber wiederum nicht auf jeden beliebigen Denkvorgang, zum Beispiel nicht auf die „Gedankenflucht" des Einschlafenden oder des manisch Kranken (*Liepmann* 1904) oder des Alleinunterhalters. Es muß sich um einen Vorgang handeln, der *„weiterführt"*, bei dem etwas herauskommt, bei dem man am Schluß etwas weiß, was man zu Beginn noch nicht wußte, die „Lösung" der Aufgabe, die entweder von einem Lehrer gestellt wurde oder sich gewissermaßen selbst stellte, als irgend jemand zum Beispiel in eine Notlage geriet, aus der er sich mit gebräuchlichen Mitteln nicht heraushelfen konnte, oder sich etwas vornahm, zu dessen Durchführung es sich als notwendig erwies, neue Mittel und Wege ausfindig zu machen, oder – was nicht weniger wichtig ist – auch als irgendein „nachdenklicher" Mensch sich über etwas bisher Selbstverständliches *zu wundern begann*. Wesentlich ist, daß die neuen Erkenntnisse *nicht* durch das additive Hinzukommen neuer Tatsachen, neuer Nachrichten oder Aufschlüsse von außen, sondern durch die Denkbewegung selbst zustande kommen. Unter diesen allgemeineren Begriff der Produktivität fallen, was ohne weiteres einleuchtet, die drei funktionalen Begriffe des Denkens: 4, 5 und 6: Das Operieren nach Regeln, das probierende Vorgehen, das einsichtige Denken. Doch ist das, was man als Produktivitätsniveau bezeichnen könnte, bei diesen drei Arten des Vorgehens nicht dasselbe. Es ist am niedrigsten bei dem Operieren nach Regeln, weil dieses sich, wie schon bemerkt, nur mit Aufgaben befaßt, deren Typus schon bekannt ist, wo also der Lösungsweg selbst nicht in Frage steht. Echt produktiv – und zugleich im vollsten Sinne des Wortes selbständig – sind das probierende und das einsichtige Denken, bei denen nicht nur *eine spezielle* Lösung, sondern auch schon der Weg zu ihr, also ein Lösungsprinzip, gefunden werden muß und mit dem Finden dieser speziellen Lösung zugleich die Regel für die Lösung gleichartiger Probleme gefunden ist. Der Unterschied zwischen der fünften und sechsten Art des Vorgehens bezieht sich nicht so sehr auf die Unabhängigkeit des Denkenden von Anleitung und Vorschrift und dergleichen hinsichtlich des einzuschlagenden Weges, sondern auf seine *Abhängigkeit* von und seine „Fühlung" mit der *Problemsituation* und ihren Forderungen. Die Problemsituation beginnt bei dem probierenden Vorgehen erst im letzten Augenblick zu „sprechen", „ja" oder „nein" zu sagen zu einer Voraussage, die auf Grund einer theoretischen oder einer praktisch wichtigen Annahme („hier geht's durch") gezogen und nun an der Wirklichkeit geprüft wird. Der Nachdenkende versucht dies oder jenes, im reinen Fall, wie ein Computer, *alles* unter diesen Bedingungen überhaupt Mögliche, im übrigen blind für die Situation, bis es „schnappt", bis der Erfolg eintritt und damit die ihm zugrunde liegende Annahme gesichert, oder genauer, genügend wahrscheinlich geworden ist.

Bei dem *einsichtigen* Vorgehen besteht die „Fühlung" mit der Problemsituation vom ersten Augenblick an. Der Denkvorgang wird vom ersten bis zum letzten Schritt von ihr „geführt", „im Hinblick auf sie" ausgeführt, und, wie schon bemerkt, ist das Ergebnis die Feststellung nicht nur der *Tatsächlichkeit,* sondern darüber hinaus der *Notwendigkeit* des gesuchten Zusammenhangs, womit eine weitere, genauer gesagt, die höchste mögliche Stufe der Produktivität erreicht ist, die neuerdings als „Kreativität" herausgehoben wird.

Bei dieser Gegenüberstellung des probierenden und des einsichtigen Denkens ist aber folgendes zu beachten. Die Wahl der einen oder der anderen Weise des Vorgehens ist nicht in jedem Fall in das Belieben des Denkenden gestellt. Es gibt Problemsituationen genug, in denen er die Wahl hat, zu probieren oder mit dem Ziel des Verständnisses in den Sachverhalt einzudringen. Und es ist natürlich wenig sinnvoll, sich mit dem ersten zu begnügen, wenn das zweite ebensogut möglich ist. Aber es gibt andere Fälle, in denen die Lage etwas anderes als Probieren gar nicht gestattet. Man denke sich ein Gerät, dessen undurchsichtige Vorderwand einen schmalen waagerechten Schlitz enthält, aus dem, sagen wir, sieben Fäden heraushängen. Nach Angaben des Versuchsleiters fällt etwas Erwünschtes aus dem Kasten heraus, wenn man an einem der sieben Fäden zieht. Durch den Schlitz ist nichts zu sehen. Es bleibt nichts übrig, als aufs Geratewohl an einem der Fäden nach dem anderen zu ziehen, bis der erhoffte Erfolg eintritt, – und wenn der Versuch wiederholt wird und dabei die Fäden zugleich verschieden gefärbt sind oder verschieden gestaltete Zugringe besitzen oder dergleichen, auf dieselbe Weise weiterzuprobieren, ob der Erfolg bei der gleichen Stelle, Farbe oder Form des Rings wieder zu erzielen ist.

Das heißt: Bei *willkürlich gesetzten* oder *zufällig zustande gekommenen* und daher „sinnlosen" Zusammenhängen ist das „blinde" Probieren, bis der Erfolg eintritt, das *einzige mögliche* Vorgehen. Dasselbe gilt aber auch für „an sich" sinnvolle Zusammenhänge, wenn die beobachtbaren Daten zu zerstreut oder zu dürftig sind und wenn keine „Einsicht" (im militärischen Sinn der Einsicht in ein Gelände) bzw. kein Überblick über die Problemsituation möglich ist. Eben dies war in den Versuchen über tierische Intelligenz der Unterschied zwischen den Versuchsanordnungen von *Thorndike* (1898) und von *Wolfgang Köhler* (1917). In den ersten waren die – faktisch bestehenden – Zusammenhänge, etwa zwischen Hebel und Riegel, *für das Tier verborgen,* so daß dieses durch die Anordnung selbst gezwungen wurde, sich mit Probieren zu helfen. Und die Versuchsfrage von Köhler lautete, auf die kürzeste Formel gebracht: Wird das Tier (ein verhältnismäßig begabtes Tier) sich weiterhin mit bloßem Probieren begnügen, wird es weiterhin bei seinem Umgang mit der Problemlage warten, bis es durch den eingetretenen *Erfolg* belehrt wird, daß das, was es eben getan *hat,* zweckmäßig *gewesen ist,* oder wird es sich, wenn es vor eine in jedem Sinne *einsehbare* Problemsituation gestellt wird, – wenn auch vielleicht nicht von Anfang an, so doch jedenfalls schon *vor* dem Eintritt des Erfolgs *von dieser Situation leiten lassen?*

Die Erkenntnis, daß es von den Umständen abhängt, welche Art des Denkens Erfolg verspricht, läßt sich noch etwas erweitern und vertiefen. Alles Denken im funktionellen Sinn dient dazu, daß wir uns in der Welt besser zurechtfinden. Es gewinnt seine Rechtfertigung letztlich nur daraus, daß es uns dazu verhilft, uns mit dieser Welt im kleinen und im großen befriedigender auseinanderzusetzen, die Aufgaben, die uns darin gestellt sind, sachgerechter bzw. überhaupt zu lösen. Denken ist eine Art des Umgangs mit der Welt, die allem Handeln in ihr immer aufs neue den rechten Boden bereitet, und es setzt als solches schon eine bestimmte Art von Welt voraus *(Wertheimer).*

In einer Welt ohne gesetzmäßig aufgebaute umfassendere Ganze und gesetzmäßig geordnete übergreifende Geschehenszusammenhänge wäre keine Gelegenheit zum Gebrauch unserer Fähigkeit zum einsichtigen Denken.

In einer Welt ohne wiederkehrende Geschehenskoppelungen wäre kein probierendes Denken, keine Induktion möglich.

In einer völlig chaotischen Welt wäre alles Nachdenken, welcher Art auch immer, umsonst.

Objektive Merkmale einsichtigen Verhaltens

Daß sowohl das probierende wie das einsichtige Vorgehen in einer gegebenen Problemlage zunächst in Tierversuchen geklärt worden ist, hat zwar den Nachteil, daß man Tiere nicht fragen kann, was dabei „in ihnen vorgegangen ist"; aber es hat den Vorteil, daß der Forscher dabei gezwungen war, den Unterschied an Hand von äußerlich („objektiv") feststellbaren Merkmalen des *Verhaltens* zu beschreiben, also an Hand von Merkmalen, über deren tatsächliche Gegebenheit es keinen Streit gibt. Es gelang *Wolfgang Köhler,* in Umweg- und Werkzeugversuchen folgende Verhaltensmerkmale einsichtigen Vorgehens festzustellen:

1. Oft nach einer Periode erfolgloser Versuche, das Ziel auf dem ungangbaren unmittelbaren Weg (durch ein zu enges Gitter greifend, nach dem zu hoch hängenden Gegenstand springend und dergleichen) zu erreichen, folgt nicht etwa eine planlose Geschäftigkeit, sondern ein Augenblick des *Stillhaltens.* Was geschieht in diesem Augenblick? „Die Schimpansen ... erweisen eigens durch ihr Blicken, daß sie wirklich zunächst eine Bestandsaufnahme der Situation vornehmen; aus dieser Übersicht springt dann das ‚Lösungsverhalten' hervor" (*Köhler* [3]1963, S. 136 f.). „Nichts machte auf den Besucher so großen Eindruck wie danach (nach einigen vergeblichen Versuchen) eine Pause, in der Sultan langsam seinen Kopf kratzte und übrigens nichts bewegte als die Augen und leise den Kopf, während er die Situation ringsum auf das genaueste betrachtete" (*Köhler* [3]1963, S. 138).

2. „... der Moment, in dem eine echte Lösung einsetzt, (pflegt) im Verhalten des Tieres (oder auch des Kindes) durch eine Art Ruck scharf markiert zu sein: Der Hund stutzt" (S. 13), „plötzlich fährt ihr Schwanz ein paarmal hin und her, sie (die Hündin) springt mit einem Satz 180 Grad herum" (S. 16), „das Kind schaut um sich, plötzlich leuchtet sein Gesicht auf" usw. (S. 13).

3. Was dann kommt, die echte Lösung, verläuft – durch sein abruptes Einsetzen von dem Vorausgehenden scharf getrennt (S. 126) – *zeitlich vollkommen in sich geschlossen,* „als ein einziger Vorgang", im einfachen Umwegversuch „als ein stetiger Lauf" „in glatter Kurve" (S. 10), „ohne das mindeste Absetzen, bis zum Ziel" (S. 12). „Zugleich entspricht dieser Verlauf als Ganzes dem Aufbau der Situation, den sachlichen Beziehungen ihrer Glieder zueinander" (S. 136). Ist die Gesamthandlung stärker gegliedert,

etwa durch das Herbeischaffen von Werkzeug, so münden diese vorbereitenden Handlungen ebenfalls fließend in die Haupthandlung ein. „Der Eindruck ist zwingend, daß (im Umwegversuch) diese Kurve als Ganzes auftritt, und von vornherein als Produkt optischer Übersicht über den gesamten Situationsaufbau." (S. 136)

4. Kennzeichnend für die einsichtige Lösung einer Aufgabe ist auch, daß, nachdem sie einmal gefunden ist, in anschließenden weiteren Durchgängen keine „Rückfälle" mehr vorkommen.

Dagegen ist es bei zufällig gefundenen Lösungen die Regel, daß sich nach der ersten Lösung wieder Mißerfolge ereignen, zunächst viele, dann immer weniger, bis sie endlich ganz ausbleiben. Das ist nicht verwunderlich. Ist beim Probieren zum erstenmal eine richtige Lösung geglückt, so steht der schwierigere Teil der Aufgabe noch bevor: es bleibt – menschlich gesprochen – die Frage: Was habe ich eigentlich gemacht? Welche Teile oder besonderen Eigenschaften dessen, was ich unmittelbar zuvor getan habe, haben den Erfolg herbeigeführt? Mit welchen Eigenschaften der Gesamtlage hängt er eigentlich zusammen? – Ist dagegen die Lösung auf Einsicht gegründet, so sind in ihr alle diese Fragen im voraus beantwortet.

5. Das aus Einsicht entspringende Verhalten, das zur Lösung eines Problems führt, wird bei gewissen Abänderungen der Situation spontan „sinngemäß" so abgeändert, daß es nach wie vor seinen Zweck erfüllt. Diese „sinngemäßen" Abänderungen des Verhaltens heißen „Transponierung", im Anschluß an den Transponierungsbegriff der Musik (die *gleiche* Melodie in anderer Tonart, das heißt aus lauter *neuen* Tönen bestehend und doch dieselbe), der seit *Christian von Ehrenfels* (1890) in der gesamten Figuralwahrnehmung angewendet wird. Wird zum Beispiel ein Versuch, der ein sehr umständliches Hantieren erfordert, in spiegelbildlicher Anordnung wiederholt, so setzt sofort (ohne jede Verwirrung und ohne vorausgehende Ansätze in der früher zweckmäßig gewesenen Richtung) das spiegelbildliche Verhalten ein (S. 145). In Versuchen, wo ein an einem Seil schwingender oder kreisender Korb mit dem erwünschten Brocken nur von einem bestimmten Platz aus im Vorbeihuschen ergriffen werden kann, „macht es gar nichts aus, ob der zugängliche Punkt, dem das Pendel vorübergehend nahe kommt, in aufeinanderfolgenden Versuchen derselbe bleibt oder nicht, und ob es sich um eine Hauswand, einen Baum, ein Gerüst oder anderes mehr handelt".

Führt man Variationen dieser Art ein, so besteigt ein und dasselbe Tier nicht etwa den Punkt, wo es vorher Erfolg hatte, sondern „es klettert" – nachdem es die Bewegung eine Weile mit den Augen verfolgt hat –, „mit Sicherheit an die Stelle, die in der jeweiligen Situation die richtige ist" (S. 14 f.). Das Tier, das mit dem Gebrauch von Stöcken zum Heranholen von Gegenständen vertraut geworden ist, verwendet in deren Ermangelung jeden länglichen Gegenstand; und nachdem es erfaßt hat, daß es durch das Besteigen von Kisten sich einem hochgehängten Stück Futter nähern kann, besteigt es, falls keine Kisten bei der Hand sind, zu demselben Zweck einen offenstehenden Türflügel oder auch den Versuchsleiter, den es zuvor an der Hand zur geeignetsten Stelle hingezerrt hat.

Diese Transponierungen des Lösungsverhaltens wären nicht möglich, wenn das Tier nichts als bestimmte Bewegungen und Handgriffe oder auch den Gebrauch *spezieller* Gegenstände gelernt hätte, zum Beispiel rechts um ein Hindernis herumgehen, Kiste „als" Kiste mit allen Eigenschaften, die eine Kiste hat, Stock „als" Stock, mit allen Eigenschaften des speziellen Stockes, mit dem die Aufgabelösung zum erstenmal gelungen ist. Sie setzt zwingend voraus, daß die Tiere die ausgeübten Handlungen *und* die dabei etwa benutzten Gegenstände in ihrer *Funktion* für die Zielerreichung erfaßt haben. Sie müssen diejenigen Eigenschaften aus der Merkmalsgesamtheit herausgegriffen haben, die für die Lösung der Aufgabe wesentlich sind. Also nicht: „Rechts um das Hindernis", das im ersten Versuch tatsächlich rechts umgangen werden mußte, sondern „dort um das Hindernis, wo ein freier Durchgang ist", also zum Beispiel im zweiten Versuch *links,* obwohl man es vorher rechtsherum gelernt hat. Und nicht ein Stock, weil er aus blankpoliertem Buchenholz ist und so und soviel wiegt, sondern weil er so lang ist, daß man den Abstand, der zwischen der ausgestreckten Hand und dem erwünschten Gegenstand bleibt, damit *überbrücken* kann, und zugleich so *fest,* daß man den Gegenstand damit verschieben kann. Und eine Kiste nicht, weil sie aus ungehobelten Fichtenbrettern, viereckig und hohl ist, sondern, weil sie *hoch* ist und daher, mit der Öffnung nach der Seite oder nach dem Boden unter den erwünschten Gegenstand geschoben, dazu dienen kann, sich diesem selbst *zu nähern.*

Die Erfassung des „Funktionswertes" von Handlungsphasen und benutzten Gegenständen ist also offenbar dasjenige, was aller

Transponierung zugrunde liegt. Sie ist der Grundvorgang des einsichtigen Verhaltens. Sie ist darüber hinaus offensichtlich dasjenige, was in dem Augenblick des Stutzens und des Umschwungs vor sich geht: Beispielsweise die Entdeckung, daß eine Kiste nicht nur etwas Hohles ist, in das man etwas hineintun oder sich selbst hineinsetzen kann, sondern außerdem etwas Hohes, auf das man hinaufsteigen kann. Gerade bei dem Stock ist deutlich, daß die beiden Bestandteile des Funktionswertes dem Tiere vielfach nacheinander aufgehen. Die Länge als solche wird meistens zuerst erfaßt, aber der Gebrauch von weichen länglichen Gegenständen, mit denen man den Gegenstand nicht verschieben kann, weist darauf hin, daß der zweite Teil des Funktionswertes noch nicht erfaßt ist. Die Fähigkeit, zu transponieren, wird daher auch von *Wertheimer* (1945) zur Prüfung von Schülern verwendet, um festzustellen, ob sie beispielsweise einen Beweis oder ein Rechnungsverfahren wirklich verstanden oder sich nur seine Formulierung eingeprägt haben. Siehe unten S. 190 ff.

6. Kennzeichnend für das einsichtige Vorgehen ist das Vorkommen „guter Fehler" (*Köhler* [3]1963, S. 140 ff.). Man versteht darunter Fehler, in denen deutlich wird, daß eine Aufgabe zwar „im Prinzip gelöst" ist, daß aber die praktische Anwendung des Prinzips gewissermaßen an technischen Schwierigkeiten scheitert. Beispielsweise wird eine zu niedrige Kiste hochgehoben und gegen die Wand gedrückt. Wenn man sie an dieser Stelle anheften könnte, wäre die Aufgabe tatsächlich gelöst. Das durch die Gitterstäbe des Käfigs ragende Ende einer draußen angebundenen Schnur wird zunächst in die Richtung gezerrt, die die Schnur zum Zweck der Aufgabelösung einnehmen müßte, wobei sie natürlich an Ort und Stelle bleibt, weil der nächste Gitterstab ihre weitere Verlagerung verhindert. Unmittelbar danach greifen beide Hände durch das Gitter, um die Schnur nun draußen herum erfolgreich in die richtige Lage zu bringen. Oder weiter: Zwei für einen bestimmten Zweck zu kurze Stücke werden mit den Händen aneinander gehalten. Wenn man sie so aneinander befestigen und dann die Hände wegnehmen könnte, wäre das Poblem gelöst.

7. Auch beim einsichtigen Vorgehen spielt das „Probieren" eine Rolle. Diese Rolle ist aber von derjenigen, die es im Trial-and-error-Versuch spielt, grundsätzlich unterschieden. Bei diesem kann erst der endgültige Erfolg, und *nur* dieser, dem Probierenden sagen, daß das, was er getan *hat,* zweckmäßig war – in

einer nicht überschaubaren Situation gibt es gar keine andere Möglichkeit. Dagegen kann beim *einsichtigen* Vorgehen auch ein Probieren, *das noch längst nicht zum Ziel führt,* für den Fortgang der Lösungsbemühungen in sehr bestimmter Weise förderlich sein. Da alles „im Hinblick auf" das Ziel, genauer, in der Spannung zwischen gegenwärtiger und erstrebter Lage erfolgt, kann es bei einer versuchsweise durchgeführten Teilhandlung erkennbar werden, ob man durch sie dem Ziel näher kommt, sich von ihm entfernt, in eine Sackgasse läuft und dergleichen. Oder es kann – wie bei einem guten Fehler, etwa dem Ziehen an dem durchs Gitter ragenden Schnur-Ende, das ja ebenfalls schon klar in Richtung der erwünschten Endlage erfolgt –, deutlich werden, *warum* es so nicht geht, was noch fehlt oder berücksichtigt werden muß, und was man noch anders machen muß, um das Ziel doch zu erreichen. Beim Trial-and-error-Lernen bleibt die Bedeutung des *vergeblichen* Versuchs auf die Feststellung beschränkt: So geht's halt nicht. Hier bleibt es dunkel, *warum* es so nicht geht. Trotzdem ist auch das schon etwas, und es lohnt sich, im Gedächtnis festzuhalten, was alles im Verlauf der wechselnden Bemühungen *nicht* gegangen ist. Die *schwachen* Trial-and-error-Lerner, die man auch in Versuchen mit Menschen findet, leiden unter anderem daran, daß sie nach gar nicht langer Zeit vergessen haben, welche ihrer Teilversuche vergeblich waren, und daher wieder – oft mehrmals – auf Verfahren zurückkommen, die sich längst als zwecklos erwiesen haben.

Auch beim einsichtigen Lernen kommt es vor, daß der ganze Ertrag eines fehlgeschlagenen Versuchs die einfache Erkenntnis ist, daß es so nicht geht. Dagegen ist es beim reinen Trial-and-error-Versuch ausgeschlossen, einem Fehler speziellere Anregungen darüber zu entnehmen, wie man sein Verhalten etwa verbessern kann. Kommen solche durch einen vorausgehenden Versuch angeregte spezifische Verbesserungen vor, so ist dieser Tatsache zu entnehmen, daß tatsächlich nicht einfach nach dem Erfolgs-Mißerfolgs-Prinzip vorgegangen wurde, sondern daß gewisse Spuren von Einsicht mit am Werke waren.

8. Kennzeichnend ist für das einsichtige Vorgehen endlich das Schicksal der Aufgabelösungstätigkeit bei Wiederholung. Wird derselbe Versuch häufig unter ziemlich genau denselben Bedingungen und ohne die Zwischenschaltung andersartiger Aufgaben wiederholt, so wird das Verfahren „mechanisiert". Es findet

eine „sekundäre Selbstdressur" statt. Schließlich geht das Kernstück der einsichtigen Lösung, die genaue Berücksichtigung der besonderen Lage und die Beachtung der Funktionswerte, verloren. Solange die Situation zufällig genügend genau dieselbe bleibt, führt das Vorgehen nach wie vor zum Ziel und sieht daher, wenn man nicht genau hinschaut, immer noch einsichtig aus, wenn auch gewisse Zeichen eines „Nicht-ganz-bei-der-Sache-Seins" unverkennbar sind. Daß das Verhalten in Wirklichkeit inzwischen zu einem blinden Erledigen degeneriert ist, zeigt sich, sobald die Lage unversehens ein abweichendes Vorgehen verlangt. Das Tier tut dann blindlings weiter, was es vorher immer wieder getan hat. Nachdem es dreimal rechts um ein Hindernis gelaufen ist, läuft es weiterhin (vergeblich) nach rechts, obwohl es, „wenn es die Augen aufgemacht hätte", hätte sehen müssen, daß jetzt der Durchgang links ist. Nachdem es wochenlang Kisten geschleppt hat und darauf gestiegen ist, um hoch hängende Ziele zu erreichen, schleppt es die Kiste ans Gitter, vor dem diesmal das Ziel auf der Erde liegt, steigt hinauf und merkt erst jetzt in einer Art „späten Erwachens", daß das diesmal nur hindert, statt zu helfen.

Dies ist der sogenannte „schlechte Fehler", die „Gewöhnungstorheit" (*Köhler,* S. 140; vgl. auch unten S. 180 ff.).

Daß auch noch ein dritter Fehlertypus vorkommt, die Fehler aus einfachem *Nicht-Verstehen* einer für den Verstand des fraglichen Wesens zu schwierigen Situation, sei nur der Vollständigkeit halber bemerkt.

Was ist nun, in kurzen Worten, Einsicht? Einsichtig nennen wir – angesichts eines Problems – ein Verhalten, das sichtlich „von vornherein der Rücksicht auf Situationseigenschaften entspringt" „Nur dasjenige Verhalten von Tieren erscheint uns auch als zwingend einsichtig, das in geschlossenem glatten Verlauf von vornherein dem Situationsaufbau, der gesamten Feldgestaltung gerecht wird. Danach ist dieses Merkmal: *Entstehen der Gesamtlösung in Rücksicht auf die Feldstruktur,* als Kriterium der Einsicht anzusetzen" (*Köhler,* S. 137).

Dieser Satz läßt sich in drei Teilbestimmungen aufgliedern: Erstens: Aus der Mannigfaltigkeit der Einwirkungen auf die Sinne geht nicht etwa eine „Summe von Empfindungen", sondern eine „Situation" als strukturiertes Ganzes hervor, das den Rahmen für das Verhalten bildet. Zweitens ist die Handlung selbst ebenfalls ein strukturiertes Ganzes, in dem jeder Abschnitt eine bestimmte Funktion hat, von dem vorausgehenden Abschnitt vorbereitet und ermöglicht und aus ihm hervorgehend, und zugleich den nächstfolgenden Abschnitt vorbereitend und ermöglichend und in ihn einfließend. Drittens fügt das Handlungsganze sich sinnvoll in das Ganze des Situationsaufbaues ein.

Einsicht, vom Denkenden her gesehen

Es hat sich somit als möglich erwiesen, objektiv zu erfassen, was wir unter einer einsichtigen Aufgabelösung zu verstehen haben. Das hier Gefundene muß nun ergänzt werden durch eine Klärung des Einsichtsbegriffes von dem Einsicht gewinnenden – oder verfehlenden – Subjekt her. Denn um zum einsichtigen Umgang mit Problemen anzuleiten, genügt die Kenntnis seiner *objektiven* Merkmale nicht. Wir müssen wissen, was in jenem, offenbar entscheidenden, Augenblick vor sich geht, wo das vor einem Problem stehende Wesen stutzt, plötzlich vergnügt lacht (oder mit dem Schwanze wedelt) und mit einem Ruck in die zügige Lösungsarbeit übergeht. Es ist offenbar derselbe Augenblick, den *Copei* (1930) den „fruchtbaren Moment" nennt, aber ebenfalls, ohne zu beschreiben, was tatsächlich in ihm vorgeht, abgesehen von dem Hinweis, daß es zweifellos der Übergang zur Einsicht ist. Ich will die Antwort auf die Frage, was hier vor sich geht, zu entwickeln versuchen, indem ich die unmittelbare Auseinandersetzung mit einem Problem seiner Lösung vermittels des Werkzeugs einer Regel gegenüberstelle.

Was die Aneignung und Anwendung von Regeln ist, das wissen wir alle einigermaßen, obwohl es auch hierbei noch genug unbeantwortete Fragen gibt (vgl. O. *Selz* 1913, 1922).

Aber was ist nun die „unmittelbare Auseinandersetzung mit einem Problem"; was heißt es, „in einen Sachverhalt einzudringen", in ein Problem wirklich einzusteigen? Wie sieht so etwas aus? Ich will nun versuchen, zunächst an einem einzigen bescheidenen Beispiel aus dem Rechenunterricht den Unterschied deutlichzumachen, der zwischen dem Gebrauch eines gewissermaßen geliehenen Denkgeräts – das bei allem Nutzen, den es uns bringt, in unserem Geist ein Fremdkörper bleibt – und dem unmittelbaren Einsatz des eigenen Erkenntnisvermögens oder, wie man im Alltag gern sagt, des eigenen Kopfes besteht.

Wenn ich kein sprachliches Beispiel wähle, so nicht aus einer einseitigen Vorliebe für Mathematik, sondern weil die Verhältnisse – und damit auch die Gegenüberstellungen, auf die es hier ankommt – dort einfacher und übersichtlicher sind, unter anderem, weil die Verflechtung mit Gestaltungsproblemen der sprachlichen Darstellung dort – im Gegensatz zu den geisteswissenschaftlichen Fächern – nur eine verschwindende Rolle spielt.

Ein zweiter Grund für diese Wahl ist freilich die Tatsache, daß zur Zeit die Lehrer der Mathematik ebenso wie die der Physik auf ihre Aufgabe, Verständnis zu wecken und dadurch auch zur *allgemeinen* geistigen Bildung beizutragen, überhaupt nicht vorbereitet werden.

Seit ich Vorlesungen über das Denken halte – das sind über 40 Jahre –, stelle ich eines Tages die Frage: „Wer weiß noch, wie man durch Brüche dividiert?" – Auf diese Frage melden sich in der Regel so gut wie alle, und Stichproben bestätigen, daß es keine Selbsttäuschung ist: man weiß wirklich noch, wie man durch Brüche dividiert. Man vertauscht im Divisor Zähler und Nenner und multipliziert Zähler mit Zähler und Nenner mit Nenner. Diese Regel, die in den ersten Jahren der Oberschule gelehrt wird, hat irgend etwas Verblüffendes an sich; damit hängt es wohl zusammen, daß sie zu denjenigen Restbeständen des Schulunterrichts gehört, die die Reifeprüfung zu überdauern pflegen.

Nun kommt die zweite Frage: *Warum* geht man so vor? Warum stellt man den Bruch auf den Kopf? Wenn es zwei Brüche sind, warum gerade den Divisor? Und dann: warum addiert man nicht? – Alles schweigt betreten. In meiner ganzen Laufbahn als Hochschullehrer meldete sich (wenn man von einigen Mathematikern und in der Rechenmethodik ausgebildeten Lehrern absieht) ein einziger Student, der klar und überzeugend den Sinn dieser Regel zu erläutern vermochte. Alle anderen hatten sich damit abgefunden, als lebende Rechenmaschinen im Bedarfsfall auch das Teilen durch Brüche richtig durchführen zu können, und begnügten sich mit der Erklärung, daß sie es eben so gelernt hätten und daß sie keinen Grund hätten, an der Richtigkeit dessen zu zweifeln, was in der Schule gelehrt wird.

Nun folgte die Aufforderung, sich als denkende Menschen mit diesem Zustand nicht länger zufrieden zu geben, sondern noch einmal von vorn anzufangen, so als ob die Regel eben erst gefunden werden müßte. Aber sie führte nicht weit. Als erschrekkend häufig erwies sich die Neigung, aufzugeben, bevor man recht angefangen hat: die verzagte Einstellung „das kann ich nicht", „ich habe nie ein Verhältnis zur Mathematik gehabt". Aber auch wo man versuchte, das Problem anzupacken, war die Neigung groß, sich mit vagen Analogien an Stelle von zwingenden Ableitungen zu begnügen.

(Diese Ängstlichkeit und geistige Genügsamkeit müssen, nebenbei, als zwei der bedauerlichsten Folgen unseres Schulbetriebes festgehalten werden.)

Die Überlegung ging dann etwa so vor sich: Was es bedeutet, zum Beispiel einen Apfel in acht oder vier oder auch zwei Teile zu zerschneiden, ist klar. Auch was die „Teilung durch eins" bedeutet, ist noch einzusehen: nämlich die Aufforderung, einen einzigen Teil daraus zu machen, mit anderen Worten, ihn einfach ganz zu lassen. Aber was soll es heißen, daß wir ihn in eine Anzahl von Teilen zerschneiden sollen, die kleiner als eins ist? So etwas gibt es gar nicht. Es ist ein Widerspruch in sich. Daß es ein Widerspruch ist, wurde gelegentlich erläutert durch das Paradox jedes Teilens durch einen echten Bruch, wie es sich bei der Befolgung der bekannten Regel ergibt: Man hat ein Ganzes, man zerlegt es in Teile, und jeder der Teile, die bei der Rechnung herauskommen, ist größer als das Ganze. Es bestand die Neigung, diese Regel als eine Art Spielregel zu betrachten, sie wie die Regeln des Umgangs mit imaginären Zahlen nach Analogie zu verstehen, etwa durch folgenden Gedankengang: Vier ist kleiner als acht, aber Viertel sind größer als Achtel; zwei ist kleiner als vier, aber Halbe („Zweitel") sind größer als Viertel. Je kleiner der Wert des Teilers, um so größer der Wert des Quotienten. Wird der Teiler kleiner als eins, so bleibt dem Quotienten gewissermaßen gar nichts übrig als entsprechend über eins zu wachsen. (Einer meiner Studenten versicherte, man habe ihm in der Schule das Dividieren durch Brüche auf diese Weise verständlich zu machen versucht; ob seine Versicherung den Tatsachen entspricht, muß dahingestellt bleiben.)

An dieser Stelle blieb man endgültig stecken. Erst die Aufforderung, einen Schritt zurückzugehen und sich die Natur des Dividierens neu zu klären, das heißt, sich in der durch die Teilungs-

Aufgabe gegebenen Situation umzusehen, wie der Schimpanse sich umschaut, bevor er an die Lösung einer Werkzeugaufgabe geht, brachte wieder Leben in den Hörsaal. Es wurde geklärt, daß dabei ein *Ganzes* beteiligt ist, und eine Zahl, die seine Größe angibt. Daß *Teile* dieses Ganzen vorkommen, und zwar stets lauter *gleiche* Teile; und weitere Zahlen, von denen die eine die *Anzahl* dieser Teile angibt, die andere ihre *Größe*. Und es erhob sich die Frage, welche der beiden restlichen Zahlen, die nach der Lösung in der Formel enthalten sind, nun eigentlich die Anzahl und welche die Größe angibt. Hier ergab sich nun zunächst – völlig neu! – eine Erkenntnis, die unmittelbar nach der Einführung des Dividierens im vierten Schuljahr wieder vergessen worden war, da man sie, um Divisionsaufgaben nach der gelernten Regel schnell und richtig auszurechnen, nicht nötig hat: die Erkenntnis, daß jede Divisionsaufgabe (mindestens) *zweideutig* ist:

Der Divisor gibt *einmal* die *Anzahl* der geforderten gleichen Teile an, und zu suchen ist ihre *Größe*.

Der Divisor kann aber ebenso gut die *Größe* der geforderten gleichen Teile angeben; zu suchen ist dann ihre *Anzahl*.

(Der Gerechtigkeit halber muß gesagt werden, daß in vielen Rechenbüchern der Grundschule auf den Unterschied zwischen dem „Teilen" und dem „Enthaltensein" hingewiesen und daß das Zweite sogar oft durch ein abweichendes Divisionszeichen gekennzeichnet wird. Ob der Gebrauch zweier verschiedener Zeichen an Stelle der Klärung der Stelle von Größe und Zahl zweckmäßig ist, sei hier dahingestellt. Auch unser Lehrer machte uns vor etwas über 60 Jahren darauf aufmerksam. Aber leider machte der Mathematiklehrer auf dem Gymnasium bei der Behandlung des Bruchrechnens davon keinen Gebrauch, sondern lehrte uns die Regel und ließ sie uns einprägen und anwenden. Wie das Verhalten der Studenten zeigte, hatte sich das vor einigen Jahren, als ich meine letzte Vorlesung über die Psychologie des Denkens hielt, noch nicht geändert.)

Es folgt die weitere Erkenntnis, daß man, völlig sinnloserweise, sich auf die erste strukturelle Auslegung der Divisionsaufgabe festgelegt hatte: auf die Meinung, der Divisor *könne nur* eine Anzahl bedeuten, von der aus auf das Problem des Teilens durch Zahlen kleiner als eins keinerlei Licht fallen kann. Es folgt der Versuch, nur probeweise einmal den Divisor als *Größen*-Angabe zu verstehen, und im selben Augenblick fällt einem ohne jede weitere Anstrengung die *Einsicht* in die *Notwendigkeit* der Divisionsregel in den Schoß: Werden die *Teile* kleiner, so *müssen* es zugleich *mehr* werden; werden sie kleiner als eins, so tritt keinerlei neue Schwierigkeit auf; wenn in einem Ganzen aus, sagen wir, fünf Einheiten, die Einheit fünfmal enthalten ist, so *muß*, das *sieht* man, ein Siebentel der Einheit siebenmal so oft, also fünfunddreißigmal darin enthalten sein, und $^2/_7$, da doppelt so groß, nur halb so oft, usw.

Das ist die Regel des Dividierens durch Brüche.

In dem Augenblick, wo von der Auffassung des Divisors als Angabe der *Größe* der Teile her die *Notwendigkeit* dieser Regel *gesehen* wird, liegt alles so klar auf der Hand und wirkt so selbstverständlich, daß man nicht mehr verstehen kann, wie man vorher dafür so blind sein konnte. Der Ausdruck „Brett vor dem Kopf" wird als treffende Kennzeichnung des vorausgehenden Zustandes erlebt. Und Äußerungen wie „es fiel mir wie Schuppen von den Augen" beschreiben nicht weniger treffend das Erlebnis dieses „fruchtbaren Moments", dieser Wendung, die zweifellos zusammenfällt mit dem Augenblick des Stutzens, des Aufleuchtens der Augen, der plötzlichen Wendung zum sinngemäßen Verhalten, wie es *W. Köhler* beschreibt. Das Erlebnis beim Aufgehen der Einsicht hat inzwischen den Namen „Aha-Erlebnis" erhalten *(K. Bühler)*. Der Ausdruck ist jedoch zu eng. Denn wird man von einer Einsicht überrascht, die man ganz und gar nicht erwartet hat, so müßte man richtiger „Ach-so-Erlebnis" sagen, und wenn das, was sich ergibt, trotz gegenteiliger Meinungen mit Sicherheit erwartet wurde, träfe noch besser die Bezeichnung „Na-also-Erlebnis" zu. Aber wichtiger als alle Benennungen ist die Sache selbst, die sich im fruchtbaren Augenblick abspielt, und diejenige, die dabei herauskommt. Sie bleibt noch zu klären, indem wir an unserem Beispiel die Ausgangslage und die Endlage im einzelnen miteinander vergleichen.

Die Divisionsaufgabe, als Ganze betrachtet, besteht aus fünf Zeichen:

Das *erste* ist der Dividend, das *Ganze*, das geteilt werden soll.

Das *zweite* ist das Divisionszeichen, das angibt, *welche Operation* an dem Ganzen durchgeführt werden soll.

Das *dritte* ist der Divisor; er ist, wie wir gesehen haben, nicht eindeutig. Aber gehen wir von der geistigen Lage der Vorlesungsteilnehmer aus, so gab für sie der Divisor *eindeutig* und unbezweifelbar die *Anzahl* der gleichen Teile an, in die das Ganze zerlegt werden soll.

Das *vierte*, das Gleichheitszeichen weist auf die Lösung hin bzw. kennzeichnet die letzte Zahl als Lösung: genauer, es kennzeichnet die quantitative Identität der nachfolgenden Zahl mit der vorausgehenden Formel. Dieses Zeichen braucht hier nicht weiter erörtert zu werden.

Dagegen wieder das *fünfte* Zeichen, die Lösung der Aufgabe, der Quotient. Seine funktionale Bedeutung ist durch diejenige des Divisors bestimmt. Gibt dieser die *Anzahl* der gesuchten gleichen Teile an, so *kann* der Quotient nur deren – zunächst unbekannte und daher zu berechnende – *Größe* angeben.

Dies war die Struktur der Aufgabe zu *Beginn* der Überlegungen. Der Übergang zur Lösung des Problems bestand nun in einer *einfachen Umstrukturierung der Aufgabe:* Nachdem die Zweideutigkeit des Divisors erkannt war, wurden *die Funktionen* von Divisor und Quotient in dem Ganzen der Aufgabe *vertauscht*. Der Divisor übernahm die bisherige Funktion des Quotienten, nämlich die Größe der gesuchten gleichen Teile anzugeben, und zugleich übernahm der Quotient die bisherige Funktion des Divisors, nämlich die gesuchte Anzahl der gleichen Teile anzugeben. Diese Umstrukturierung erfolgte sub specie eines Problems, das heißt *im Hinblick auf* das Bestreben, den Sinn der bisher brav hingenommenen Regel der Division durch Brüche zu erfassen, ihre Notwendigkeit zu verstehen. Die Umstrukturierung war nötig, weil man ohne sie in Sinnlosigkeiten geriet: Anzahlen, die kleiner sind als eins, was man sich durch gewisse Umdeutungskünste noch einleuchtend machen könnte; aber zugleich *Teile*, die *größer* sind als das Ganze, wobei alles Umdeuten zu Ende ist; und tatsächlich lag diese Notwendigkeit in dem Augenblick, wo der Divisor als *Größen*angabe aufgefaßt wurde, auf der Hand, und die zuvor unvermeidlich erscheinenden Sinnlosigkeiten waren in Nichts aufgelöst.

Überall, wo bisher Unverständliches verstanden wird, wo auf Blindheit, Nebel und Verwirrung Einsicht folgt, finden an dem Gegenstand des Nachdenkens, an der „Problemsituation" solche Umstrukturierungen statt (*Wertheimer* 1920, 1957). Der Austausch von Funktionen ist nur ein Sonderfall. Es gibt eine ganze

Reihe von Möglichkeiten der Umstrukturierung, die noch im einzelnen besprochen werden sollen.

Die Umstrukturierung – das wird nicht in allen Darstellungen genügend klar – *ist nicht selbst die Einsicht,* sie ist aber überall dort ihre unerläßliche Voraussetzung, wo, wie in unserem Beispiel, die Ausgangslage nicht im Sinne der gesuchten Lösung strukturiert ist.

Das muß nicht so sein: Hätte sich in der Vorlesung ein Hörer befunden, der *von vornherein* den Divisor als eine *Größen*angabe aufgefaßt hätte, so wäre ihm die Notwendigkeit der Regel ebenfalls von vornherein einsichtig gewesen, eine Umwandlung der Situation hätte sich für *ihn* erübrigt. Er hätte sich gemeldet und seine Ausführungen über das, was allen anderen völlig unklar war, mit den Worten eingeleitet: „Das ist doch klar . . . !"

Es gibt Sachverhalte, deren Struktur so einfach ist, daß sie jedem Menschen, der (meist in der frühen Kindheit) das von *Piaget* (1947; 1948) entdeckte Stadium der allgemeinen Veränderlichkeit hinter sich gelassen hat, unmittelbar einsichtig sind: Zum Beispiel, wenn C in B ist und B in A, so ist C auch in A. Das sieht man einfach, und man sieht zugleich, daß man niemals befürchten

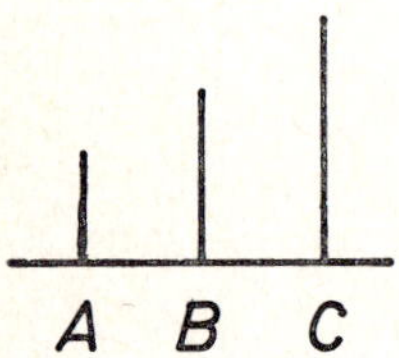

Abb. 1 a

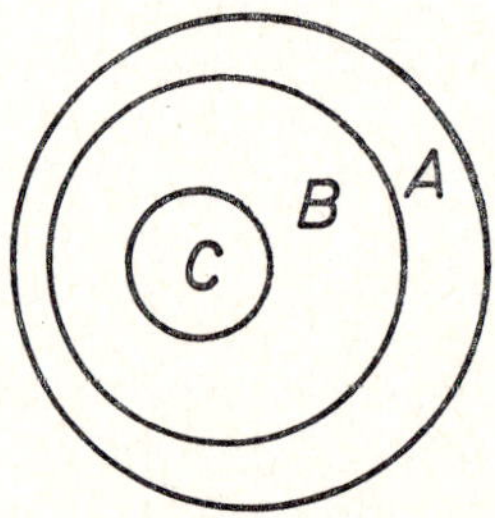

Abb. 1 b

muß, es könne ausnahmsweise auch einmal anders sein. Ähnlich verhält es sich bei den Sätzen: Wenn C = B und B = A, so ist C = A; oder wenn C größer ist als B und B größer ist als A, so ist auch C größer als A; das gleiche umgekehrt mit ‚kleiner' (Abb. 1a, b). Weiter: Wenn B aus A und C aus B folgt (davon abhängt, verursacht ist, usw.), so folgt, daß C auch von A abhängt usw. Es ist kein Wunder, daß man solche „selbstverständlichen"

Einsichten, also Einsichten, denen keine Umstrukturierungen vorausgehen müssen, da sie unmittelbar „abgelesen“ werden können, aller strengen logischen Argumentation zugrunde legt. Jeder, der seinen Zuhörer *zwingen* will, seiner eigenen Einsicht in verwickeltere Zusammenhänge zu folgen, zerlegt seinen Gedankengang in Schrittchen, derart, daß in jedem davon diese unentrinnbare Elementar-Einsicht zum Zuge kommt.

Nach diesem notwendigen Hinweis kehren wir zur Frage der einsicht-vermittelnden *Umstrukturierung* zurück. In unserem einleitenden Beispiel bestand sie (s. o.) aus einem *Austausch der Funktionen* zwischen zwei verschiedenen Gliedern einer Formel. Ich übernehme die nächsten weiteren Beispiele neueren Veröffentlichungen über das produktive oder kreative Denken, wo sie aber, von *Wertheimer* und seinen unmittelbaren Mitarbeitern und Schülern abgesehen, nirgends auf das Wesentliche an dem entscheidenden Vorgang ernsthaft befragt sind.

Was geschieht in dem Grundbeispiel von *de Bono* (1968): der Geschichte von der klugen Tochter eines hoffnungslos verschuldeten Vaters? Der Gläubiger erklärt eines Tages dem Vater: Ich sehe ein, daß Sie im Augenblick in großer Verlegenheit sind, könnte Ihnen aber vielleicht helfen. Ich würde gern Ihre Tochter heiraten und mache daher folgenden Vorschlag: Ich lege in diesen Beutel zwei Kieselsteine, einen schwarzen und einen weißen. Zieht Ihre Tochter den weißen, so sind Ihnen Ihre Schulden erlassen und Ihre Tochter ist frei; zieht sie den schwarzen, so sind Ihnen die Schulden ebenfalls erlassen, aber Ihre Tochter wird meine Frau; weigert sie sich, das Spiel mitzumachen, so kommen Sie in den Schuldturm und Ihre Tochter ins Elend. Die Tochter erklärt sich bereit, der Gläubiger bückt sich, um von dem kiesbestreuten Gartenweg, auf dem das Gespräch stattgefunden hat, zwei Steinchen aufzuheben. Die Tochter verfolgt sein Tun mit Luchsaugen, und es entgeht ihr nicht, daß er *zwei schwarze* Steinchen aufhebt und in den Beutel steckt. Ihre Lage ist schwierig; lehnt sie ab, so ist möglicherweise alles verloren; macht sie ihren Gegenspieler auf seinen Betrug aufmerksam, so verliert er sein Gesicht. Außerdem stehen bei einer Wiederholung des Spieles die Aussichten, zu gewinnen, nur auf fünfzig zu fünfzig. Wäre es möglich, die entstandene Lage so auszunutzen, daß die Aussichten Hundert zu Null wären? Das heißt, daß der Gläubiger selbst in die Grube fällt, die er ihr gegraben hat? – Das ist tatsächlich möglich, und zwar durch eine *Umstrukturierung der Aufgabe,* die man sinngemäß als *Schwerpunktverlagerung* oder *Umzentrierung* bezeichnet: Nach der ursprünglichen Fassung der Aufgabe kam es auf die Farbe desjenigen Steines an, der *herausgezogen und vorgezeigt* wird. Auf ihm liegt der Schwerpunkt des Geschehens, durch ihn erfolgt die Entscheidung. Nach Lage der Dinge *darf* es nunmehr bei der Durchführung der Aufgabe auf den *gezogenen* Stein *nicht* mehr ankommen, da er, wie sie auch wählt, schwarz wäre. Es muß dafür gesorgt werden, daß die Entscheidung von demjenigen Stein abhängig wird, der in dem Beutel *zurückbleibt,* denn dieser ist, wie sie auch wählt, schwarz. Das heißt, der Schwerpunkt des ganzen Vorganges, die Maßgeblichkeit für die Entscheidung, rückt von dem gezogenen auf den zurückbleibenden Stein. Es kommt jetzt – *zweiter* Schritt der Überlegung – darauf an, den *gezogenen* Stein *verschwinden* zu lassen, damit für die Entscheidung wirklich nur noch der zurückbleibende zur Verfügung steht. Hätte das Spiel auf einem Parkett stattgefunden, so wäre guter Rat teuer gewesen. Man stand aber glücklicherweise auf einem Kiesweg. Sie zieht also einen Stein heraus ... „Ach herrje – jetzt habe ich ihn fallen lassen! ... ach, schadet ja gar nichts, wir brauchen nur nachzusehen, welcher Stein noch drin ist!" Er wird herausgenommen – er ist schwarz, also *muß* der andere weiß gewesen sein, und sie hat gewonnen. Ihr Gegner hat allen Grund zu schweigen. Wer will gern als Betrüger dastehen?

In den Bezeichnungsweisen von *Guilford* und *de Bono,* nach welchen das Denken des Mädchens „divergent" oder „horizontal" sein soll, ist nur – sehr versteckt – angedeutet, daß die kluge junge Dame sich für ihren Schachzug gewisse Eigenschaften der *Gesamtlage* – den Kiesweg als Versteck für den gezogenen Stein – zunutze gemacht hat, daß ihr Blick also *nicht* auf die in der Verabredung ausdrücklich genannten Gegenstände (Beutel und Steinchen) eingeengt geblieben ist. Was in ihrem Köpfchen *eigentlich* vorgegangen ist, eben die *Umzentrierung,* als Sonderfall einer ihrer Absicht entsprechenden *Umstrukturierung* der Aufgabe, bleibt bei dieser Kennzeichnung des Denkvorganges unberücksichtigt. Trotzdem muß man *de Bono* zugeben, daß er offenbar – ohne *Max Wertheimers* Arbeiten von 1920 und 1945 und diejenigen *Dunckers* von 1935 zu kennen – allgemein die Bedeutung der Umstrukturierung für das produktive Denken erkannt hat; denn zur Einübung dieses Denkens schlägt er seinen

Lesern im wesentlichen Aufgaben vor, in denen er von ihnen verlangt, ein gegebenes Gebilde auf möglichst viele verschiedene Weisen „aufzufassen".

Auch das Beispiel produktiven Denkens, das *N. R. F. Maier* (1930) anführt, erfordert, um seine Absicht zu erfüllen, eine viel eingehendere Erhellung der – zum großen Teil miteinander zusammenhängenden – strukturellen Änderungen, durch welche die Lösung möglich wird.

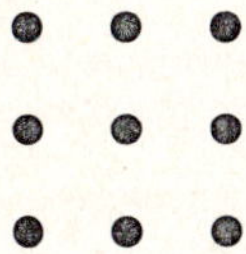

Aufgabe: Es sollen durch die obenstehende Neun-Punkte-Figur in *einem* Zug *vier* gerade Linien gelegt werden, so, daß sämtliche Punkte mindestens einmal von dem Linienzug berührt werden. Man versuche es vor dem Weiterlesen und wird bemerken, daß, damit die Lösung möglich wird, eine ganze Reihe von Aufbau-Eigenschaften der Punktgruppe sich ändern muß:

1. Der *Schwerpunkt* des Gebildes, der „natürlicherweise" in dem *Mittelpunkt,* unter Umständen auch in der *Grundlinie* oder in der senkrechten *Mittellinie* liegt, muß sich in einen der Eckpunkte verlagern: ein neuer Fall von *Umzentrierung.*

2. Im Zusammenhang damit entsteht aus einem Gebilde mit *zwei* einander annähernd gleichgewichtigen *Hauptachsen:* senkrecht und waagerecht, und zwei ebenfalls einander gleichwertigen Nebenachsen: links- und rechtsschräg, ein Gebilde mit *einer schrägen* Hauptachse, während sämtliche übrigen früher bedeutsamen Erstreckungen ihren Achsen-Charakter verlieren, und zwar am gründlichsten die Senkrechte und die Waagerechte: ein Fall von *Achsenwechsel.*

3. Im Gegensatz zur normalen Auffassung sind die beiden Enden der neuen Hauptachse nun nicht mehr gleichwertig; die Achse *„liegt"* nicht einfach schräg im Raum, sondern sie „strebt" gewissermaßen, zum Beispiel von rechts oben nach links unten (oder umgekehrt).

4. Zugleich ist das Gebilde umgegliedert bzw. anders aufgebaut als zuvor. Während es vorher zum Beispiel aus drei senkrechten

oder waagerechten parallelen Untergruppen oder aus den vier Teilen der Umfassung plus Mittelpunkt bestand, ist es jetzt in ein Bündel aus drei Strahlen mit einer Querverbindung gegliedert.

5. Der Figur-Bereich, der, ohne daß so etwas in der Aufgabe ausgesprochen war, sich ganz von selbst durch die geradlinigen Verbindungen der äußersten Punkte begrenzte, *muß* an den beiden „Flügeln" erweitert werden. Diese *„Bereichs-Erweiterung"* ist sogar das schwerste Hindernis für die Lösung.

Wenn wir die Punkte in 3 waagerechten Reihen als abc, def, ghi bezeichnen, lautet eine von acht möglichen Lösungen:

Erster Strich a c und so weit *über c hinaus,* daß ein gerader Strich durch f und h möglich wird, von dessen Ende ein dritter gerader Strich durch g nach a gezogen werden kann. Der vierte Strich geht von a nach i.

Es folgt ein Beispiel einer „fruchtbaren" Umgliederung *(Wertheimer* 1957, Seite 90), die zwar die Lösung einer Aufgabe nicht erst *ermöglicht,* aber sie ungemein *vereinfacht.* Gelernt sei die Berechnung der Trapezfläche: $f = \frac{a + b}{2} \cdot h$. Zu berechnen sei die Gesamtfläche eines *Rahmens* aus den vier Trapezen mit den parallelen Seiten a b und c d.

Abb. 2

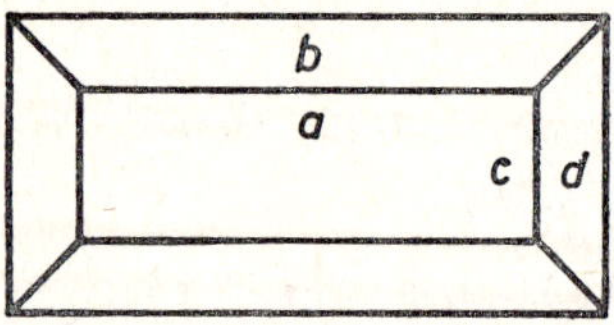

Wie die Aufgabe gestellt ist, ist die gesuchte Fläche die *„Summe der Flächen der vier Trapeze".* Da die Höhe h selber jedesmal die Hälfte des Unterschieds zwischen den beiden anderen Seiten ist, errechnet sich der Gesamtinhalt der vier Trapeze aus folgender Formel:

$$2\,\frac{a+b}{2} \cdot \frac{d-c}{2} + 2\,\frac{c+d}{2} \cdot \frac{b-a}{2}.$$

Es geht aber auch einfacher. Wenn man das Rechteck a c als „Loch" in der Rechtecksfläche b d auffaßt, ist die gesuchte Fläche des Rahmens *die Differenz der beiden Rechtecksflächen,* also

$$bd - ac$$

(Aufgaben solcher Art sind nicht unbedingt an den Haaren hergezogen; sie können im Unterricht eine bedeutsame Rolle spielen; siehe unten S. 194.)

Es gibt Berechnungen, für die wir damals in der Schule eine Regel gelernt haben, die man aber nicht nur ebensogut, sondern sogar besser durch Überlegen, das heißt durch unmittelbare Auseinandersetzung mit dem Sachverhalt, lösen kann. Dazu gehört unter anderem der Dreisatz (die „Regeldetri").

Erstes Beispiel: $6^1/_2$ Pfund Äpfel kosten 13,– DM; wieviel DM kosten 15 Pfund? – Hier zieht man in der Rechenstunde zunächst einen Bruchstrich, schreibt darüber zuerst 13,–, darunter 6,5 und wieder darüber 15,–, kürzt, rechnet aus und erhält 30,– DM. Soviel kosten 15 Pfund, denn die Regel ist richtig.

Dann kommt die zweite Aufgabe: Für 5 Personen reicht der Reiseproviant noch 21 Tage; wie lange reicht er für 15 Personen? Wieder wird der Bruchstrich gezogen, 21 darüber geschrieben, 5 darunter, 15 darüber, ausgerechnet, und siehe da, für dreimal soviel Personen reicht der Vorrat dreimal solange. Das kann natürlich nicht stimmen, und *aus diesem Grund* (nicht etwa, weil es dafür auch eine Regel gibt; ich habe alte Volksschullehrer gefragt, sie kannten keine!), versucht man es umgekehrt, fängt wieder mit 21 über dem Bruchstrich an, setzt aber diesmal die 15 darunter und die 5 darüber; es kommt 7 heraus, und das klingt etwas einleuchtender. Man braucht aber – auch wenn die Zahlen viel undurchsichtiger sind als hier – gar keine Dreisatzregel, sondern nur sein Köpfchen, mit dem man sich mit der Lage vertraut macht.

Aufgabe 1: Um den Preis für *irgendeine* Menge ausrechnen zu können, *brauche ich den Preis für die Einheitsmenge.* Da ich weiß, daß $6^1/_2$mal die Einheitsmenge 13,– DM kosten, brauche ich nur 13,– durch $6^1/_2$ zu teilen und weiß, das Pfund kostet 2,– DM. Damit multipliziere ich dann die neue Menge, und habe ihren Preis.

Bei Aufgabe 2 ist das ganz anders: Um zu wissen, wieviel Tage mein Vorrat für eine veränderte Anzahl von Personen reicht, muß ich meinen *Gesamtvorrat neu verteilen;* ich muß also wissen, *wieviel Tagesrationen* ich *insgesamt* habe. Wenn ich 5 Personen noch 21 Tage verpflegen kann, habe ich offenbar noch $21 \times 5 = 105$ Tagesrationen. Und wenn ich von dieser Menge 15 Personen verpflegen muß, so reicht er noch $105 : 15 = 7$ Tage lang; ich erreiche diese Lösung ohne sinnlosen Umweg.

Rechne ich nach der gelernten Regel, so erkenne ich erst aus dem unsinnigen Ergebnis, daß ich falsch gerechnet habe. Gebrauche ich meinen Kopf, so merke ich sofort, daß ich bei der ersten Aufgabe den Weg *über die Einheit* gehen muß, bei der zweiten aber den Weg *über die Gesamtheit.*

Regeln dieser Art sind also eher geeignet, den Umgang mit Mengen zu stören, als ihn zu fördern. Man sollte bei den Lehrplänen daraus die Folgerung ziehen.

Ein klarer und folgenreicher Fall einer *Umgliederung* – die freilich mit einer *Umzentrierung* verbunden ist – ist die Entdeckung der Formel für die vereinfachte Berechnung der Summe einer arithmetischen Reihe durch den jungen *Gauß,* die *Wertheimer* (1957, Seite 104–143) ausführlich behandelt: im einfachsten Fall

$$(1 + n) \cdot \frac{n}{2}.$$

Was muß mit der Reihe geschehen, damit diese Lösung „auffindbar" wird? – Es gibt für sie verschiedene Arten der Umstrukturierung, die zum gleichen Ziel führen. Die Ausgangslage ist für alle dieselbe. Es ist die Auffassung, bei welcher die ganze Reihe *am ersten Glied* „hängt". Dabei sieht die Berechnung der Summe etwa folgendermaßen aus:

$$
\begin{array}{l}
1 \\
(1) + 2 \\
(1 + 2) + 3 \\
(1 + 2 + 3) + 4 \\
(1 + 2 + 3 + 4) + 5 \text{ usf.}
\end{array}
$$

Bei dieser Auffassung ist die Lösung nur durch fortgesetztes Hinzufügen des jeweils nächsten Gliedes zur Summe der vorausgehenden möglich.

Nach der Umgliederung, die dem jungen Gauß gelang, besteht die Reihe *aus Paaren,* die symmetrisch *um die Mitte der Reihe* (als neues Zentrum) angeordnet sind, also einander einschließen:

$$1 + 2 + 3 + 4 + 5 + 6 + 7 + 8 + 9 + 10$$

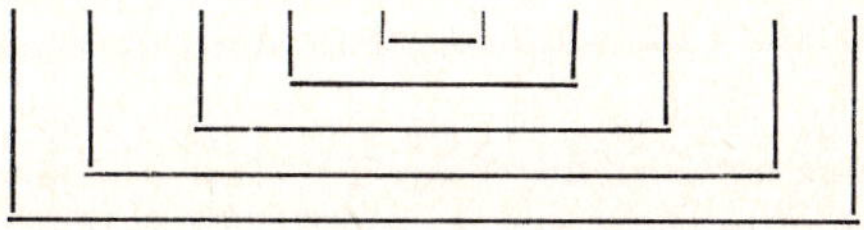

Die Paare haben alle dieselbe Größe (1+10), und es kann daher das viel kürzere Verfahren der Multiplikation (da es Paare sind, mit $\frac{n}{2}$) auf sie angewendet werden: $5 \cdot 11 = 55$.

Dasselbe wie für Rechenregeln gilt für den Beweis von Lehrsätzen der Geometrie. Als Beispiel sei der beliebte pythagoreische Lehrsatz gewählt. An ihm hat *Schopenhauer* als erster zu zeigen versucht, was in der Geometrie unter Einsicht zu verstehen sei; vgl. Abb. 3 a–c.

Er zeichnet ein gleichschenkliges rechtwinkliges Dreieck Abb. 3 a.

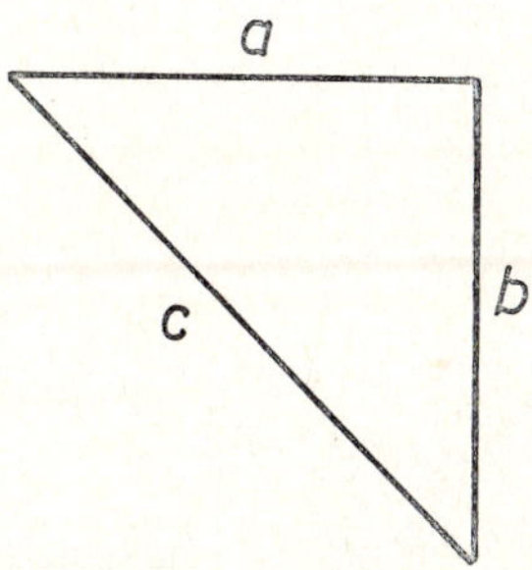

Abb. 3 a

Er setzt die Quadrate auf die Katheten Abb. 3 b.

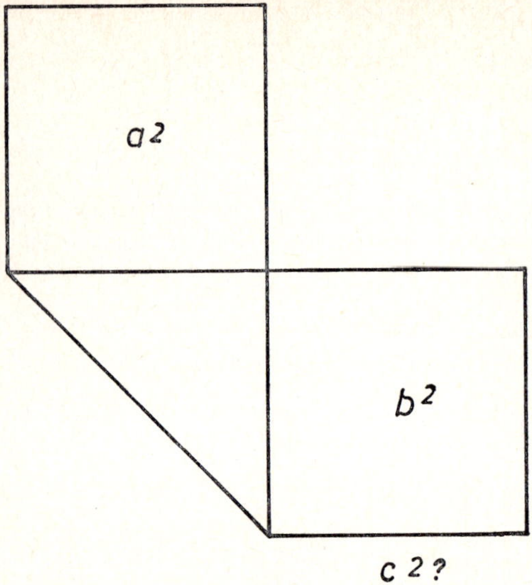

Abb. 3 b

Er verbindet die Enden der Hypotenuse mit den gegenüberliegenden Ecken der Quadrate Abb. 3 c.

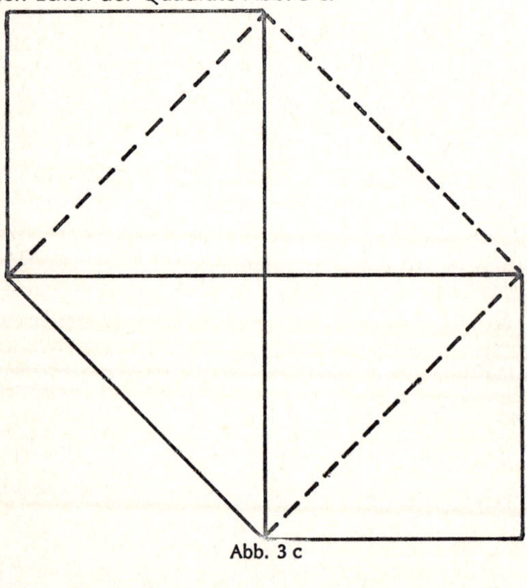

Abb. 3 c

Und man *sieht,* daß das Hypotenusenquadrat, ebenso wie die Kathetenquadrate zusammen, aus vier gleichen Dreiecken besteht.

Leider gilt, was schon Schopenhauer mit Bedauern bemerkt, der Beweis nur für den Sonderfall des gleichschenkligen rechtwinkligen Dreiecks.

Aber man kann ihn verallgemeinern (Abb. 4 a–d):

Man fängt mit dem ungleichschenkligen Dreieck an wie zuvor: Abb. 4 a

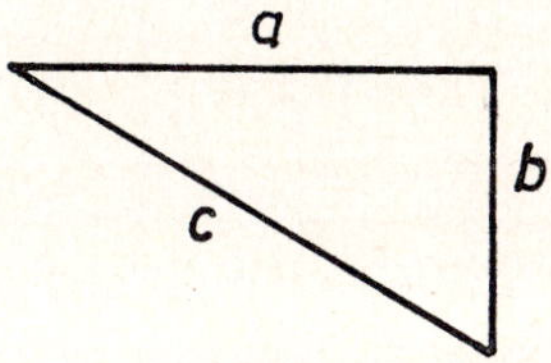

Abb. 4 a

Man errichtet die Kathetenquadrate (Abb. 4 b).

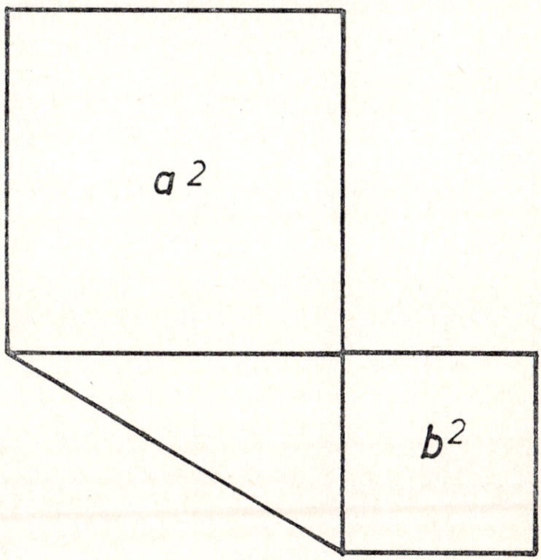

Abb. 4 b

Jetzt errichtet man das Hypotenusenquadrat, und zwar wieder nach *oben,* in den schon von den Kathetenquadraten erfüllten Raum, und entdeckt, daß die eine Ecke an die Seite des großen

Kathetenquadrates stößt, die andere, freiliegende, an die *Fortsetzung* einer Seite des kleinen Kathetenquadrats (Abb. 4 c).

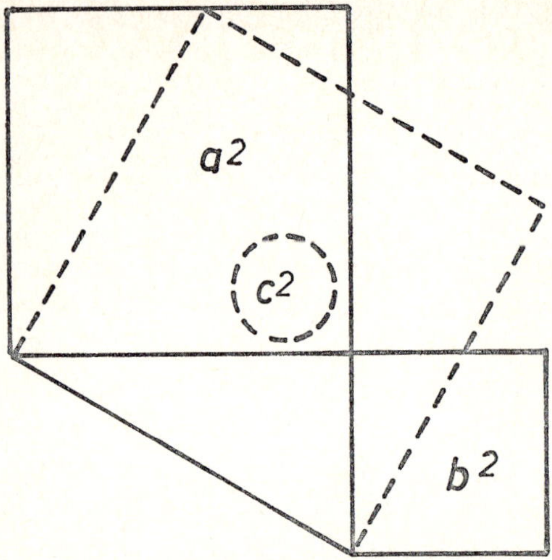

Abb. 4 c

Verlängert man die Außenseiten der beiden Kathetenquadrate, so erhält man das umfassende Quadrat $(a + b)^2$. In dieses ist

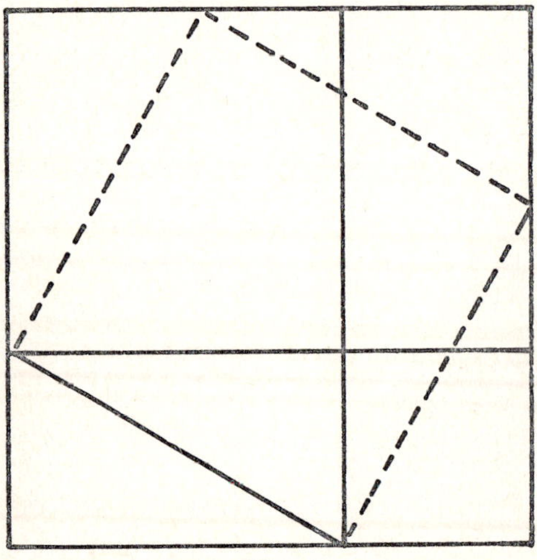

Abb. 4 d

das Hypotenusenquadrat so einbeschrieben, daß es viermal das Dreieck $\frac{a\,b}{2}$ übrig läßt. Die beiden Kathetenquadrate dagegen lassen zweimal das Rechteck a b (das heißt ebenfalls $4 \cdot \frac{a\,b}{2}$ übrig.

Man sieht zugleich: das ist nicht nur *zufällig* bei *diesem* Größenverhältnis der kleinen Quadrate, das heißt bei *diesem* Seitenverhältnis des rechtwinkligen Dreiecks so, sondern *notwendig, bei jedem beliebigen* Größen- bzw. Seitenverhältnis der Fall: *Es kann nicht anders sein.*

Die Einsicht wird in dem beschriebenen Fall vorbereitet *zunächst* durch eine *objektive* Umstrukturierung der „klassischen" Pythagoras-Figur, sofern das Hypotenusenquadrat nicht nach außen, sondern nach innen, in den Raum hineingezeichnet wird, der schon von dem Dreieck und den Kathetenquadraten besetzt ist. Dadurch wird eine weitere, rein auffassungsmäßige, Umstrukturierung möglich, nämlich das Hypotenusenquadrat und die Kathetenquadrate *als sinnvolle, wohl eingeordnete Teile eines und desselben umfassenderen Ganzen:* des Quadrates $(a + b)^2$ aufzufassen (das zur Bestätigung dann auch objektiv ergänzt werden kann).

Es gibt zahlreiche Beweise des pythagoreischen Lehrsatzes, aber nur sehr wenige, die ebenso unmittelbar überzeugend sind wie dieser. Nach einer unveröffentlichten Voruntersuchung aus Münster über die Zeit, die bei der mündlichen Ableitung des Lehrsatzes an Hand einer Zeichnung bis zur sicheren Wiedergabe durch den Schüler vergeht, und *vor allem* der Zeit (und der Zahl der Hilfen), die nach vier Wochen für die *erneute* Wiedergabe benötigt werden, ergeben sich Unterschiede zwischen wenigen *Sekunden* (ohne jede Hilfe) auf der einen und überhaupt *keiner* Wiedergabemöglichkeit auf der anderen Seite –, und dies in strengem Zusammenhang mit der Unmittelbarkeit der Einsicht, die an Hand der vorgegebenen Zeichnung vermittelt werden kann; wobei es freilich *nicht nur* auf die Art der Zeichnung, sondern sehr stark auch auf die ihrer sprachlichen Erläuterung ankommt.

Nach einsichtigen Beweisen Ausschau zu halten, ist also nicht nur eine Spielerei mathematischer Laien, sondern eine Aufgabe, die den Ertrag – *und vor allem den Dauer-Ertrag* – des Unterrichts wesentlich beeinflussen kann.

Wie man durch eine Kette von Elementar-Einsichten eine Regel ableiten kann, die als solche völlig uneinsichtig bleibt, wo es an sich möglich und sogar einfacher wäre, wirkliche Einsicht in die Natur des Gegenstandes zu gewinnen, sei noch an dem Beispiel der Summe der Winkel am Vieleck erörtert.

Das Beispiel (aus *Wertheimer* 1957, Seite 172–184) zeigt zugleich, daß man, um Einsichten über den Aufbau eines Ganzen zu gewinnen, nicht in jedem Fall fortgesetzt mit geweiteter Aufmerksamkeit auf das Ganze schauen muß, sondern daß unter Umständen die gründliche Klärung einer bedeutsamen *Stelle* des Ganzen das beste Mittel ist, um dessen Eigenart zu beleuchten. Der vielleicht folgenreichste Fall dieser Art sind *Einsteins* Überlegungen über die Gleichzeitigkeit nicht ortsidentischer Vorgänge, aus denen die Relativitätstheorie hervorging (*Wertheimer* 1957, Seite 194–218).

Es sei zunächst die Ableitung durch eine *Kette* von „Klein-Einsichten" dargestellt, wie sie dem Verfasser in seiner Schulzeit vermittelt wurde: Gesucht: Die Summe der Außenwinkel am (beliebigen) Vieleck.

Erster Schritt: Es wird die Summe der *Innen*winkel am *Dreieck* gesucht (Abb. 5 a):

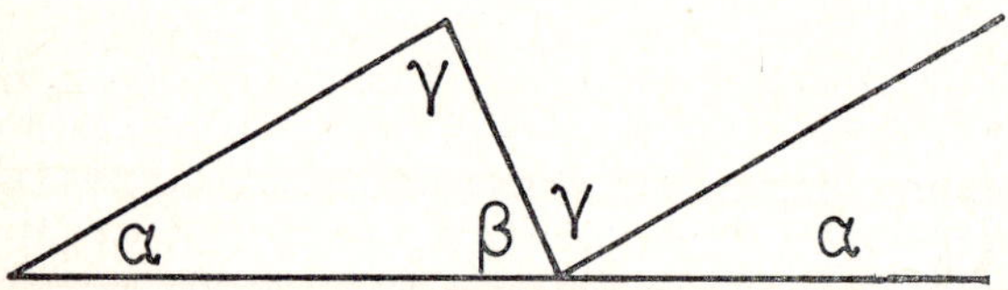

Abb. 5 a

Dabei wird davon ausgegangen, daß bei Parallelverschiebung einer Geraden, die eine andere Gerade schneidet, die Winkel zwischen ihnen (Gegenwinkel und Wechselwinkel) dieselben bleiben. Verschiebt man eine Seite des Dreiecks so lange parallel, bis ihr Schnittpunkt mit dem Schnittpunkt der anderen Seite und der Grundlinie zusammenfällt, so zeigt sich, daß die drei Winkel am gemeinsamen Schnittpunkt, also, da mit ihnen identisch, auch die Innenwinkel des Dreiecks, zusammen 180° oder 2 R betragen.

Zweiter Schritt: Die Summe der Innenwinkel am n-Eck wird gesucht: Dazu werden sämtliche Ecken mit einem willkürlich im Inneren angenommenen Punkt verbunden (Abb. 5 b):

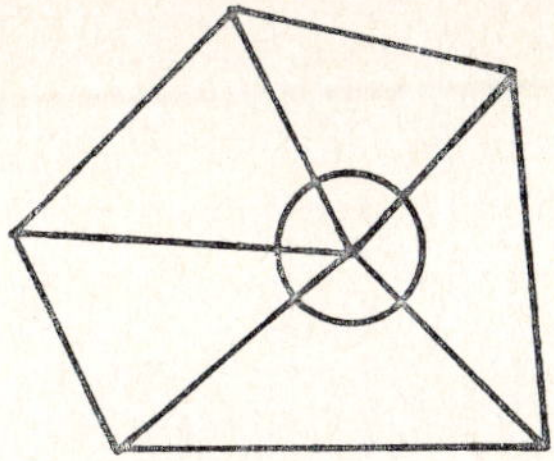

Abb. 5 b

Es entstehen n Dreiecke mit der Winkelsumme $n \cdot 2$ R. Aber insgesamt 360° oder 4 R – das sieht man – bilden die Winkel, die um den Innenpunkt aneinander liegen. Diese müssen weggelassen werden, also ist die Summe der Innenwinkel $n \cdot 2\,R - 4\,R$.

Dritter Schritt: Von der Summe der Innenwinkel zur Summe der Außenwinkel: An jeder Ecke betragen offenbar die Innen- und Außenwinkel zusammen 360° oder 4 R, und die Summe sämtlicher Innen- und Außenwinkel zusammengenommen ist dann $n \cdot 4\,R$. Da, wie oben abgeleitet, die Summe der Innenwinkel $n \cdot 2\,R - 4\,R$ beträgt, müssen wir dies von der vorigen Formel abziehen, um die Summe der Außenwinkel zu erhalten. Diese ist dann

$$n \cdot 4\,R - (n \cdot 2\,R - 4\,R) \text{ oder}$$
$$n \cdot 4\,R - n \cdot 2\,R + 4\,R, \text{ also}$$
$$n \cdot 2\,R + 4\,R.$$

Es ist nicht zu bezweifeln, daß das richtig ist, denn die benutzten Klein-Einsichten sind zwingend und die Rechnung fehlerfrei; aber man wundert sich geradezu, daß die Formeln für die Außenwinkel und für die Innenwinkel einander so ähnlich sind:

$$n \cdot 2\,R + 4\,R \text{ und}$$
$$n \cdot 2\,R - 4\,R.$$

Man *kann* es aber auch einfacher und zugleich zwingender haben, durch zwei einander ergänzende, unmittelbar überzeugende Überlegungen:

1. über die Natur der Ecken,
2. über die Natur der Geschlossenheit des Vielecks.

Zu 1.: Wie entsteht eine Ecke?

Man wähle an einer Geraden einen beliebigen Punkt E. Um diesen Punkt liegt zu beiden Seiten der Geraden ein gestreckter

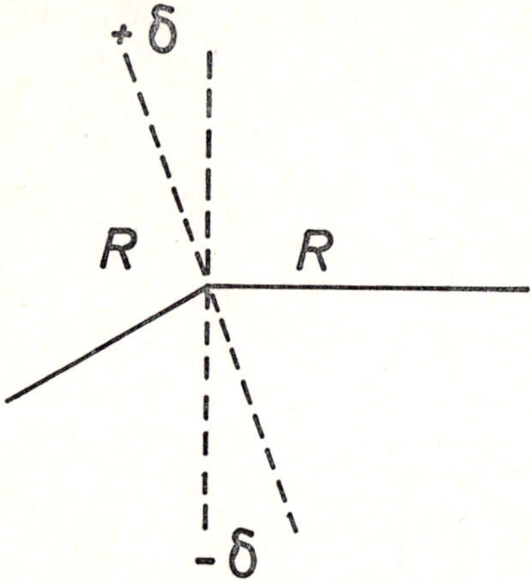

Abb. 6 b (nach Wertheimer)

Winkel 2 R (Abb. 6 a). Jetzt knicke ich die Linie in dem Punkt E um einen bestimmten Winkel δ (Abb. 6 b, c):

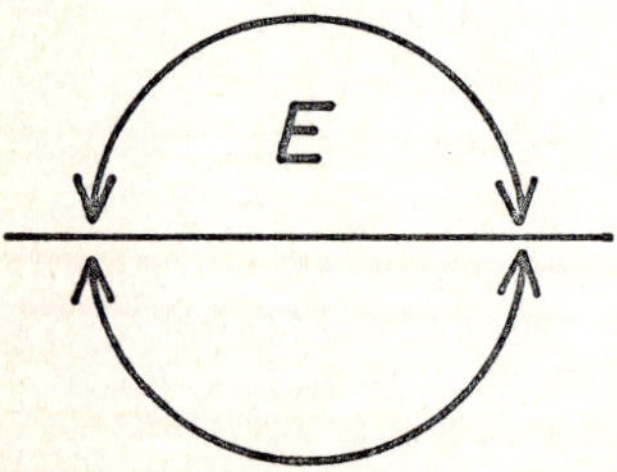

Abb. 6 a

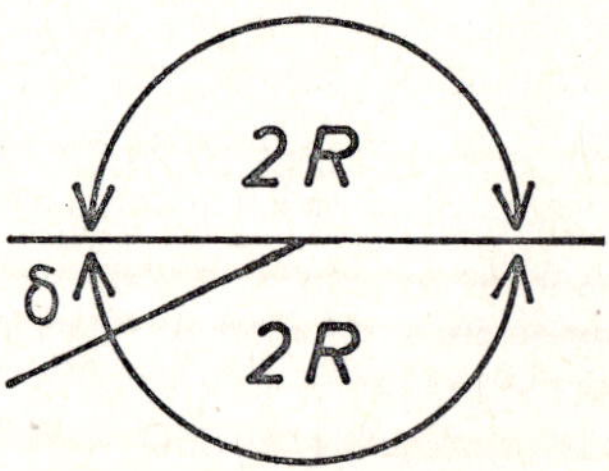

Abb. 6 c (nach Mach)

Der *Außen*winkel ist $2\,R + \delta$
Der *Innen*winkel ist $2\,R - \delta$

Dies gilt für jede *einzelne* Ecke am Vieleck.

Zu 2.: Da durch die Folge *aller* Ecken schließlich wieder dieselbe Richtung erreicht wird und ein *geschlossener* Linienzug entsteht („einmal herum"), *müssen* alle δ *zusammen* 360° betragen, also $\Sigma\, \delta = 4$ R.

Dieser Betrag muß zur Summe $n \cdot 2$ R *bei den Außenwinkeln hinzukommen, bei den Innenwinkeln wegfallen, das heißt,* die Summe der Außenwinkel

$$= n \cdot 2\,R + 4\,R,$$

die Summe der Innenwinkel

$$= n \cdot 2\,R - 4\,R.$$

Diese einsichtige Gesamtlösung zeigt erstens den Zusammenhang des Ausdrucks 2 R mit der Natur der *Knickung* an jeder Ecke, und des Ausdrucks 4 R mit der Tatsache der *Geschlossenheit* des *Gesamt*-Linienzuges, und sie erfolgt überdies für die Innen- und Außenwinkel in einem und demselben Arbeitsgang.

Welcher Art ist nun die Umstrukturierung, die diese Lösung ermöglicht hat? – Die Antwort ist überraschend: die Hervorhebung der Geschlossenheit des Gebildes kann man nicht eigentlich Umstrukturierung nennen, obwohl sie ausdrücklich in das Licht der Aufmerksamkeit gerückt werden muß, um das Ganze zu verstehen. Eine klare und zugleich entscheidende Umstrukturierung dagegen ist *die Zerlegung der Winkel an den Ecken* in die Seitenwinkel 2 R und den Knickungswinkel δ.

Nach der Rolle der Umstrukturierung für die Einsicht in die Notwendigkeit einer Regel, für das Auffinden neuer Regeln und für das echte Verständnis eines Lehrsatzes sei nun ihre Bedeutung für eine *Erfindung* erörtert.

Als einfachstes Beispiel diene die Erfindung des Kistengebrauches durch *Köhlers* Schimpansen, – also ihre Entdeckung, daß man mit Hilfe von Kisten, die man unter das Ziel stellt und besteigt, eine sonst unerreichbare hochhängende Frucht herabholen kann; siehe oben S. 142 f. Die Erfindung beruht auf der Einsicht, daß die Aufgabe nicht lösbar ist, weil in der Gesamtlage ein Hindernis vorhanden ist, und zwar eine Lücke, noch genauer: ein nicht ohne weiteres überwindbarer *Höhen*-Unterschied. Es muß daher eine *Umstrukturierung der Gesamtlage* erfolgen, und zwar eine *Schließung der Lücke*. Diese kann zum Beispiel durch eine Verlängerung des Armes vermittels eines Stocks, aber, falls nicht vorhanden oder zu kurz, auch durch eine *Erhöhung des Standpunkts* vermittels eines geeigneten „hohen" Gegenstands erfolgen. Es folgt die Entdeckung, daß Kisten unter anderem die Eigenschaft „hoch" (dazu die Eigenschaften „stabil" und, bei geeigneter Kippung, „mit waagrechter Oberfläche") besitzen, so daß mit ihrer Hilfe der Standpunkt beim Greifen in die Höhe verlegt und der Abstand zwischen Hand und Frucht verringert oder beseitigt werden kann. Diese Eigenschaft „hoch" spielt bei dem üblichen Gebrauch der Kiste keine Rolle. Es stechen hervor die Eigenschaften „hohl", so daß man etwas hineintun (oder sich selbst hineinlegen) kann, außerdem etwa „transportabel", so daß man etwas darin wegtragen kann, und dergleichen mehr. – Das Hervortreten der Eigenschaft „hoch" ist eine *Veränderung des Eigenschaftsreliefs.* Es ist in gutem Sinne eine Umzentrierung oder Schwerpunktverlagerung *auf andere Eigenschaften* und insofern eine *Umstrukturierung* und zugleich, um einen zur Zeit beliebten Ausdruck zu gebrauchen, eine *Umfunktionierung*. Daß die Eigenschaft „hoch" nur im Blick auf ihren *Funktionswert,* nämlich sich einen erhöhten Standpunkt zu verschaffen, sich aus der Menge der übrigen Eigenschaften heraushebt, geht aus der Transponierbarkeit hervor, das heißt aus der Tatsache, daß der Gegenstand zum Beispiel durch einen Türflügel oder den Versuchsleiter, das heißt durch andere Gegenstände mit der Eigenschaft „hoch" und daher mit dem selben Funktionswert, ersetzt werden kann.

Der Erfinder, also der Mann, der für jede technische Aufgabe eine mehr oder weniger überraschende Lösung findet, zeichnet sich vor allem durch die Leichtigkeit aus, mit der er durch Veränderung des Eigenschaftsreliefs an *einem* Gegenstand die verschiedensten Funktionswerte und an den verschiedenartigsten Gegenständen *denselben* Funktionswert entdecken kann.

Die Reihe der Beispiele, in denen durch Umstrukturierung echte Einsicht gewonnen werden kann, sei mit dem Beispiel einer naturwissenschaftlichen – astronomischen – Entdeckung beschlossen, die jeder Schüler aufs neue machen kann: über das Zustandekommen der Mondphasen.

Hierzu ist eine bisher noch nicht genannte Umstrukturierung erforderlich: die Zusammenfassung, oder genauer, die *gemeinsame Erfassung* zweier Gegenstände – Sonne und Mond –, die bisher nur als Individuen, jeder für sich, betrachtet wurden, und die daraus unmittelbar folgende Entdeckung bestimmter Regelmäßigkeiten in ihrem gegenseitigen Verhältnis (Abb. 7):

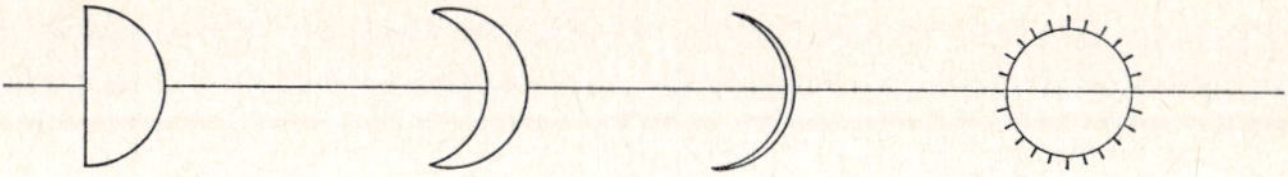

Abb. 7

1. In jeder Phase ist die Rundung des Mondes symmetrisch um die gedachte Verbindungslinie zwischen ihm und der Sonne angeordnet.

2. Die Außenseite dieser Rundung ist stets auf die Sonne zu gerichtet (was auf vielen Bildern, die die beiden gemeinsam zeigen, nicht beachtet ist).

3. Daher ist die Rundung des Mondes bei Nacht, wenn die Sonne sich *unter* dem Horizont befindet, stets *nach unten* gerichtet: der schmale Mond ist niemals etwas wie eine „Kuppel" (wie auf manchen Bildern nicht ganz unberühmter Maler), sondern er ist immer eine Art „Schiffchen", an dessen Rundung man ablesen kann, in welcher Richtung die Sonne in dieser Stunde der Nacht zu suchen ist.

4. Je *näher* der Mond in die Nachbarschaft der Sonne rückt, um so *schmaler* wird seine Sichel; bei Vollmond hat er zugleich den größten Abstand von ihr: er geht in dem Augenblick im Osten auf, wo sie im Westen untergeht (der Dichter, der wenige Augenblicke nach Sonnenuntergang im Osten die Mondsichel aufgehen ließ, hatte nie genau, – oder richtiger: nie mit geweitetem Blick für das, was sich wirklich gleichzeitig und überdies in der Folge der Tage und Nächte an ihm abspielt – an den Himmel geschaut).

Alle diese Eigentümlichkeiten erhalten in dem Augenblick einen ebenso sinnvollen wie notwendigen Zusammenhang, wo der nachdenkliche Beobachter zu der Vermutung gelangt, daß der Mond eine Kugel sein müsse, die von der Sonne beschienen wird, und wo sich ihm zugleich die weitere Vermutung aufdrängt, daß die Sonne den Mond, wenn er ihr nahe ist, *von hinten* bescheint, daß sie also weiter weg sein muß als er.

Von hier aus eröffnen sich sofort weitere Fragen, die auch der Laie noch verfolgen kann. Etwa, um wieviel größer die Entfernung der Sonne ist; darüber vergleiche *Wagenschein* (1965).

Es hat aber wenig Sinn, dem Schüler alles dieses einfach zu erzählen und es ihn, etwa an Hand eines Modells, *lernen* zu lassen, das heißt dem Berg seines Wissens hinzuzufügen. Allen den oben in Klammern erwähnten Zeichnern und Dichtern waren diese Erkenntnisse der Himmelskunde irgendwann einmal in der Schule vermittelt worden, in neuerer Zeit wohl auch durch eines der viel gerühmten „Programme", und man hätte sie ihnen gewiß mit Erfolg abfragen können. Es waren aber für sie *zusätzliche* Wissensbrocken aus einem neuen Bereich: dessen, „was man in der Schule über den Himmel zu lernen hat" geblieben. *Sinn* aber hätten sie nur, wenn sie ein vertieftes Verständnis dessen vermittelt hätten, was bei klarem Wetter Tag und Nacht am wirklichen Himmel zu sehen ist, worauf keiner der erwähnten Irrtümer mehr möglich gewesen wäre. Um dieses nicht zu verfehlen, mit anderen Worten, um den Schüler zu dem aufregenden Erlebnis der hierzu erforderlichen Umstrukturierung seiner Beobachtungen zu verhelfen, müßte allerdings die unterrichtliche Betätigung des Lehrers darin bestehen, daß er, angesichts des Himmels selbst (also nicht an einem Dienstagvormittag von 8.50 Uhr bis 9.35 Uhr bei trübem Wetter, wenn auch vielleicht an einem „anschaulichen" Modell des Planetensystems), seinen Schülern zur Feststellung der auf Seite 166 aufgeführten Tatbestände 1. bis 4. verhilft und sie dann ihrem – einsamen oder gemeinsamen – Nachdenken überläßt.

Das Problem des „Wissens neben der Wirklichkeit" und seiner Vermeidung, eines der Grundprobleme der „pädagogischen Pathologie" der Gegenwart, wird zur Zeit noch kaum gesehen – am allerwenigsten von den Schöpfern moderner Lehrprogramme. *Martin Wagenschein* (1965) sollte darüber etwas eifriger zu Rate gezogen werden. Vergleiche auch *Johannes Flügge* (1971).

Bei den besprochenen Beispielen handelt es sich nicht um Schulkram. Die an ihnen erläuterten produktiven Vorgänge sind dieselben bei den folgenreichsten wissenschaftlichen Entdeckungen. Dies wurde schon angedeutet durch den Hinweis auf die Entstehung der Einsteinschen Relativitätstheorie, soll aber durch einige weitere Beispiele belegt werden.

Das geschichtlich bedeutsamste Beispiel einer Umzentrierung oder Schwerpunktsverlagerung ist die Vermutung von *Kopernikus*, der Mittelpunkt des Planetensystems liege nicht in der Erde, sondern in der Sonne. Durch diese Umzentrierung wurde die komplizierte ptolemäische Annahme sogenannter Epizykeln zur Erklärung der sichtbaren Bewegungen der Planeten überflüssig – eine ganz außerordentliche Vereinfachung mit unabsehbaren Folgen über *Kepler* bis zu *Newton,* die unter vielem anderen auch die Möglichkeit eröffnete, das Bewegungssystem in sinnvollem Zusammenhang mit der Verteilung der Massen zu sehen.

Eine hier bisher noch nicht behandelte Art der Umstrukturierung ist der einfache Übergang von der Unordnung, das heißt vom unverständlichen Nebeneinander scheinbar beliebiger, unverbundener Daten, zu einer Ordnung nach einem einheitlichen Prinzip, das einen umfassenderen Bereich als ganzen beherrscht.

Angesichts eines vollkommenen Chaos wäre, wie schon oben S. 139 bemerkt, ein solcher Vorgang nicht möglich. Eine „Sinngebung des Sinnlosen", wie *Theodor Lessing* sie als Beschäftigung der Geschichtswissenschaft vermutet, wäre nicht Entdeckung, sondern poetische Erfindung. Es kommt aber vor, daß eine Mannigfaltigkeit von Daten irgendwelche zerstreuten, wenn auch mehr oder weniger umschriebenen Ansätze von Ordnung aufweist. Solche Regelmäßigkeiten hatten schon den englischen Chemiker *William Prout* zu der Vermutung veranlaßt, der Wasserstoff sei der eigentliche Urstoff. Es folgte 1862 die allgemeine Vermutung von *Chaucourtois,* daß die Eigenschaften der chemischen Elemente sämtlich von Zahlenverhältnissen beherrscht seien, und 1871 *Mendelejeffs* berühmter Entwurf eines periodischen Systems der Elemente, das trotz wesentlicher Änderungen seiner theoretischen Begründung seine Geltung bis heute behalten hat. Für *unseren* Gedankengang ist von besonderer Bedeutung, daß nicht alle Stellen des Systems von Anfang an mit bekannten Elementen besetzt werden konnten, und daß dann ein langwieriger Prozeß der *Lückenschließung* einsetzte, in welchem die Wissenschaft durch die Entdeckung immer weiterer fehlender Elemente in der Wirklichkeit leere Stellen des Systems besetzen konnte.

Den Abschluß der Hinweise auf die Bedeutung der Umstrukturierung in der Wissenschaftsgeschichte möge die knappe Erwähnung von *Galileis* Theorie der Bewegung im Schwerefeld der Erde bilden. Sie ist ein klassisches Beispiel eines Übergangs aus einem unsymmetrischen in ein symmetrisches System zusammengehöriger Sachverhalte. Zunächst ergab es sich, daß die Abnahme der Geschwindigkeit nach oben geschleuderter oder gestoßener

Körper genau spiegelbildlich zu ihrer Zunahme beim Fallen ist, wie man es heute durch die Ausdrücke „negative" und „positive" Beschleunigung darstellt, und daß sowohl Beschleunigung als auch Verzögerung um so geringer werden, je mehr sich die Bewegungsbahn der Waagerechten nähert. Nachdem dies klar war, ergab sich für die Bewegung in der Waagerechten selbst, daß sie weder beschleunigt noch verlangsamt sein *dürfe,* – das heißt, daß sie, einmal in Gang gesetzt, ohne Ende gleichmäßig fortdauern müsse. Es wurde also aus Betrachtungen über die Symmetrie des Systems etwas gefolgert, was aller Beobachtung widersprach. *Galilei* war kühn genug, an seiner Folgerung aus der ihm aufgegangenen Natur des Gesamtsystems der Bewegungen allem Augenschein zum Trotz festzuhalten, und zur Erklärung dieser Abweichung der Beobachtungen von der theoretischen Voraussage *zusätzliche Kräfte* anzunehmen, die schließlich den Stillstand der weder steigenden noch fallenden Bewegung herbeiführen, und die uns heute als Reibungskräfte selbstverständlich geworden sind; eingehendere Schilderung siehe bei *Wertheimer* (1957, S. 185–193).

Ist der hier erläuterte Begriff der zur Einsicht führenden Umstrukturierung nur auf gegenständliche (mathematische, naturwissenschaftliche) Sachverhalte anwendbar oder vielleicht auch auf das Verständnis von Menschen und menschlichen Beziehungen?

Wir verzichten auf die Erörterung der nun bald hundert Jahre alten Behauptung, daß überhaupt nur Menschliches – oder noch enger: menschliche Erlebnisse – „verstanden" werden können, während man sich bei Naturgegenständen und -vorgängen damit begnügen müsse, sie zu „erklären", was im Grunde darauf hinausläuft, sie mit induktiv gefundenen und das heißt, unverstandenen, Formeln *zu berechnen* – und dies mit einiger Aussicht auf eine genügende Übereinstimmung zwischen vorausberechneten und tatsächlich eingetroffenen Werten.

Einen viel zu wenig bekannt gewordenen, eindrucksvollen Fall einer Umstrukturierung im menschlichen Bereich, die zu einer ebenso unerwarteten wie schmerzlichen Einsicht führte, bringt *Wertheimer* (1920, S. 11 f., 1925, S. 173 f.) in einer grundlegenden Abhandlung, die sehr zu Unrecht völlig in Vergessenheit geraten ist. Er verdient es, wörtlich wiedergegeben zu werden:

„– – Cajus ist zusammen mit seinem besten Freund Xaver seit langem im Vorstand eines Vereins; beide haben seit längerer Zeit an der Arbeitsrichtung des Vereins keine Freude und nehmen an den Vorstandssitzungen nie teil, außer an den regelmäßigen Jahressitzungen, wenn der Rechenschaftsbericht ihres Spezialressorts verhandelt wird. – Cajus kommt eines Tages von einer Reise zurück und findet eine Zuschrift vor, in der ihm von einem einstimmigen Vorstandsbeschluß Mitteilung gemacht wird, welcher die Angelegenheit Y in der und der Weise regelt. Cajus fährt auf: Das ist ja aber greulich! Jetzt aber ist's zuviel! Jetzt treten wir aus! Ich muß doch gleich den Xaver antelephonieren –! und liest weiter: Im Zusammenhang mit der Angelegenheit Y wurde der Rechenschaftsbericht über ..., der vorzeitig für diese Sitzung hatte anberaumt werden müssen, nach längerer Rede des Herrn Xaver genehmigt ..." ---

– Hier mag zuerst etwas deutlich werden, was bei derartigen Prozessen von großer Wichtigkeit ist: die „Umkrempelung" von S „(Xaver)" –. Einen Augenblick sind die beiden Prämissen nebeneinander da, dann plötzlich im „Einschnappen": welch ein Prozeß! (Was?! der Xaver war dabei?! Auch der Xaver – ist – also – *so* –.) Welcher Schritt hier von S m 1 „(dem Xaver, der mein bester Freund ist und mit mir gemeinsam gewisse Tendenzen des Vereinsvorstandes aufs entschiedenste mißbilligt)" über das an sich belanglose m 2 „(den Xaver, der an einer Sitzung des Vorstands teilgenommen hat, in der eben dies gemeinsam Abgelehnte beschlossen wird)" zu m 3! „(dem Xaver, der, da ja der Beschluß *einstimmig* war, offensichtlich für das gestimmt hat, was er zuvor gemeinsam mit seinem besten Freund Cajus abzulehnen behauptet hatte, – der also *kein* Freund, sondern ein doppelzüngiger *Verräter* ist!)", das nun in S gesehen wird und den alten Begriff von S revolutioniert.

(Es muß noch angemerkt werden, daß nach dieser Umwälzung das noch kurz zuvor ganz selbstverständliche „Wir" [„Jetzt treten wir aus!"] nicht mehr existiert, also nicht nur eine Umstrukturierung des Bildes der Persönlichkeit von Xaver, sondern auch eine reale der sozialen Gruppe Cajus–Xaver – ihr Zerbrechen – stattgefunden hat.)

Wertheimer fährt fort: „Ein solches ist unter anderem in der Geschichtsschreibung oft von großer Bedeutung; nicht selten kamen grundstürzende Änderungen in der Art, wie man einen geschichtlichen Charakter sah, so zustande, daß Tatsachen, die bisher nur nie zu diesem Ende recht konfrontiert worden waren, in ihrer Konfrontation eine völlig neue Zentrierung des geschichtlichen Charakters bewirkten."

Hierzu ist nichts weiter zu sagen, als daß es eine reizvolle Aufgabe für einen lebendigen und das selbständige Nachdenken fördernden Geschichtsunterricht wäre, solche exemplarischen Fälle des Wandels der Auffassung geschichtlicher Ereignisse und Persönlichkeiten zu sammeln, um sie in geeigneter Weise in der Klasse zur Diskussion zu stellen.

Weitere bedenkenswerte Beispiele sowohl des Übergangs von einer sachlich falschen, schiefen Zentrierung *menschlicher* Gruppierungen, und zwar nicht nur solcher, in denen eine das *Verständnis* verhindernde *Auffassung* der Lage zurechtgerückt wird, sondern auch solcher, in denen *eine schiefe Lage selbst* durch Umzentrierung *sinngemäß zurechtgerückt* und dadurch für die Beteiligten erst lebbar wird, finden sich bei *Wertheimer* (1957) unter den Titeln „Ein junges Mädchen beschreibt ihr Büro" (S. 159–171) und „Zwei Jungen spielen Federball" (S. 144–159).

Übersicht zur Phänomenologie der Umstrukturierung

Der Vorgang der einsichtvermittelnden Umstrukturierung im „fruchtbaren Moment" wurde nicht ohne Grund an einem so breit gestreuten Angebot von Beispielen erläutert. Es galt, den verbreiteten Eindruck zu berichtigen, es solle durch diesen Ausdruck, wie auch durch den der Umzentrierung, nur ganz allgemein auf irgendeine, nicht näher beschreibbare, geistige „Umkrempelung" hingewiesen werden.

Es ist hoffentlich deutlich geworden, daß unter Umstrukturierung ein Vorgang verstanden wird, nach dessen Ablauf die Struktur eines Denkgegenstandes *anders* ist als *zuvor*. Und dies in einer von vielen, genau angebbaren Weisen, von denen in unserer Übersicht die folgenden aufgetreten sind:

1. Der *Austausch* von *Funktionen* zwischen verschiedenen Teil-Sachverhalten eines Ganzen.

2. Die *Umgliederung*, als der Ersatz *einer* Einteilung eines Ganzen durch eine andere: $2 \cdot 7$ einmal auf 2 siebenarmige, einmal auf 7 zweiarmige Leuchter angewandt; ein Unterschied, der zwar

nicht beim Einkauf der Kerzen, wohl aber bei der Vererbung der Leuchter an die Nachkommen von Bedeutung werden kann. Hierher gehört die Ausbildung der einander einschließenden Paare beim Gauß-Problem; ferner die Differenz der Rechtecke an Stelle der Summe der Trapeze in der Rahmen-Aufgabe; endlich die Aufteilung des Winkels am Vieleck in Seitenwinkel und Knickungswinkel.

3. Die *Umzentrierung:*

a) als Verlagerung des Schwerpunktes an andere Stellen im System: von der Erde in die Sonne bei der Entdeckung des *Kopernikus;* vom Anfang auf die Mitte bei der *Gauß*-Aufgabe; von dem Mittelpunkt oder der Grundlinie auf einen Eckpunkt in der Neun-Punkt-Aufgabe; von der *Einheit* auf die *Gesamtheit* in der „umgekehrten" Dreisatzaufgabe; von der Eigenschaft „hohl" auf die Eigenschaft „hoch" bei der Kisten-Aufgabe;

b) als *Achsenwechsel* – zum Beispiel von senkrecht-waagerecht auf *schräg* in der Neun-Punkt-Aufgabe;

c) als Übergang von ungerichteter zu gerichteter Strecke (Vektor), ebendort.

4. *Bereichsänderungen:*

a) *Einfache Bereichserweiterung:* Neun-Punkte-Versuch.

b) *Lückenschließung* als Überbrückung bzw. „Besetzung" von Leerstellen: Stock und Kiste bei den Schimpansen; Ausfüllung der Leerstellen im System der chemischen Elemente in der zweiten Phase seiner Entwicklung.

c) *Einordnung in umfassenderes Ganzes:* c^2 und $a^2 + b^2$ in $(a + b)^2$ bei dem angeführten Beweis des pythagoreischen Lehrsatzes; Ergänzung der Beschleunigungen durch die Verzögerungen bei *Galilei,* wodurch ein symmetrisches Gesamtsystem der Bewegungen im Schwerefeld entsteht.

5. Herausgreifen unklarer *Stellen:* einzelner Winkel bei der Winkelsummenaufgabe; eines bestimmten Augenblicks beim Problem der Gleichzeitigkeit von Ereignissen an verschiedenen Orten bei *Einstein.*

6. *Gemeinsame Erfassung* verschiedener, bisher nur einzeln erfaßter Gegenstände: Mond *und* Sonne beim Problem der Mondphasen.

7. Vom Chaos zum geordneten System (Gestaltung des Ungestalteten): in der ersten Phase der Entwicklung des Systems der chemischen Elemente durch *Mendelejeff*.

Diese Liste ist nicht vollständig. Es fehlt unter anderem

8. die Ausscheidung von „Fremdkörpern", wie etwa in einer Meßkurve (Abbildung 8) von Ausschlägen, die nicht die untersuchte Abhängigkeit beschreiben, sondern auf Störungen von

Abb. 8

außen (Lastwagen) zurückgehen; oder die Entdeckung, daß das gezierte Geigenspiel eines sonst nüchternen Knaben die vorübergehende Aufprägung fremden Verhaltens durch einen eitlen Musiklehrer ist. (Beide Beispiele stammen aus der Vorlesung von *Wertheimer.)*

Diese Aufzählung dient nicht zu Übungen, wie sie zum Beispiel *de Bono* sich ausgedacht hat. Es ist noch nicht erwiesen, ob man, indem man willkürliches Umstrukturieren übt, seine Fähigkeit zum einsichtigen Denken steigern kann, ähnlich wie es schon *feststeht,* daß es nicht viel hilft, sein Gedächtnis mit Wissen zu füllen, um irgend etwas davon vielleicht für die Lösung irgendeines Problemes zur Verfügung zu haben. Es kommt ja so wenig auf *irgendwelche* Umstrukturierungen wie auf *irgendwelche* Einfälle aus früherer Erfahrung an, sondern auf genau diejenigen, die von der jeweiligen, hier und jetzt gegebenen Lage *gefordert* sind, auf diejenigen, die geeignet sind, zur Lösung des eben gestellten Problemes beizutragen. Und sie zu finden, das heißt, sie unter vielen anderen möglichen Umstrukturierungen als die allein zur Lösung geeigneten zu erkennen, lernt man durch solche Übungen nicht. Man muß schon zur wirklichen Lösung echter Probleme übergehen.

Die Tätigkeit des Denkenden

Die Ereignisse, die zum Aufleuchten der Einsicht führen, *sind Wandlungen am Gegebenen,* also nicht Operationen des Subjekts, wie sie für das Ausrechnen einer Aufgabe nach einer vorgegebenen Regel kennzeichnend sind. Sie sind nicht Aktivitäten des Betrachters, sondern Vorgänge am Gegenstand des Nachdenkens, denen er gewissermaßen als beglückter Zuschauer beiwohnt. Es vollzieht sich, wie *Copei* es ausdrückt, eine „Eigenbewegung der Sache". „... vor ein paar Tagen ist's gelungen", berichtet *Gauß* nach einer zahlentheoretischen Entdeckung (angeführt bei *Copei* 1930, S. 30), „aber nicht meinem mühsamen Suchen, sondern bloß durch die Gnade Gottes, möchte ich sagen. Wie der Blitz einschlägt, hat sich das Rätsel gelöst."

Trotzdem würden diese Vorgänge nie stattfinden, bestünde nicht beim Nachdenkenden das mehr oder weniger leidenschaftliche *Bedürfnis* nach einer *Klärung der Lage*, nach der Erfassung ihres verborgenen Prinzips.

Als Vorgänge am Gegenstand lassen sie sich jedoch vom Nachdenkenden *nicht erzwingen* wie die Auflösung einer Rechenaufgabe. Es gibt daher keine angebbaren Lösungszeiten. Sie können zwischen Sekunden und Jahren schwanken, und im Grenzfall wird das Problem ungelöst von Generation zu Generation weitergegeben (man denke an das Problem des perpetuum mobile, der Maschine, die, einmal in Gang gesetzt, ohne Ende weiterläuft und dabei sogar Arbeit leistet). Oft genug wird der Nachdenkende durch Scheinlösungen genarrt, an denen er erst hinterher innere Widersprüche entdeckt oder Folgerungen, die sie nicht bestätigen.

Bei dem Regeldenken ist die Aufgabe ein passiver Gegenstand, ihr Bearbeiter der allein Handelnde. Es wäre aber nach dem Gesagten falsch, zu meinen, beim einsichtigen Denken sei das einfach umgekehrt: Der Gegenstand verwandle sich, der Denker schaue bloß zu. Es bleibe ihm nichts übrig, als mit den Händen im Schoß abzuwarten, bis das Licht der Klärung aufgeht, oder auch einfach sich schlafen zu legen, in der Hoffnung, morgens beim Aufwachen die fertige Lösung vorzufinden.

So etwas *kommt vor* (*Wertheimer* 1957, S. 181, *Köhler* 1971); aber niemals, ohne daß ein heftiges, oft verzweifeltes Bemühen des Denkenden vorausging. Was hier geschieht, kann also nur zutreffend beschrieben werden als *Auseinandersetzung*, als Wechselwirkung *zwischen zwei Instanzen:* Dem Denker mit seinem mehr oder weniger heftigen, mehr oder weniger gut gezielten Bemühen auf der einen und dem Gegenstand mit seiner größeren oder geringeren Verwickeltheit, Eigengesetzlichkeit, Festgelegtheit, Aufgeschlossenheit, Verfügbarkeit, Umstrukturierbarkeit auf der anderen Seite.

Wenn also der Denkende nicht nach irgendwelchen bewährten Anweisungen operieren kann, was bleibt ihm dann an Möglichkeiten des Handelns?

Es gibt tatsächlich eine Reihe „heuristischer Methoden" oder *Klärungsverfahren. K. Duncker* (1935, Seiten 24–28, 38–55) zählt folgende auf:

1. Die *„Situationsanalyse"* oder *Klärung der Ausgangslage* (im Hinblick auf das Ziel), die bei der mathematischen Beweisaufgabe mit der Analyse der „Voraussetzungen" zusammenfällt. Sie besteht

a) aus der *„Konfliktanalyse"*, das heißt der Heraushebung derjenigen Eigentümlichkeiten der Ausgangslage (der Voraussetzungen), die naheliegende Lösungen erschweren oder verhindern: „Warum geht es eigentlich nicht?, woran scheitert es?, was ist, wo liegt das Hindernis, die Lücke?". Sie besteht

b) aus der *„Materialanalyse"*: „Was von den verschiedenen Objekten, Eigenschaften, Teilen, Zügen usw. der Ausgangslage läßt sich vielleicht zu einer Lösung verwenden, als Sprungbrett benutzen? Was kann ich brauchen? Wovon kann ich absehen? Was kann ich auf jeden Fall als ungeeignet beiseite lassen?" Dazu kommt:

2. Die *„Zielanalyse"* oder *Klärung der Aufgabe* (im Hinblick auf die Ausgangslage), die bei der mathematischen Beweisaufgabe zusammenfällt mit der Analyse der „Behauptung"; also die Klärung dessen, was gefordert ist, durch Fragen wie „Was will ich eigentlich?" Dazu gehören *nicht nur* die Fragen, die der „Präzisierung", der „Explikation" des Zieles dienen, wie etwa: „Was für Eigenschaften, was für Züge lassen sich an meinem Ziel herausfassen?", sondern *wiederum* die Frage: „Was für Eigenschaften, die ich dem Ziel voreiligerweise zugeschrieben habe, hat es in Wirklichkeit nicht?" (Ein Vorgang der letzten Art ist bei der Neun-Punkte-Aufgabe – oben S. 155 – die Entdeckung, daß der geforderte Linienzug sich *nicht* – wie zunächst ganz selbstverständlich angenommen – innerhalb der Verbindungslinie der acht Außenpunkte halten muß.)

Dabei kann schon das *Ziel,* die Forderung, die Behauptung, Umstrukturierungen von derselben Art erleiden, wie sie später am *Gegenstand* der Aufgabe die endgültige Einsicht vorbereiten (*Duncker* 1935, Seite 52 f.).

Wie bei *Duncker* a. a. O. ausführlich erörtert und an Beispielen erläutert wird, hat eine Situationsanalyse oder Klärung der Ausgangslage nur dann Sinn, wenn sie „sub specie", das heißt *im Hinblick auf* die *Aufgabe,* das Ziel, die Behauptung erfolgt; und umgekehrt hat auch die Zielanalyse nur dann Sinn, wenn sie *im Hinblick* auf die Situation, das Gegebene, die Voraussetzungen durchgeführt wird. Im konkreten Fall greift regelmäßig beides ineinander.

Zur Veranschaulichung dieser Klärungsarbeit diene eine „Anschauungsaufgabe" von *G. Katona* (1927), bei der ein Tetraeder (eine regelmäßige dreiseitige Pyramide) aus seinen beiden Hälften zusammengesetzt werden muß (Abbildung 9).

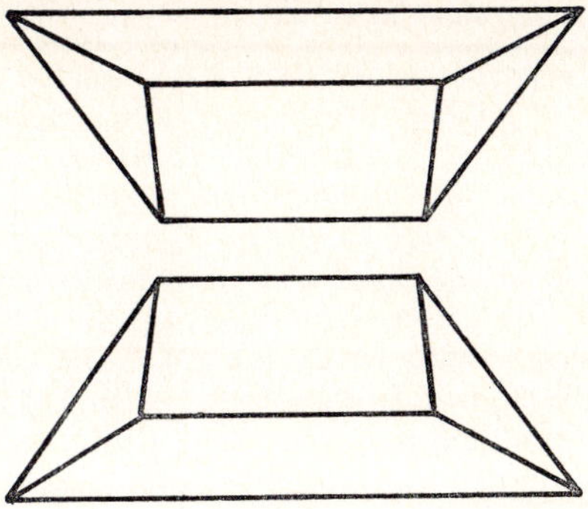

Abb. 9

Die Aufgabe ist rein probierend kaum lösbar, und zwar wegen der fast unwiderstehlichen Tendenz, die beiden kongruenten Stücke *symmetrisch* zusammenzulegen. Im allgemeinen ist eine eingehendere Analyse erforderlich:

Die beiden Hälften sind kongruent. Sie haben jeweils fünf Begrenzungsflächen: zwei gleiche Trapeze, zwei gleiche gleichseitige Dreiecke und ein Quadrat. Sie haben ferner neun Kanten verschiedener Länge und sechs Ecken.

Das Tetraeder hat als Begrenzungsflächen vier gleiche gleichseitige Dreiecke; es hat sechs gleich lange Kanten und vier Ecken.

Bei der Klärungsarbeit geht der Blick ständig zwischen Vorgabe und Ziel hin und her. Die beiden vorgegebenen Stücke haben je nur *eine* lange Kante, die mit einer der sechs gleichlangen Tetraederkanten identisch sein muß. Die anderen sind kürzer, können also nur *Abschnitte* von Tetraederkanten sein. Die Stücke haben ferner je eine quadratische Fläche; diese kommt am Tetraeder nicht vor, muß also die Schnittfläche sein, die bei der Zusammensetzung verschwindet. Die Stücke haben Trapezflächen, die am Tetraeder nicht vorkommen, außerdem kleine Dreiecksflächen. Das Tetraeder dagegen hat nur vier *große* Dreiecksflächen. Aber diese *könnten* entstehen, indem die Trapeze durch die kleinen Dreiecke des Gegenstücks (und umgekehrt) „verlängert" würden. Erst wenn man es an je einem der Dreiecke und Trapeze beider Stücke versucht, entdeckt man, daß dazu die quadratischen Schnittflächen um 90° *verdreht,* also *nicht* symmetrisch, aufeinandergelegt werden müssen ... ach so! – –

Hindernisse einsichtiger Problemlösung

1. *„Gewöhnungstorheit"*

Werden Aufgaben desselben Typs – also unter Verwendung derselben Hilfsmittel oder Verfahren – öfters nacheinander durchgeführt, so werden sie „mechanisiert". Das heißt, das Hilfsmittel und das Verfahren, die mehrmals hintereinander zum Ziel geführt haben, werden schließlich blindlings, das heißt ohne neue Situations- und Mittelanalyse, und das bedeutet zugleich, *unter Verlust ihres Funktionswertes,* weiter angewendet. Siehe die beiden Beispiele Kistenverwendung und Umweg um einen Tisch bei *Köhler* (1917) und *Fischel* (1949), oben S. 145. Wie unglaublich rasch unter diesen Umständen der Verfall des einsichtigen Verhaltens und die Erstarrung des Vorgehens zu einem routinemäßigen „Erledigen" vor sich geht, hat *A. Luchins,* ein Mitarbeiter *Wertheimers,* 1942 in einem einfachen Versuch gezeigt, der hier, etwas ergänzt (nach *Krech, Crutchfield and Livson* [1969, S. 427]), wiedergegeben wird.

Geboten: Eine Liste von Gefäßen verschiedener Größe.

Frage: Wie muß man die Gefäße umgießen, um jeweils eine bestimmte Menge Wasser zu erhalten?

Übungsaufgabe: Gefäß 1 faßt 29 ccm,
Gefäß 2 faßt 3 ccm
Ziel: Eine Wassermenge von 20 ccm.

Lösung: Gefäß 1 ganz voll machen,
Gefäß 2 dreimal aus Gefäß 1 füllen.
Der Rest = 20 ccm.

Es folgen sieben weitere Aufgaben, diesmal mit je drei Gefäßen:

Aufgabe Nr.	*Rauminhalt der Gefäße*			*Verlangte Menge*
2)	21	127	3	100
3)	14	163	25	99
4)	18	43	10	5
5)	9	42	6	21
6)	20	59	4	31
7)	23	49	3	20
8)	15	39	3	18

Versuchen Sie, vor dem Weiterlesen, die Aufgaben selbst zu lösen ...

Sie werden bemerkt haben, daß man immer wieder das mittlere Gefäß füllen und aus ihm dann einmal das linke und zweimal das rechte füllen muß, damit der geforderte Betrag zurückbleibt.

Sie werden aber vermutlich *nicht* bemerkt haben, daß man es bei Aufgabe 7) und 8) auch einfacher hätte haben können:

Aufgabe 7: Das *linke* Gefäß füllen und daraus einmal das rechte vollgießen.

Aufgabe 8: Das *linke* und *rechte* Gefäß füllen und beide in das mittlere gießen.

Es folgen bei *Luchins* sogar noch weitere, ebenso leichte Aufgaben, wie etwa:

9)	23	97	35	12

wobei, wenn man bei der gewohnten Weise des Umgießens bleibt, 4 statt 12 herauskommt, während man, um die richtige Menge zu erhalten, einfach aus dem rechten Gefäß das linke zu füllen braucht.

Eine Anzahl von *Luchins*' Versuchspersonen erklärte diese Aufgaben als unlösbar, weil das gewohnte Verfahren – einmal nach links, zweimal nach rechts – nicht zum Ziele führte.

Jetzt geben Sie einem Freund die Übungsaufgabe 1 und danach *sofort*, ohne Zwischenschaltung anderer Aufgaben, die Aufgaben 7) bis 9). Er wird voraussichtlich ohne Zögern das Einfachste und Zweckmäßigste tun.

Übung macht also *nicht immer* den Meister. Nach dem Befund von *Luchins* müßte man sogar sagen: *Übung macht blind*. Wann, unter welchen Umständen, bei welcher Art von Fertigkeiten Üben blind macht und was man tun kann, um es zu verhindern, wird etwas später besprochen.

2. *Funktionswechsel*

Das Wort Funktionswechsel wird von *Allport* (1937) gebraucht, um einen Vorgang zu kennzeichnen, der in der Wissenschaft und in der Politik ebenso häufig ist wie bei *Köhlers* Schimpasen: Der Verlust des Funktionswertes. In dem hier gemeinten Fall geht aber, im Gegensatz zum vorigen, mit dem Funktionswert einer Handlung zugleich das ursprüngliche Ziel verloren. An seiner Stelle wird dasjenige selbst zum Ziel, was eigentlich nur ein Mittel sein sollte, das zu ihm hinführt. Dies scheint besonders dann nahezuliegen, wenn eine vorbereitende Handlung Ausmaße annimmt, die im Vergleich mit der Endhandlung sehr umfangreich sind, und wenn sie zugleich von ihr verhältnismäßig weit abführt. Beispiel aus *Köhler:* Vor dem Käfig liegt eine Frucht, die nur vermittels eines Stockes hereingeangelt werden kann (was der Affe schon beherrscht). Im Käfig sind keine Stöcke zu finden, dafür aber eine Menge davon in einem Nebenraum, der durch eine Tür in seiner Hinterwand erreicht werden kann, – was dem Tier bekannt ist. Nach einigem Grübeln geht der Schimpanse durch die Tür – und kommt nicht wieder. Einige Zeit später findet man ihn dort, friedlich mit den Stöcken spielend.

Dieses Spiel mit den Stöcken kann man beispielsweise in der deutschen Psychologie seit dem zweiten Weltkrieg in großen Mengen von Kongreßvorträgen und Zeitschriften-Beiträgen beobachten, hinter deren statistischen Bemühungen man vergebens nach einer halbwegs bedeutsamen *psychologischen* Frage sucht. Und hat man in der Schule nicht schon ebenso eifrig mit den Lernmaschinen zu spielen begonnen, ohne viel danach zu fragen, ob *wirklich* das mit ihnen erreicht wird, was wir von einem modernen Unterricht erwarten: zum Beispiel geistige Selbständigkeit? – Vergleiche *Flügge* Hrsg. (1971).

3. *Funktions-entleerte Erinnerungen*

Auch hier ist nochmals der Versuch aus *Köhlers* Untersuchung zu erwähnen, in dem eines seiner Tiere, nach dem Motto „mit Kisten ging es doch", eine Kiste an das Gitter schob und daraufstieg, – um nach einer Frucht zu greifen, die hinter dem Gitter *auf dem Boden* lag.

Fehler dieser Art sind typisch für denjenigen, der, statt des Bemühens, „in das Problem einzusteigen", „in den Sachverhalt einzudringen" und sich mit der Klärung seiner Schwierigkeiten und den Möglichkeiten ihrer Überwindung, wie sie hier und jetzt gegeben sind, zu beschäftigen, in seinem Gedächtnis zu kramen beginnt, aus dem Gefühl heraus: „So was haben wir doch schon einmal gehabt".

Die Bruchstücke, die das Gedächtnis dann möglicherweise noch von sich gibt, sind sehr häufig Einzelheiten, deren eigentlicher Sinn verlorengegangen ist. Es lohnt sich vielleicht, auf zwei Fälle aus meinen Vorlesungen hinzuweisen, bei denen der Erinnerungsrest im einen Fall in Äußerlichkeiten eines *Geräts*, im anderen in einer – tatsächlich entscheidenden – *Maßnahme* bestand, die aber beide im Laufe der Jahre ihren Funktionswert eingebüßt hatten.

Aufgabe 1 (vgl. *Duncker* 1935, S. 7f und 18f.): Was kann man tun, um zu vermeiden, daß eine Pendeluhr infolge temperaturbedingter Schwankungen der Pendellänge unregelmäßig geht? – Eine mögliche Lösung besteht darin, daß durch eine geeignete Verbindung von Stäben, die nach oben und nach unten gerichtet sind, jede Ausdehnung in der einen Richtung durch

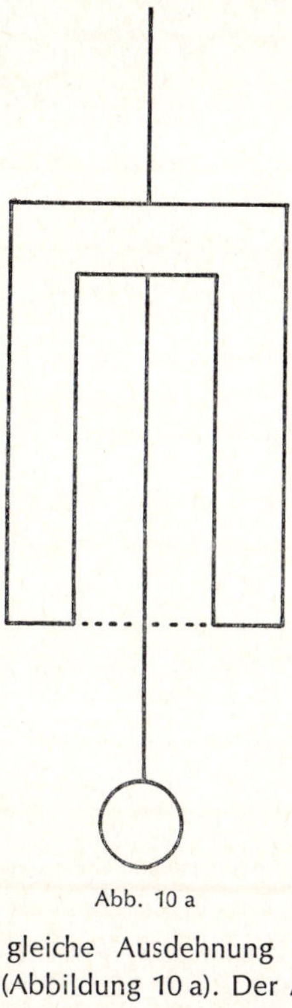

Abb. 10 a

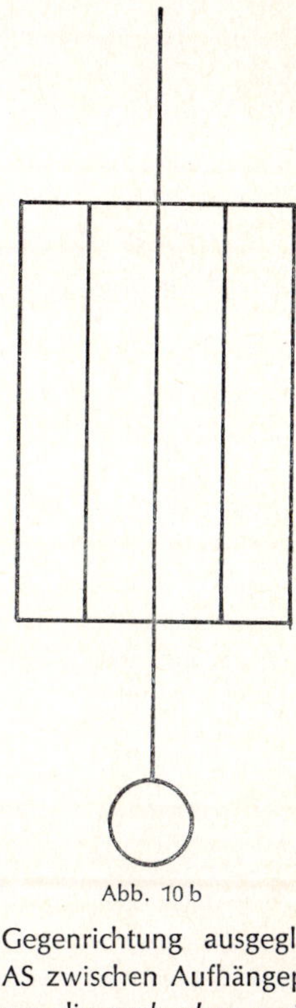

Abb. 10 b

eine gleiche Ausdehnung in der Gegenrichtung ausgeglichen wird (Abbildung 10 a). Der Abstand AS zwischen Aufhängepunkt und Schwerpunkt bleibt derselbe, wenn die *nach oben* gerichteten Stäbe bei gleicher Temperaturzunahme sich in entsprechendem Maß *stärker* ausdehnen als die nach unten hängenden, insgesamt längeren. In einer früher gebräuchlichen Ausführung war die untere waagerechte Leiste über die ganze Breite geführt und hatte in der Mitte ein Loch; die obere kurze waagerechte Leiste war vielfach durch Zierrat verdeckt. Dementsprechend fiel dann in dem Vorlesungsversuch eine der Lösungen aus: „Ja, ich weiß, das Pendel muß dazu in der Mitte so eine Art Rost haben" (Abbildung 10 b). – „Ja, und wie wirkt nun dieser Rost?" – Achselzucken!

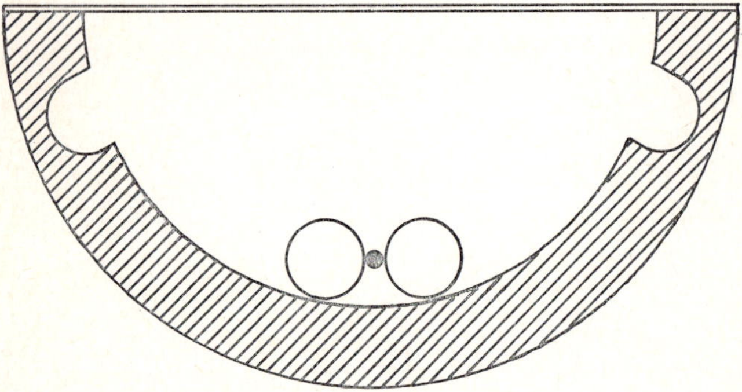

Abb. 11

Aufgabe 2: Gegeben ist ein kleines Spiel, ein hölzernes Schiffchen mit durchsichtiger Decke (Abbildung 11). In seiner Mitte liegen, durch einen Querdraht getrennt, zwei Kügelchen. Nahe unter beiden oberen Enden der Vertiefung sind zwei Löcher. Die Aufgabe ist, zu erreichen, daß die *beiden* Kügelchen in den *beiden* Löchern liegen. Das ist nicht so einfach, denn die Löcher sind so angeordnet, daß man durch *Kippen* immer nur *eine* Kugel hineinbringt. Kippt man dann in der Gegenrichtung, um die zweite unterzubringen, so fällt die erste wieder heraus. Lösung: Das Schiffchen auf den Tisch stellen und mit zwei Fingern in Kreiselbewegung versetzen.

Einen der größten Heiterkeitserfolge erzielte ein hochbegabter Student, der, nachdem sich das Kippen als zwecklos erwiesen hatte, auch wenn er versuchte, durch Druck auf das Deckblättchen das Zurückrollen zu verhindern, plötzlich das Ding in die Hand nahm und *sich selbst* im Kreise drehte, was natürlich auch nicht zum Ziele führte, da die Drehung nur dann die erwünschte Wirkung: das *Auseinanderspringen* der Kügelchen, zustande bringt, wenn ihre Achse sich *zwischen den Löchern* befindet. Auch hier hatte das Gedächtnis schlechten Rat erteilt: „Irgendwas mit Drehung ist es doch gewesen?!"

Ich habe diese Beispiele so ausführlich besprochen, weil erfahrungsgemäß nicht nur der Schüler nach einiger Zeit des Schulbesuchs bei jeder neuen Aufgabe zu fragen pflegt: „Haben wir das gehabt?", also im Gedächtnis zu suchen beginnt, statt in der hier und jetzt gegebenen Situation, sondern offenbar auch viele Lehrer ausdrücklich dazu anzuleiten pflegen.

Man darf jedoch in den Folgerungen aus solchen Beobachtungen auch wieder nicht zu weit gehen. Nachdem man in der Psychologie lang genug von den „früheren Erfahrungen" die Lösung aller Rätsel erhofft hatte, wäre es ebenso voreilig, sie nunmehr bloß noch als Störungsquelle zu betrachten. In jede einsichtige Problemlösung gehen auch Sachkenntnisse ein, die man schon vor kürzerer oder längerer Zeit erworben hat *(Duncker* 1935). Man muß mit einem Gegenstand, um ihn zum Zweck einer Problemlösung „umfunktionieren" zu können, schon irgendwie vertraut sein, wenn auch noch so allgemein und ungefähr. Die Affen von *H. G. Birch* (1945), die unter Aufsicht in einer gänzlich stockfreien Umgebung aufgewachsen waren, kamen nicht darauf, Stöcke, die man ihnen eigens zu diesem Versuch zum ersten Mal im Leben bereitgelegt hatte, zum Heranangeln von Nahrung zu benutzen. Dies geschah erst, nachdem sie Gelegenheit gehabt hatten, eine Weile – ganz ohne bestimmte Aufgabe – mit Stöcken zu spielen.

4. *Situationsdruck*

Außerordentlich stark wird die Fähigkeit zum einsichtigen Verhalten durch den *Situationsdruck* beeinflußt, unter dem die Aufgabe gelöst werden muß.

Der Drang, sich auf nicht alltägliche Weise ein Stück gutes Futter anzueignen, wird im Tierversuch gern als Antrieb benutzt. Ist das Tier satt, so kümmert es sich nicht um den Gegenstand, den der Versuchsleiter dahingelegt hat; er wird für es nicht zum „Ziel". Bei *geringem* Antrieb setzt sich das Tier zwar in Gang, ist aber lässig, unkonzentriert und leicht ablenkbar. Bei allmählich wachsendem Hunger wird seine Tätigkeit immer lebhafter und zielstrebiger. Aber diese Steigerung setzt sich nicht beliebig fort.

Übersteigt der Antrieb eine gewisse Stärke, so wird der Blick des Tieres mehr und mehr auf das Ziel eingeengt und daran gefesselt; es verliert die Übersicht, die für die Erfassung der Gesamtsituation und für die Entdeckung neuer Möglichkeiten erforderlich ist; vgl. auch *H. G. Birch* (1945). Kurz: Allzu große Triebstärke macht dumm. Beispiele gibt es genug bei Verliebten und insbesondere bei Eifersüchtigen.

In Denkversuchen an Menschen, die eine etwas ausgedehntere Planung erforderten, schrumpft auch die Voraussicht zusammen, und an die Stelle geplanten Vorgehens tritt ein mehr oder weniger aufgeregtes Herumprobieren, wenn man sie unter Zeitdruck setzt (*Bartmann* 1962).

Was bei gesteigertem Noten-, Prüfungs- und Versetzungsdruck zu erwarten ist, liegt auf der Hand.

Ergänzend sei noch bemerkt: Wie jedermann weiß, sind Selbstsicherheit, Gemütsruhe und eine freundliche, zuversichtliche Stimmung für ein erfolgreiches Denken nicht weniger wichtig als ein richtig dosierter Triebdruck. Was sich diejenigen Lehrer denken, die barsches Verhalten mit Strenge verwechseln und womöglich sich noch vorbildlich vorkommen, wenn sie an den Schülern ihre schlechte Laune auslassen (hierzu *Metzger* ^{4}1968), ist ein Rätsel. Um sich darüber zu wundern, braucht man nicht Psychologe zu sein.

Einige methodische Folgerungen aus der Natur des einsichtigen Denkens

1. Das Bedürfnis nach Einsicht haben, heißt mit anderen Worten: sich wundern, staunen, von einem Problem gepackt und nicht mehr losgelassen werden, bis man „dahintergekommen ist". Pädagogen und Psychologen sind sich darüber einig, daß dieses Bedürfnis nach Verständnis in jedem gesunden Kind vorhanden ist, und daß die Aufgabe der Schule nicht darin besteht, das Kind erst in diesen Zustand zu versetzen, sondern mit allen Mitteln die heute zum Normalzustand gewordene *Zerstörung* dieses Zustands durch sich selbst zu verhindern.

2. Es *wird* aber zerstört durch die hergebrachte, und auch das scheinbar so moderne programmierte Lernen völlig beherrschende Einstellung der Schule,

a) daß es ihre Aufgabe sei, „Wissensstoff" oder „Bildungsgut" zu vermitteln, die „Kenntnisse" der Schüler zu „vermehren";

b) daß es die Pflicht des Schülers sei, sich anzueignen, was die Schule ihm anbietet, etwas gröber gesagt, zu schlucken, was sie ihm vorwirft, völlig gleichgültig, ob er danach Hunger hat oder nicht; (Die Situation mit den daraus erwachsenden „Lernschwierigkeiten", unter denen unsere Familien seufzen, ist ziemlich genau dieselbe wie bei den „Eßschwierigkeiten" der kleineren Kinder, die ebenfalls im wesentlichen darauf beruhen, daß das Essen dem Kind zur *Pflicht* gemacht wird ohne Rücksicht auf seinen augenblicklichen Hunger und Bedarf);

c) daß im Namen der Pflicht das Sachangebot der Schule zu einem für den Schüler im Grunde völlig gleichgültigen und austauschbaren Mittel wird, um durch die Beschäftigung damit gute Noten, gute Zeugnisse, Versetzungen, elterliche Belohnungen zu erzielen und das Gegenteil von all dem zu vermeiden, – ein Zustand, der in den 60 Jahren, seit ich selber zur Schule ging, sich in unseren staatlichen Schulen ins Groteske gesteigert hat.

Man pflegt das hinter den unauffälligen Bezeichnungen „primäre" und „sekundäre" (oder auch „intrinsische" und „extrinsische") Motivation zu verstecken, die die Auffassung nahelegen, es komme eigentlich nur darauf an, daß der Schüler mitspielt, ganz gleich warum. Den Schülern selbst gerät im allgemeinen offenbar nur *eine* unter vielen „sekundären" Motivationen in den Blick, und es ist für sie ein (im Grunde erfreulicher!) Ehrenpunkt, sich dieser widerwärtigen Motivation *nicht* schuldig zu machen: dem Bestreben, den Kameraden über zu sein, beim Lehrer eine bessere Nummer zu haben als sie. Leider ist das ein sehr kräftiges zusätzliches Motiv, für die Schule *nichts* zu tun – zusätzlich zu dem Motiv, nichts zu tun aus dem dumpfen Gefühl heraus, daß viele der ihnen auferlegten Pflichtübungen sachlich *sinnlos* sind, weil sie *wirklich* nichts einbringen, sondern im Gegenteil . . . (siehe unten S. 225 f.).

Ich breche diesen Gedankengang ab.

1. Die *erste* Kunst des Lehrers, dem es auf die Pflege der geistigen Selbständigkeit ankommt, ist, *das Staunen zu wecken*, und, wo er es ohne seine Mitwirkung vorfindet, es nicht erkalten zu lassen, sondern es zum Anlaß gemeinsamen Nachdenkens zu machen. Hinweise auf Möglichkeiten finden sich unter anderem

bei *Petermann-Hagge* (1935), bei *Copei* (1930), bei *Max Wertheimer* (1957) und in Überfülle bei *Martin Wagenschein* (1962; 1965). Sie können hier nicht im einzelnen besprochen werden. Vgl. auch *Metzger* (in *Strunz* Hrsg. 1958, bes. S. 260–266), u. a. über den Grundsatz „Vom Leichten zum Schweren", der seine Grenze darin findet, daß der kindliche Geist über das allzu Leichte *sich nicht wundern kann.* Ich füge nur als ein kleines, noch unveröffentlichtes Beispiel aus meinem Kreise die Frage an, wie man eine Klasse dazu veranlassen kann, sich selbst um eine Berechnungsweise zu bemühen, die sich am Ende als die – uns Alten wohlbekannte – *Prozentrechnung* herausstellt.

Nicht: „Wir kommen jetzt zur Prozentrechnung" – „... ach wieder so etwas, was man *auch* lernen muß!" –

Sondern etwa: „8 Jungen und 5 Mädchen aus unserer Klasse haben den Rettungsschwimmer gemacht. Wer ist jetzt im ganzen besser, die Jungen oder die Mädchen?" – Erst ist man einig: „Das ist doch klar: die Jungen!" – Da meldet sich einer: „Das ist gar nicht so klar; wir sind doch mehr als doppelt soviel Jungen! Wenn wir gleichviel wären, dann würde es stimmen." – Aufgabe: Darüber nachdenken, ob man vielleicht so rechnen kann, daß ein *gerechter Vergleich* auch bei verschieden großen Gruppen herauskommt! – Die Erarbeitung der Prozentrechnung beginnt, ohne daß der Name fällt; der kommt noch rechtzeitig nach.

2. *Die Arbeit,* die zum selbständigen, einsichtigen Denken führt, muß in ihrem Schwerpunkt *Entdeckungsarbeit* sein, nach der Einführung des Problems im Klassengespräch am besten in kleinen Gruppen, und am allerbesten in begabungsmäßig *gemischten* Gruppen (ABC-Züge also nicht getrennt!). Der Lehrer steht nach der Einführung des Problems *auf Anfrage als Berater* zur Verfügung (der bekannte „demokratische" Stil von *Lewin* und *Lippitt* (1938, 1939).

Eine kleine Probe solcher Arbeit – Einführung in das Hebelgesetz – im Vergleich mit üblichem (anständigem) Frontal-Unterricht, also mit *geführtem* Vorgehen, bringt *F. Püttmann* (1968). Umfassender ist die Untersuchung von *M. Wittoch.* Hier wird die freie Erarbeitung nicht nur mit dem Frontal-Unterricht, sondern zugleich mit der programmierten Unterweisung (käufliches – und geprüftes – Programm) verglichen. Schon jetzt hat sich Mehreres, zum Teil Erwartetes, zum Teil Überraschendes herausgestellt: In den abschließenden Prüfungen waren die Leistungen in der Erarbeitungsgruppe und in der geführten Gruppe

1) bei reinen Zahlenaufgaben *dieselben;*

2) bei „Textaufgaben", die sich auf Alltagssituationen bezogen und Umstrukturierungen erforderten – Seilwelle statt Hebel, Last an Stange zwischen zwei Trägern, mehrfache Hebelsysteme –, waren die Leistungen der Erarbeitungsgruppe erheblich besser; die Mitglieder der geführten Gruppe versagten großenteils.

3) Während der Prüfungsarbeit schauten sich die Mitglieder der geführten Gruppe zum großen Teil nach Hilfe um; die Mitglieder der Erarbeitungsgruppe, die vorher *gemeinsam* am Werk gewesen waren, legten Wert darauf, zu versuchen, ob sie es allein könnten.

Es seien gleich einige weitere Befunde aus der Arbeit von *M. Wittoch* angefügt:

4) 18 Mitglieder der Erarbeitungsgruppe hatten sich zu Hause selber weitere ähnliche Aufgaben ausgedacht; solche Eigeninitiative kam weder in der Lehrbuchgruppe noch in der Programmgruppe vor.

5) Im Gegensatz zur geführten Gruppe hatten in der Erarbeitungsgruppe die *schwächsten* Rechner am Ende der Versuchswochen im Rechnen allgemein den größten Leistungszuwachs – bis nahe an die besten heran – zu verzeichnen.

6) Die Mitglieder der Erarbeitungsgruppe hatten am Ende der Versuchsperiode auch in anderen, *während dieser Zeit nicht geübten* Rechenverfahren bessere Leistungen als die Mitglieder der geführten Gruppe.

7) Die Mitglieder der Erarbeitungsgruppe waren fähig, aus größeren Mengen von Daten diejenigen herauszugreifen, die für die geforderte Berechnung gebraucht wurden, und die übrigen beiseite zu lassen.

Ein Rechenunterricht, der, wie dieser, die geistige Selbständigkeit und zugleich das Zusammenarbeiten fördert, überdies die Schüler fähig macht, im Alltag die Gelegenheiten zu erkennen, bei denen das gelernte Verfahren angewendet werden kann, bietet, wie es scheint, darüber hinaus eine erwünschte Gelegenheit, zum Ausgleich der Bildungschancen beizutragen.

Zwischen dieser Erkenntnis und der allgemeinen Einführung eines solchen Unterrichts ist freilich aus vielen, und nicht nur sachlichen, Gründen mit einer Strecke harter Arbeit zu rechnen.

Es versteht sich von selbst, daß auch die selbständige Gruppenarbeit immer wieder – zum Beispiel zum Zweck der Übersicht über das bisher Erarbeitete und zur Vorbereitung neuer Fragen – vom Klassengespräch abgelöst werden muß.
Auch wo, aus welchen Gründen auch immer, Gruppenarbeit nicht möglich ist – im Grenzfall zum Beispiel bei Einzel-Unterweisung –, läßt sich sowohl für die Einführung als auch für die Lösung eines gestellten Problems ein breiter Fächer von mehr und weniger förderlichen oder hinderlichen Verhaltensweisen des Lehrers denken. Bei der *Einführung* zum Beispiel hinsichtlich des Maßes, in dem er erreicht, daß der Schüler das Problem wirklich aufgreift bzw. von ihm *ergriffen wird,* es also zu *seinem* Problem macht, – bei der Lösungsarbeit hinsichtlich des Maßes der dem Schüler gewährten *Freiheit,* selbst zu suchen, Umwege zu machen, sich zu irren, zu fragen, sich Zeit zu lassen, und hinsichtlich des *Verzichts* auf das Angebot fertiger Lösungen, möglicherweise ehe der Schüler überhaupt ein Problem entdeckt hat (siehe dazu *Wagenschein* passim; auch *Metzger* in *Strunz* Hrsg. 1958, S. 258–270).

3. Die Prüfung des Verständnisses

Angesichts des hohen Bildungswertes einsichtigen Erfassens ist es besonders wichtig, im gegebenen Fall feststellen zu können, ob ein Schüler echtes Verständnis gewonnen oder sich nur zutreffende Formulierungen und die Fähigkeit angeeignet hat, schriftliche Übungsarbeiten nach einem erlernten Schema fehlerfrei zu erledigen (siehe *Wertheimer* 1957, S. 17 f.).

1) Das einfachste Mittel ist die Beobachtung der Ausdrucksweise des Schülers. Der Schüler, der die Ableitung eines Beweises oder einer Verfahrensregel verstanden hat, wird sie *mit seinen eigenen Worten* darzustellen versuchen. Die wörtliche Wiederholung der Darstellung des *Lehrers* ist ein verläßlicher Hinweis darauf, daß er *nichts* verstanden hat und sich daher vom Halteseil des Wortlautes leiten läßt.

Dieses einfache Prüfverfahren steht freilich demjenigen Lehrer nicht zur Verfügung, der, wie dies auch heute noch vorkommen soll, seine Ableitungen diktiert und von den Schülern ihre wörtliche Wiedergabe verlangt. Aber dieses Verfahren bedeutet ja ohnehin den traurigen Verzicht auf die Vermittlung von Verständnis.

2) Ein strengeres Verfahren zur Prüfung des Verständnisses beim einzelnen Schüler hat *Wertheimer* (1957) entwickelt: die von ihm so genannten A-B-Aufgaben. Seine Beispiele beziehen sich auf die Berechnung der Parallelogrammfläche (Seite 21 ff.), den Beweis der Gleichheit von Scheitelwinkeln (Seite 95 f.) und die Berechnung der Reihensumme (Seite 113–117).

Das Verfahren beruht auf dem entscheidenden Merkmal der einsichtigen Erfassung eines Sachverhaltes, der *Transponierbarkeit,* die ihrerseits ermöglicht wird durch die klare Erfassung der Funktionswerte. Um nochmals ganz deutlich zu machen, was darunter zu verstehen ist, mögen einige Sätze von *Duncker* (1935, Seite 7) wörtlich folgen:

„Im gleichen Maße, wie eine Lösung ‚verstanden' ist, ist sie ‚transponierbar', was bedeutet, daß sie sich bei veränderten Situationsbedingungen in angemessener Weise (das heißt unter Erhaltung ihres Lösungswertes) mitverändert.

Transponierbar ist eine Lösung nämlich nur dann, wenn ihr Funktionalwert, ihr generelles Prinzip erfaßt ist, das heißt die Invariante, aus der durch Einsetzung der variierten Situationsbedingungen jedesmal die angemessene Mitvariation der Lösung hervorgeht. Ein Beispiel: Würde jemand, der – vom Standpunkt des fremden Beobachters aus gesehen – einen ‚Umweg' um irgendein ‚Hindernis' macht, selber psychologisch dabei nichts anderes vollziehen als etwa ‚jetzt drei Meter nach links, dann zwei Meter geradeaus, dann nach rechts . . .', so würden diese Eigenschaften der Lösung zwar den konkreten Umständen der speziellen Situation hic et nunc genügen. Aber solange der Betreffende nicht den Funktionalwert, die allgemeine Struktur ‚Umweg um Hindernis', erfaßt hat, muß er bei jedem neuen (anders gelegenen und geformten) Hindernis notwendig versagen. Denn verschiedenen Hindernissen entsprechen verschiedene Endformen der Lösung, die Struktur ‚Umweg um Hindernis' aber bleibt stets dieselbe. Wer sie erfaßt hat, vermag einen Umweg sinngemäß zu ‚transponieren'."

Wertheimers Prüfungsaufgaben sind nun so konstruiert, daß sie sämtlich dem Grundbeispiel äußerlich ähnlich sehen, daß aber nur die A-Form das entscheidende strukturelle Merkmal enthält, in dessen Erfassung und Heraushebung die Einsicht besteht: bei der Flächen-Aufgabe (zur Prüfung des Verständnisses der Flächenberechnung des Parallelogramms, Trapezes usw.) *der Ausgleich* eines an einer Stelle *fehlenden* Flächenstücks durch ein identisches *zusätzliches* an anderer Stelle; bei der Winkel-Aufgabe

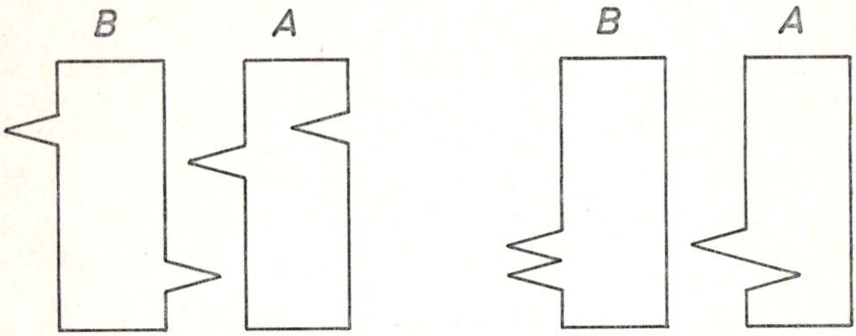

Abb. 12

das Gleichbleiben zweier Winkel und infolgedessen auch ihrer „Reststücke" bei wechselndem Maß der gegenseitigen Überschneidung; bei der Reihenaufgabe: die Möglichkeit der Bildung einander einschließender Zahlenpaare *von gleicher Größe*.

Es ist in jedem Fall möglich, B-Formen zu konstruieren, die den A-Formen fast zum Verwechseln ähnlich sehen, in denen dieselben oder sehr ähnliche „Elemente" in, stückhaft gesehen, nur unwesentlich geänderter Anordnung auftreten, aber das *Prinzip* der gelernten Aufgabe verletzt ist: kein Flächenausgleich (Abbildung 12 B), keine Überschneidung notwendig invarianter gleicher Winkel, keine Möglichkeit der Bildung gleichgroßer Paare; u. dgl. m.

Der Schüler, dem man eine A-Aufgabe vorsetzt, wird sich, wenn er das Prinzip erfaßt hat, durch die veränderten Werte nicht verblüffen lassen und sich sogleich an die Arbeit machen. Hat er *nicht* verstanden, wird er sagen: „Das geht nicht, das haben wir nicht gehabt."

Es kommt aber vor, daß ein Prüfling, den die veränderten Werte der A-Aufgabe nicht beirrt haben, sich trotzdem um die – grundsätzlich unmögliche – Lösung der B-Aufgabe bemüht. Das bedeutet in jedem Fall, daß ihm die Einsicht zwar „aufgedämmert" ist, sich aber nicht zu endgültiger Klarheit auskristallisiert hat, da er sonst, nach einigem Überlegen, sagen würde: „Hier geht's nicht", und womöglich sogar: „weil ..."

Um sich über das Verständnis des Schülers ausreichende Klarheit zu verschaffen, genügt es also nicht, daß er die A-Aufgabe löst, sondern wir müssen zusätzlich festgestellt haben, daß er die B-Aufgabe als unlösbar erklärt und es ablehnt, sich mit ihr zu beschäftigen.

Eine Sammlung solcher Aufgabenpaare für alle in der Schule vorkommenden Regeln und Beweise zu schaffen, ist eine wichtige, noch vor uns stehende Aufgabe.

3) Die Prüfung des „Geistes" der ganzen Klasse. Sie besteht aus zwei Teilen: der Prüfung der geistigen Redlichkeit und der Prüfung der geistigen Lebendigkeit.

a) *Die geistige Redlichkeit* hat selbst wieder zwei Seiten: Erstens bei der Aneignung der Bedeutung neuer Ausdrücke der Anspruch an Klarheit und Bestimmtheit der Erfassung, also die Tatsache, daß man nicht der Meinung ist, mit der Bedeutung des Ausdrucks vertraut zu sein, wenn man nur einen „ungefähren Schimmer" davon hat. Zweitens: der Mut und die Bereitschaft, sich selbst und anderen zuzugeben, daß man die Bedeutung eines Ausdrucks ganz schlicht *nicht kennt;* mit anderen Worten das Fehlen oder die genügende Hemmbarkeit der an sich verständlichen Versuchung, einen Mangel an Kenntnis zu verheimlichen. Hierzu hat *Poppelreuter* (1933, S. 37–43) einen sogenannten „Fremdworttest" angegeben. Die von *Poppelreuter* gebrauchten 15 Wörter (1933, S. 38) waren – zur Prüfung Erwachsener – der „Rheinischen Zeitung", einem sozialdemokratischen Arbeiterblatt, entnommen. Für Schüler verschiedenen Alters müßte man sie entsprechend austauschen – etwa mit Hilfe des Fernsehprogramms oder auch fortschrittlicher Schülerzeitungen.

Die Prüfung erfolgt schriftlich auf zwei Blättern. Auf dem ersten soll der Prüfling nur durch Ankreuzen in den Spalten „ja", „nein" und „zweifelhaft" die Frage beantworten, ob ihm das Wort bekannt ist oder nicht. Auf dem zweiten Blatt soll er dann rechts neben das Wort die Übersetzung schreiben oder mit seinen Worten die Bedeutung so genau wie möglich anzugeben suchen.

(Unter die Ausdrücke, die man aus den oben angegebenen Quellen entnimmt, kann man auch einzelne frei erfundene, gelehrt klingende Wörter mengen, die der Prüfling noch nie gehört haben *kann*. Sein Verhalten zu diesen ist besonders aufschlußreich.)

Man kann auch die Aufgabe stellen, ganze phrasenhafte Behauptungen, die man angeblich irgendwo gelesen hat, auf ihren Sinn zu analysieren und in verständliche Form zu bringen. Doch dies geht schon zu Fragen der sprachlichen Gestaltung über, die hier ausgeklammert bleiben sollen (siehe aber *Metzger* in *Strunz* [Hrsg.] 1958, Seite 284–288).

b) Ein weiteres wichtiges Stück der Erkundung des Geistes der Klasse ist, wie gesagt, die Prüfung ihrer geistigen Lebendigkeit, m. a. W., die Feststellung, wieweit sie darauf eingestellt ist, die Anweisungen des Lehrers als Anregung zum selbständigen Vorgehen oder als „dienstliche Befehle" zu verstehen („Wenn ich's so sage, habt ihr es so zu machen!"). – Hierzu ist in *Wertheimer* (1957) eine Reihe von Anregungen verstreut. Er verwendet dazu etwa umständliche Beweisverfahren, die „mit der Kirche ums Dorf" führen (*Wertheimer* 1957, S. 28 ff.), oder Aufgaben, bei denen umständliche Berechnungsweisen, zum Beispiel etwas getarnte Folgen überflüssiger, einander gegenseitig aufhebender Berechnungsschritte (*Wertheimer* 1957, S. 120 f., 129 ff.) *nahegelegt* werden, während eine viel einfachere möglich ist und auch gefunden wird, falls nicht zuvor dem Schüler auf eine der vielen verschiedenen möglichen Weisen – mechanisches Wiederholen gleichartiger Beispiele, Pflege des sprachlichen Einprägens, Kult des Wortlauts oder der Geschwindigkeit usw. – der Gebrauch seines Kopfes abgewöhnt wurde; vgl. bei *Wertheimer* 1957, S. 89 f. – die oben S. 156 besprochene Rahmenaufgabe.

4. *Die Wiederholung*

Die Wiederholung dient unmittelbar der Festigung und später der Auffrischung des früher Gelernten, wenigstens der Absicht nach. Angesichts der Art, wie in den noch heute gebräuchlichen Lehrbüchern Übungsaufgaben angeboten und von den Lehrern auch verwendet werden, muß man freilich fragen, ob dieser Zweck durch sie tatsächlich erreicht wird. Und zwar aus zwei Gründen:

1) Die Anordnung, in der der Übungsstoff zum größten Teil angeboten wird, entspricht der Jahrtausende alten Überlieferung der Schule, nach welcher der Geist des Schülers dadurch ausgebildet wird, daß er – neben Tatsachen (Namen, Zahlen usf.) – Regeln lernt und sie so lange einübt, bis er sie „im Schlaf" anwenden kann, – ein Unterrichtsziel, das beim kleinen Einmaleins eben noch einen gewissen Sinn hat, beim großen schon nicht mehr. Diesen Übungen dient das Angebot der „Päckchen", das unsere Rechenbücher noch beherrscht. Das klassische Beispiel eines Päckchens ist der Mechanisierungsversuch von *A. Luchins* (oben S. 180 f.). Welchen Ertrag die Beschäftigung mit solchem Übungsangebot *wirklich* hat, ist oben hoffentlich klar genug dargetan. Sie bewirkt, daß der Schüler nach kürzester Zeit den Sinn seines Tuns aus den Augen verliert und nur noch wie eine Maschine blindlings und einsichtslos dasjenige weiter tut, was er schon eben getan hat. Eine Auseinandersetzung mit der Aufgabe, ein Eindringen in den Sachverhalt findet nicht mehr statt. Statt dessen läuft ein durch die Form der Aufgabe assoziativ geweckter und in Gang gesetzter Automatismus ab, der nicht mehr als geistige Übung bezeichnet werden kann, ja nicht einmal als *praktische* Übung, denn wer so rechnen gelernt hat, wird im Leben kaum je entdecken, wann das von ihm gelernte Rechenverfahren anwendbar ist.

2) Die Versuchung, blindlings darufloszurechnen, wird noch unwiderstehlicher dadurch, daß, wer seine Übungsaufgaben nach Anweisung des Lehrers dem Rechenbuch entnimmt, sich darauf verlassen kann, daß bis zum Schluß des laufenden Kapitels das Rechenverfahren stets dasselbe sein wird (Hinweis von *M. Wittoch).*

Wie Sammlungen von Übungsaufgaben wirklich aufgebaut sein müßten, damit sie den Schüler *nicht* dazu verleiten, sie „im Schlaf" zu lösen, sondern ihn zu stets erneuter wacher Auseinandersetzung mit ihnen nötigen, bedarf danach keiner weiteren Erörterung. Entwürfe solcher Sammlungen von Übungsaufgaben sind dringend fällig.

5. *„Kreativität"*

Die zuletzt behandelten Sachverhalte werden, wie bereits bemerkt, neuerdings nach amerikanischem Vorbild auch bei uns unter der Bezeichnung „Kreativität" geführt. Wir haben uns hier ausschließlich mit Vorgängen und Tätigkeiten beschäftigt, durch welche *Erkenntnisse gewonnen* werden. Ohne Kreativität oder, wie ich es genannt habe, schöpferische Freiheit, gibt es aber auch kein sachgemäßes Handeln, etwa eines Arztes oder Geschäftsmannes oder Politikers – worauf schon *Goethe (Eckermann* 1836) hingewiesen hat, vor allem aber auch keine künstlerische Schöpfung, keine ansprechende zeichnerische oder auch sprachliche Darstellung eines Gegenstandes oder Vorgangs, keine Ornamentik und keine über-ornamental abstrakte Gestaltung. Offenbar spielen aber hierbei andere, noch unbekannte Faktoren eine Rolle, die auch bei schärfstem wissenschaftlichem Verstand fehlen können. Es kann jemand wissenschaftlich weit überdurchschnittlich begabt sein und Wesentliches zur Kenntnis dieser Welt beizutragen haben, ohne daß ihm je ein glaubhaftes Bildnis gelingt, eine überzeugende Darstellung eines Tiers, einer Pflanze oder einer Landschaft, ganz zu schweigen von Kleeschen oder Kandinskyschen Formspielen, die ein Kind oder einen Kenner faszinieren könnten. Derselbe Mann wird vielleicht, selbst wenn er sich anstrengt, niemals eine vernünftige Geschichte oder Melodie zustande bringen, und die Verse, an denen er sich als Jüngling versucht, wird er, wenn er eine Spur von Selbsterkenntnis besitzt, nicht viel später beschämt in den Ofen stecken.

Offenbar fehlt ihm die *Phantasie,* – wobei wieder zu fragen bleibt, was wir eigentlich meinen, wenn wir jemandem diese rätselhafte Eigenschaft zuschreiben. Die Antwort läuft trotz vieler tiefsinniger Abhandlungen auf nicht viel mehr hinaus, als daß ihm erstens *etwas einfällt,* und daß er zweitens eine ebenfalls noch kaum untersuchte mystische Fähigkeit besitzt, die wir als Formgefühl oder, fast noch treffender, als Formverstand bezeichnen. Die beiden einander ergänzenden Fähigkeiten sind nicht immer gekoppelt. Höchsten Formverstand besitzt der „unbestechliche Kenner", der Entdecker neuer Meister, der sich niemals selbst an einem Werk versucht. Andererseits kommt es in allen Künsten vor, daß jemand zwar Einfälle hat, aber keinen ausreichenden Formverstand besitzt.

Ganz gleich in welcher der Künste, jeder echte Einfall ist für uns einstweilen ein Wunder wie eine neue Mutante, die ein Blumenzüchter in seinen Beeten entdeckt. Es gibt kein Verfahren, bei einem Menschen die Häufigkeit dieses Wunders zu steigern wie bei einer Zuchthenne die Zahl der Eier im Jahr, oder gar einen künstlerisch sterilen Menschen sozusagen in ein Blumenbeet zu verwandeln.

Dagegen läßt sich der Formverstand und die Darstellungsfähigkeit sehr wohl erheblich fördern. Es kommt dabei wesentlich an

1) auf eine Sensibilisierung für die Eigenschaften der Dinge,

2) auf eine *Weitung* der Aufmerksamkeit von den Einzelheiten auf die – natürlichen – Ganzen,

3) auf den Abbau der Ichhaftigkeit im Sinne der Individualpsychologie (zum Beispiel *Künkel* 1928), auch *Meister Eckharts* (Reden der Unterscheidung) und der Zen-Lehre (*Suzuki* 1934) und aller sonstigen Nebenziele (sekundären Motivationen),

4) – dies ganz wie in der Anleitung zum einsichtigen Denken – auf den Abbau aller formalen „Hilfen" oder Eselsbrücken.

Eine eingehende Darstellung und Ableitung findet sich in *Metzger* ([2]1962), einige Ergänzungen für den Schulgebrauch in *Metzger* (in *Strunz* [Hrsg.] 1958, S. 273–293).

Bemerkungen über das Einprägen von Kenntnissen und das Einüben von Fertigkeiten

Das Auswendiglernen, das Einprägen, Behalten und Vergessen von Texten war die erste der Sorgen des Lehrers, die von der Psychologie aufgegriffen und planmäßig untersucht wurde (*Ebbinghaus* 1885, *Meumann* 1911–1922, *Lay* 1912). Obwohl die fortschrittlichen Erzieher dieses Jahrhunderts meist mit anderen Fragen beschäftigt waren, läßt sich nicht leugnen, daß auch ein Unterricht, in dessen Mittelpunkt Einsicht und Verständnis stehen, nicht ohne die Vermittlung von Fachausdrücken, auch nicht ohne die Einprägung eines erheblichen Bestandes an Namen, Zahlen und Sachbezeichnungen auskommt, ganz zu schweigen von der Aneignung des Wortschatzes fremder Sprachen, auch einiger Bibelsprüche als einer Art geistiger eiserner Ration und warum nicht auch von einigen überschaubaren Werken der Dichtkunst, vorausgesetzt, daß es sich wirklich lohnt, sie zu bewahren.
Also, mit einem Wort, solange es Schulen gibt, wird es auch das Einprägen von irgendwelchen Daten geben, die man nicht verstehen, sondern nur hinnehmen kann, oder bei denen es, über die Bedeutung des Gesagten hinaus, auf den *Wortlaut* ankommt.

Kann hier der Lehrer mehr tun, als seinen Schülern sagen: Bis morgen lernt ihr die englischen Wörter auf Seite 199, linke Spalte, oder die ersten drei Strophen des Gedichtes soundso, oder die Namen der zwölf wichtigsten rechten Nebenflüsse des Rheins? – Er *kann* nicht nur, sondern er *muß* mehr tun. Es gehört zu seinen Aufgaben, den Schüler zu lehren, wie man sich etwas einprägt, wie man es rasch und sicher einprägt, wie man Anstrengungen vermeidet, die zu nichts führen, und was man tun kann, um nicht nach kurzer Zeit alles wieder zu vergessen.

Eine umfassende und geordnete Lehre vom Einprägen kann trotz der Menge der Untersuchungen im Augenblick noch nicht geboten werden. Wir müssen uns mit einer lockeren Zusammenstellung des einigermaßen Gesicherten begnügen, soweit es für die sichere und dauerhafte Aneignung von Kenntnissen und Fertigkeiten von Belang ist. (Dazu gehört zum Beispiel *nicht*, daß man von drei Konsonanten, zum Beispiel b f n, die einem kurz gezeigt wurden, im Durchschnitt schon nach 18 Sekunden kaum noch einen weiß, falls man sich in der Zwischenzeit sehr nachdrücklich mit etwas anderem [zum Beispiel die Dreierreihe von 90 rückwärts hersagen] beschäftigt hat.)

Einprägen (von Texten) und Einüben (von Fertigkeiten) folgen großenteils, aber nicht durchweg denselben Gesetzen. Beim Einprägen, mit dem wir beginnen, herrschen wieder zum Teil verschiedene Gesetze, je nach dem, ob längere Texte oder einzelne Ausdrücke zu lernen sind. Wir beginnen mit denjenigen, die von allgemeinster Gültigkeit sind: das sind die Gesetze der zeitlichen Verteilung.

1. *Gesetze der zeitlichen Verteilung*

1) Häufung oder Verteilung

Einprägen heißt in jedem Fall: *wiederholen*. Welches Wiederholen ist besser: das gehäufte oder das verteilte? – Der ahnungslose Schüler glaubt am weitesten zu kommen, wenn er den Lernstoff ohne Pause wiederholt, bis er ihn kann. Psychologische Untersuchungen haben immer wieder bestätigt, daß dieselbe Anzahl von Wiederholungen, durch geeignete Pausen über einen größeren Zeitraum verteilt, *eine weit größere Einprägungswirkung hat* als mit kurzen oder ganz ohne Pausen. Stunden sind besser als Minuten und Minuten besser als Sekunden. Man verteilt also Einprägungsaufgaben am besten zwischen andere Arbeiten oder Tätigkeiten. Aber auch wenn das nicht möglich ist, so sind Pausen zum Beispiel von Minuten erheblich besser als solche von Sekunden; (jüngste Bestätigung: *J. M. Digman* 1959).

2) Sättigung

Soll man im zweiten Fall unverdrossen weiter üben, bis man seinen Text oder sein Musikstück fehlerfrei zu Ende bringt? – und dies gar mehrmals? – Wenn das nach *wenigen* Wiederholungen gelingt, ist es gut. Wenn man aber mehr Wiederholungen benötigt und plötzlich merkt, daß man wieder schlechter wird, stecken bleibt, neue Fehler macht, *soll man aufhören* und erst nach längerer Pause weiterüben. Diese Verschlechterung nach vielem Üben ist ein Zeichen der sogenannten *psychischen Sättigung (A. Karsten* 1928). Im Zustand der psychischen Sättigung bewirkt jede weitere Wiederholung eine weitere Verschlechterung.

3) Überlernen

a) Wenn man etwas so lange wiederholt hat, bis man es fließend und fehlerfrei aufsagen oder spielen kann, – dann ist das Lernen noch längst nicht zu Ende. Die Erklärungen der Schüler, die beim Aufsagen stecken bleiben: „Zu Hause konnte ich's noch!" sind durchaus glaubhaft. Aber sie zeigen, daß der Lehrer, als er die Aufgabe stellte, einen wichtigen Hinweis vergessen hat: Unmittelbar nach dem ersten Können schreitet das Vergessen besonders rasch voran – die Vergessenskurve *(Ebbinghaus)* fällt zunächst steil ab. Dagegen hilft nur ein mehrmaliges weiteres Wiederholen dessen, was man schon zu können meint, wobei nun größere Pausen unerläßlich sind.

Folgerung: Mit Einprägungsaufgaben muß man grundsätzlich *zeitig* anfangen. Man darf sie sich nie als letzte aller Aufgaben vornehmen, am allerwenigsten sie „im letzten Augenblick" (morgens vor dem Weggehen) in Angriff nehmen.

b) Weiterlernen dessen, was man schon kann, ist auch erforderlich, um das bloße *Kennen* zum arbeitsfähigen *Wissen* oder Können fortzuentwickeln. Was damit gemeint ist, sei an einer leichten Abwandlung eines Versuchs von *Poppelreuter* (1933, S. 13 ff.) veranschaulicht:

Erster Teil des Versuchs: Man menge eine Liste von geographischen Namen unter etwa ebenso viele oder etwas mehr unbekannte Wörter (etwa aus der organischen Chemie oder Kristallographie) und lasse seine Versuchspersonen die „bekannten" mit einem Plus-Zeichen, die „unbekannten" mit einem Minus-Zeichen versehen. Die Liste enthält bei *Poppelreuter* die folgenden 15 Namen: die Kordilleren, die Anden, Amazonenstrom, La-Plata-Strom, Feuerland, Kap Horn, Buenos Aires, Rio de Janeiro, Montevideo, Santos, Argentinien, Brasilien, Peru, Chile, Kolumbien. Die Mehrzahl dieser Namen werden normale erwachsene Versuchspersonen als bekannt bezeichnen.

Zweiter Teil des Versuchs: Die Versuchspersonen erhalten ein Blatt mit den Umrissen Südamerikas und wieder die Liste mit den 15 numerierten Namen – mit der Aufgabe, die Gebirge als Zickzacklinien, die Flüsse und Grenzen als Striche, die hervorragenden Stellen und Städte als Punkte einzutragen und sämtliche Eintragungen mit ihrer Nummer zu kennzeichnen.

Das Ergebnis ist leicht vorauszusehen: Die Zahl der zutreffend in die Karte *eingetragenen* Gegenstände ist erheblich geringer als die der zuvor als „bekannt" bezeichneten. Ob man deshalb das bloße Kennen mit *Poppelreuter* als „Scheinwissen" bezeichnen soll, ist Geschmacksache. Aber es ist eine *ernste* Frage, ob es nicht zu den Aufgaben der Schule gehört, eine ausreichende Fähigkeit zur Unterscheidung bloßen Kennens von ausreichender Beherrschung zu entwickeln, und zugleich das Bestreben, sich bei wichtigen Gegenständen nicht mit dem ersten zu begnügen. Das ist in Sprachfächern fast noch wichtiger als in Sachfächern: hier verwirklicht es sich in dem Unterschied zwischen den Fähigkeiten zum Her- und zum Hin-Übersetzen. Zum Sprechen gehören immer zwei, einer der spricht, einer der zuhört. Bekanntlich erfordert es sehr viel geringere Anstrengung, sich mit einer fremden Sprache so weit vertraut zu machen, daß man sie verstehen, als sie sich so weit anzueignen, daß man sie selber sprechen, sich mit dem Ausländer in seiner Sprache unterhalten kann. Die naheliegende Verwechslung zwischen Kennen und Können aufzudecken und die Erkenntnis zu vermitteln, daß der Weg vom Kennen zum Können kaum weniger lang und beschwerlich ist als der von der Ahnungslosigkeit bis zum Kennen, das heißt auch, daß auf diesen zweiten Abschnitt des Lernens ebensoviel Gewicht gelegt und ebensoviel Zeit dafür bereitgestellt werden muß, scheint mir eine außerordentlich wichtige Aufgabe der Schule zu sein, die aus nicht mehr feststellbaren Gründen seit dem Ende des ersten Weltkriegs im Namen des Fortschritts von ihr stark vernachlässigt wird.

4) Störungen durch die zeitliche Aufeinanderfolge

a) Die vorwärtswirkende Hemmung (VH)

Wer sich vornimmt, ein Lehrbuch oder größere Teile davon, etwa zum Zweck der Wiederholung selbständig durchzuarbeiten, und sich, nachdem er das erste Kapitel geschafft hat, einen Zeitplan macht, erlebt immer wieder dieselbe Enttäuschung: schließt er von der Zeit, die er für die Seitenzahl des ersten Kapitels gebraucht hat, auf die Zeit, die er zur Bewältigung der restlichen Seiten benötigen wird, so erhält er eine Zeit, *die er niemals einhalten kann.* Mit Kummer entdeckt er, daß es bei den folgenden Kapiteln, auch wenn sie inhaltlich gar nicht schwerer oder verwickelter sind, immer langsamer geht. In strenger Prüfung mußten zwei Versuchsgruppen eine bestimmte Reihe von Wörtern auswendig lernen, um sie später wiederzugeben. Die eine Gruppe hatte an mehreren vorausgehenden Tagen zahlreiche Reihen derselben Art gelernt, die andere keine. Die Mitglieder der ersten Gruppe konnten nach 24 Stunden durchschnittlich noch 25 Prozent, die der zweiten noch 70 Prozent der zuletzt gelernten Reihe wiedergeben (letzte Untersuchung: *Underwood* 1957). Dies ist die sogenannte „vorwärtswirkende Hemmung", das heißt die Erschwerung nachfolgenden Lernens durch vorausgehendes. Nur wer sie kennt, kann für eine ausgedehntere Lernaufgabe wirklichkeitsgerechte Pläne machen.

b) Die rückwirkende Hemmung (RH)

Von einer solchen sprechen wir, wenn der Ertrag *vorausgehenden* Lernens durch *nachfolgendes* Lernen beeinträchtigt wird.

Nach diesen allgemeinen Formulierungen müßte man eigentlich erwarten, daß der Mensch nach kürzerer oder längerer Zeit mit seinen Bemühungen, noch etwas Neues hinzuzulernen, ein für allemal am Ende wäre. Wie kommt es, daß wir unsere Kenntnisse trotzdem immer weiter ausbauen können? – Das hat natürlich zunächst rein zeitliche Gründe: Werden die Pausen zwischen den verschiedenen Arbeitsperioden länger, so werden die störenden Einflüsse geringer.

Aber wir sind auf solche großen Pausen gar nicht angewiesen. Die Stärke der Störungen hängt auch von der Art der Gegenstände und von den Umständen ab, unter denen gelernt wird. Erstens: Je ähnlicher die verschiedenen Lerngegenstände sind, mit denen wir uns kurz nacheinander beschäftigen, um so stärker stören sie einander gegenseitig, und zwar nach rückwärts ebenso wie nach vorwärts. Die Störungen sind zum Beispiel erheblich geringer, wenn man für zwei sprachliche Fächer nicht unmittelbar nacheinander lernt, sondern zum Beispiel Rechenaufgaben oder Geschichte dazwischen schiebt.

Zweitens: Wenn man sich mit zwei Gegenständen kurz nacheinander, aber *unter verschiedenen Umständen* beschäftigt, stören sie einander erheblich weniger, als wenn sie unter gleichbleibenden Umständen aufeinander folgen. Es genügt zum Beispiel, sich mit dem ersten im eigenen Zimmer, mit dem zweiten auf dem Balkon, mit dem dritten im Garten oder in der Küche zu befassen (*Krech, Crutchfield* und *Livson* ²1969, S. 326, ohne Angabe der Herkunft).

2. *Gesetze der Struktur des Stoffes selbst*

1) *Stellenwirkungen* (Positions-Effekte)

Wenn man sich eine größere Menge sprachlichen Materials einzuprägen sucht, dessen Reihenfolge festliegt – ganz gleich, ob es sich um eine Aufzählung einzelner Namen oder um einen zuzusammenhängenden Text handelt –, prägt sich, wie schon *Ebbinghaus* gefunden hat, auch bei gleichmäßiger Beschäftigung mit der *ganzen* Reihe, der Anfang am besten, der Schluß etwas weniger gut und die Mitte am schlechtesten ein (Seilkurve). Das Verhältnis zwischen Anfang und Mitte kann bis zu 3 : 1 betragen (letzte Untersuchung: *L. Postman* und *L. Rau* 1957). Daraus folgt, daß der Lernende der Mitte (und auch dem Ende) viel größere Aufmerksamkeit schenken sollte als dem Anfang.

Was tut der im Lernen nicht unterwiesene Schüler? – Er beginnt bei der ersten Zeile; kann er sie, fügt er die zweite hinzu; kann er die ersten beiden, so hängt er die dritte an, und so weiter bis zum Schluß, – wobei er, um immer wieder „hineinzukommen“, meist stets wieder ganz von vorn beginnt. Die Folge ist, daß er den Anfang, der ohnehin schon besser haftet, so weit überlernt, daß er ihn sein Leben lang nicht mehr vergißt. Bei den folgenden Teilen wird die Einprägung schwächer und schwächer. Mit dem Ende hört er zu lernen auf, wenn er es gerade einmal oder zweimal richtig geschafft hat, und muß froh sein, wenn er es am nächsten Tag noch kann.

Hier ist eine vernünftige Planung nötig, auf die aber der Schüler nie von selbst verfällt, da er von Anfang an „etwas Sicheres" sucht, und das ist die erste Zeile. Man gebe ihm eine Aufgabe von einem Umfang, der aller Wahrscheinlichkeit nach zu bewältigen ist, sagen wir 10–12 Zeilen, und veranlasse ihn, dieses Stück bei jeder einzelnen Wiederholung *ganz* durchzugehen. Er hat dabei zwar zunächst das unangenehme Gefühl des „Schwimmens"; bald aber entdeckt er beim Versuch des Hersagens, daß er schon ganze Strecken zur Verfügung hat, und nun werden erst die fehlenden Teile *für sich* vorgenommen und schließlich wieder das Ganze.

2) Zum Problem des Elements. Man hat in der früheren Lernpsychologie ebenso gedankenlos mit dem Begriff der „Elemente" und ihrer Menge gearbeitet, wie man heute, nach dem Einbruch der Informationstheorie in die Psychologie, von der Menge der „bits" spricht.

Ein „Element" kann ein Buchstabe oder eine Ziffer sein, und bekanntlich kann ein erwachsener Mensch, dem man solche Elemente ein einziges Mal darbietet, auf Anhieb sechs bis sieben davon gleich hinterher richtig wiedergeben. (Bietet man ihm mehr, etwa 12 oder 15, so behält er auch von den ersten sechs nichts oder nur einen traurigen Rest – ein eindrucksvolles Beispiel rückwirkender Hemmung.)

Macht man nun aus drei Buchstaben – einem Vokal zwischen zwei Konsonanten – ein „Trigramm", das heißt eine aussprechbare Silbe, so kann man plötzlich sechs bis sieben solcher Silben, also 18 bis 21 Buchstaben, bei einmaliger Darbietung wiedergeben, auch wenn man sich bei diesen Silben nichts denken kann, das heißt wenn es in der Sprache der Versuchsperson „sinnlose Silben" sind. Dagegen kann eine Folge von drei Konsonanten, die *keine* aussprechbare Silbe bilden (englisch: CCC-Reihen), nicht zur Einheit werden, so daß man auch nicht sechs bis sieben davon auf Anhieb wiedergeben kann.

Noch viel Erstaunlicheres geschieht, wenn Gruppen von Buchstaben verwendet werden, die für den Lernenden eine ganz bestimmte Bedeutung haben, also etwa einsilbige Wörter der eigenen Muttersprache.

Auch wenn es sich um Buchstaben- bzw. Lautgruppen von genau demselben Aufbau und Umfang wie bei den „sinnlosen Silben" handelt: Konsonant-Vokal-Konsonant, bewirkt das Hinzukommen eines Wortsinnes eine erstaunliche Verbesserung des Behaltens. Um eine zwölfgliedrige Reihe vollständig wiederzugeben, benötigten die Versuchspersonen von *Postman* und *Rau* (1957) bei sinnlosen Silben durchschnittlich 44 Wiederholungen, bei sinnvollen Wörtern desselben Aufbaues nur 20. Das geht aber noch weiter.

Eine meiner Versuchspersonen glänzte überraschenderweise bei einmaliger Darbietung mit 12 behaltenen Wörtern. Lösung des Rätsels: Sie hatte einfach die einsilbigen Wörter zu zweisilbigen zusammengefaßt und davon ebenfalls sechs behalten. Das besagt: Sobald die Zeichen und Zeichengruppen etwas *bedeuten,* ist nicht mehr der Buchstabe oder Laut, auch nicht die aussprechbare Silbe, sondern die „Sinneinheit" das „Element". Es ist dann gleichgültig, ob die Glieder einer Reihe einsilbige oder viersilbige Wörter sind. Ja, man kann sogar kurze Sprichwörter als „Einheiten" verwenden, und die Versuchspersonen behalten davon bei einmaliger Darbietung ebenfalls sechs.

Natürlich läßt sich das nicht beliebig fortsetzen; wieweit, ist nicht untersucht. Aber selbst ein so sprödes Material wie Ziffern kann man sich durch geeignete „sinnvolle" Gruppierung in „Elemente zweiter Ordnung" merkbarer machen (*Krech, Crutchfield* und *Livson* ²1969, S. 328). Zu behalten sei die 15stellige Zahl 010002514904131; unmöglich! – Teilt man sie aber so ein, daß die ersten vier Ziffern etwa das Land, die zweiten vier die Stadt, die nächsten drei die Zentrale einer Behörde und die letzten vier den Nebenanschluß bedeuten – also 0100 – 0251 – 490 – 4131 –, so sieht die Sache schon erheblich hoffnungsvoller aus.

Zwischenbemerkung über „Mnemotechnik"

Natürlich kann man sich auch bei sinnlosem „Material" – wozu ja auch bisher unbekannte Eigennamen oder Fachausdrücke gehören, wie sie in der Schule in einem fort vorkommen – oft dadurch helfen, daß man eine gewisse Ähnlichkeit mit einem bekannten Wort entdeckt und diese sich zunutze macht, um auf diesem Umweg etwas Sinn in das sonst Sinnlose zu bringen. Dies ist einer der Tricks der zeitweilig so eifrig empfohlenen sogenannten „Mnemotechnik" oder Kunst des Behaltens.

In einem amerikanischen Experiment (*E. J. Underwood* und *G. Keppel* 1963) wurden Gruppen von drei Buchstaben verwendet, die man durch Umsetzen leicht in ein bekanntes Wort verwandeln konnte. Die Versuchspersonen, die das (z. T. auf Anweisung) taten, schnitten aber schlechter ab als diejenigen, die einfach das lernten, was da stand: das verwandelte („codierte") Wort muß ja wieder zurückverwandelt („decodiert") werden; und an diesem Punkt lag die Schwierigkeit: Es war leicht, zwecks besseren Behaltens beispielsweise aus tfa fat zu machen, aber bei der Wiedergabe erhob sich die oft unentscheidbare Frage: war es eigentlich fta oder tfa oder atf usw.?

Übrigens haben viele, die es mit der Mnemotechnik versuchten, noch eine andere Erfahrung gemacht: daß ihnen schon das Aushilfswort später nicht mehr einfiel. Unter solchen Umständen ist es also vorläufig das Sicherste, auf derlei Künste zu verzichten und sich die Sache selbst zu merken.

3. *Die Bedeutung des Aufbaues und des Sinnes der Gesamtreihe*

In der bisherigen Erörterung wurde zwar nach dem Unterschied gefragt, der zwischen „sinnlosen Silben" und „Wörtern" besteht. Das sinnlose Material besteht aus Folgen sichtbarer Zeichen für hörbare Folgen einzelner Laute (zum Beispiel drei Konsonanten) oder für in sich zusammenhängende, aussprechbare Lautgestalten oder „Silben" (zum Beispiel Konsonant-Vokal-Konsonant-Gruppen). Diese Lautgestalten selbst sind jedoch im reinen Fall – wo keine mnemotechnischen Kunststücke naheliegen – *nicht wiederum Zeichen* für irgendeinen anderen Sachverhalt, der durch sie bezeichnet und durch ihr Lesen oder Hören ins Bewußtsein gerufen wird. Diese Zeichenbedeutung unterscheidet das *Wort* (einer bekannten Sprache) von der reinen Lautgestalt der sinnlosen Silbe. Wir haben gesehen, daß in dem Augenblick, wo Folgen von Buchstaben oder Lauten solche Zeichenfunktion besitzen, das Bezeichnete oder die Wortbedeutung für den Lernvorgang zur eigentlichen Einheit wird.

Die Frage nach dem *Aufbau des Gesamtmaterials* wurde dabei bisher nicht gestellt. Er bestand aus undsummenhaften Reihungen solcher Einheiten. Die Gesamtheit der aneinandergereihten Einheiten ist dabei kein „Ganzes" im eigentlichen Sinn des

Worts. Das heißt, man kann Glieder hinzufügen oder wegnehmen, und vor allem auch die vorhandenen Glieder beliebig umstellen oder auch durch neue ersetzen, ohne daß ihre Gesamtheit sich wesentlich ändert. Wenn ich die Reihe

Ananas, Verzicht, Tetraeder, Heiliger, Verkehrszeichen, Scheidung, Addition

in die Reihe:

Addition, Verkehrszeichen, Tetraeder, Verzicht, Ananas, Heiliger, Scheidung

verwandle, ist grundsätzlich nichts geändert, ebensowenig, wie wenn ich Tetraeder durch Wurzelbürste oder Ananas durch Polizist ersetze.

Daran ändert sich nichts Grundsätzliches, wenn die Reihe eine *Klasse* von Gegenständen darstellt, also die Wahl ihrer Glieder nicht mehr völlig beliebig ist. Auch die Reihe

Spargel, Möhre, Kresse, Kohlrabi, Blumenkohl, Bohnen, Endivien, Artischocken

kann ich beliebig verlängern, verkürzen oder umstellen, ohne etwas Wesentliches zu ändern.

Das heißt, daß die Reihe, obwohl aus *sinnvollen Einheiten* bestehend, *als solche* keinen Sinn hat.

Man vergleiche mit ihr die Reihe:

Ladentür, Rolltreppe, Theke, Verkäuferin, Frage, Wunsch, Angebot, Auswahl, Kassenzettel, Kasse, Packtisch, Fahrstuhl, Ausgang.

Diese Reihe *ist als Ganze* eine Sinneinheit. Es ist in ihr ein Geschehen angedeutet, das einen klaren Anfang und ein klares Ende hat. Sie hat ein Thema: „Der Einkauf im Warenhaus". Sie kann nicht von hinten nach vorn gelesen werden, ohne ihren Sinn zu verlieren. Zwar kann man Einfügungen vornehmen, vielleicht auch dies oder jenes weglassen; aber keineswegs beliebig: beides ist durch das Thema festgelegt. Dieses erlaubt zum Beispiel als Zufügung weitere Details, zum Beispiel, was die Verkäuferin alles vorlegt, wie der Käufer seine Auswahl begründet, usw. Es erlaubt auch die Weglassung nur von *weniger Wesentlichem* (zum Beispiel der Rolltreppe und des Fahrstuhls, falls der Kauf im Erdgeschoß stattgefunden hat). Diese Reihe ist

„*ein* Ganzes", und zwar ein *Sinn*-Ganzes. In ihm hat jede der Einheiten ihren bestimmten Platz und ihre bestimmte Funktion und ist daher nicht austauschbar und nur durch eine sinnverwandte ersetzbar.

Es gibt aber auch durchstrukturierte, gestaltete Ganze, bei denen weder die Einheiten noch sie selbst irgend etwas außer ihnen bedeuten: zum Beispiel ein kunstvoller Tanz. Ihre Ganzheit besteht darin, daß sie *nach einem Prinzip aufgebaut sind,* ganz gleich ob dieses expliziert und formulierbar oder nur „gefühlsmäßig" erfaßbar ist.

Man vergleiche die folgenden zwei Reihen aus je 9 Zahlenpaaren:

1) 40 57 39 22 75 68 84 36 29,
2) 10 29 38 47 56 65 74 83 92.

Die Folge 1) ist „zufällig"; die Folge 2) befolgt ein Prinzip, das der Leser leicht erkennen wird. Die Glieder der ersten Reihe sind vertauschbar und ersetzbar, die der zweiten nicht. Denn in ihr hat jedes Glied seinen durch das Gesamtprinzip vorgeschriebenen und festgelegten Platz. Setzte man zum Beispiel an die Stelle des zweiten Gliedes des fünften Paares 9 statt 6, so wäre dies „sinnlos", „unsinnig" oder „falsch", obwohl das Zeichen 9 genausogut wie das Zeichen 6 „eine Bedeutung" hat. Der Leser würde sofort das dringende Bedürfnis empfinden, an dieser Stelle das Ganze zu „berichtigen". Es wäre sinnlos *im Hinblick auf das Ganze,* genau wie wenn man in der vorausgehenden Reihe „Einkauf" an die Stelle von „Kassenzettel" das Wort „Benzintank" oder „Demut" setzen würde, – aber diesmal nicht aus inhaltlichen, sondern aus rein strukturellen Gründen, genau, wie wenn der Tänzer an einer bestimmten Stelle seines Tanzes, anstatt die Arme zu erheben, mit der einen Hand an den Halsausschnitt greifen und sich mit der anderen hinter dem Ohr kratzen würde.

Der erhöhte Einprägungswert von Reihen aus sinnvollen anstatt sinnloser *Einheiten* wird von dem Einprägungswert sinnvoller *Ganzer* weit übertroffen. In eigenen Praktikumsversuchen konnte eine Versuchsperson zum Beispiel bei einmaliger Darbietung nicht über sechs Buchstaben, Ziffern oder sinnvolle Wörter behalten; dagegen gelang es ihr, einen zusammenhängenden Satz aus 35 Worten und weit über 100 Buchstaben fehlerfrei wiederzugeben, obwohl er ebenfalls nur einmal vorgelesen worden war.

Es ist kennzeichnend für das Erlernen solcher sinnvoller Ganzer, daß, bei Überschreitung des größten Umfanges, der eben noch wörtlich wiedergegeben werden kann, die Wiedergabe zwar allerlei Abweichungen, Weglassungen (oder auch Zusätze) enthalten kann, aber dabei stets „sinngemäß" bleibt, das heißt, daß nur Nebensächliches, „Unwesentliches" ausgetauscht wird oder wegfällt, daß möglicherweise gleichbedeutende oder sinnverwandte Ausdrücke verwendet werden, die am Sinn des Ganzen überhaupt nichts ändern, und daß auch etwaige Zusätze stets etwas eingehendere Ausführungen des Vorgegebenen sind, die dem entsprechen, was vom Ganzen her an der fraglichen Stelle gefordert wird.

Für den Lehrer folgt also, sofern es sich um Sinn-Ganze handelt: Auch was man sich *wörtlich* einprägen soll, muß man zuvor *verstehen,* damit man es nicht trotz erhöhter Anstrengung bald wieder vergißt.

Übrigens gilt, was oben über die Abhängigkeit vorwärts- und rückwirkender Hemmungen von der Art des Materials der verschiedenen Lern-Aufgaben gesagt wurde, *auch* für die Wechselwirkungen zwischen den verschiedenen *Teilen* eines und desselben zu lernenden Ganzen. Daher ist es soviel schwieriger, ein Kirchenlied oder ein betrachtendes Gedicht (die „Zueignung") zu lernen, als etwa eine Ballade. In den ersten steht in sämtlichen Strophen ungefähr dasselbe mit etwas anderen Worten, während man in der zweiten einen scharf strukturierten Verlauf mit unmißverständlich festliegendem Aufbau und sich gut voneinander abhebenden Teil-Tatbeständen vor sich hat. Die Aufgabe des Lehrers bei der Vorbereitung jener schwerer zu behaltenden Stoffe liegt auf der Hand.

4. *Katonas Untersuchungen über die Bedeutung der Erfassung des Aufbauprinzips*

Wie schon an Hand der oben dargebotenen Zahlenreihen angedeutet, ist die Erfassung der rein formalen Struktur eines Ganzen für seine Erlernung genau so wichtig wie die Erfassung seiner etwaigen inhaltlichen Bedeutung, das heißt des „Themas".

Man bitte einen Bekannten, die folgende Zahlenreihe nach einmaligem Durchlesen frei wiederzugeben:

102 938 475 665 748 392

Das kann niemand. Dabei ist es genau dieselbe Zahlenfolge, die schon oben angeführt wurde. Nur sind die Zahlen jetzt so zu Gruppen zusammengefaßt, daß das Aufbauprinzip der Reihe – abwechselnd die Zahlen von 1 bis 9 und die Zahlen von 0 rückwärts bis 1 nennen – verborgen ist. Das Beispiel ist eine Abwandlung einer Aufgabe von *Georg Katona* (1940):

Erste Darbietungsweise:

581 215 192 226 (??)

Zweite Darbietungsweise:

5 8 1 2 1 5 1 9 2 2 2 6 (?)

Es gibt Versuchspersonen, die schon bei dieser Darbietungsweise das Prinzip entdecken, was sich darin äußert, daß sie die Reihe ohne weitere Einprägungsbemühungen frei wiedergeben können.

Dritte Darbietungsweise:

5 8 12 15 19 22 26 (!)

Jetzt ist es klar: Von 5 beginnend, wird abwechselnd 3 und 4 hinzugezählt.

Katona untersucht den Gegensatz zwischen dem blinden (stückhaften) Einprägen der Folge gegebener Einzeldaten und dem Erfassen des Prinzips, nach dem eine solche Folge entsteht, außer an dieser Zahlenreihe auch an *Handlungsfolgen,* und zwar bei einem Kartenkunststück und bei Streichholzaufgaben. Dabei werden der einen Gruppe von Versuchspersonen die aufeinanderfolgenden Handgriffe, der anderen das Prinzip ihrer Aufeinanderfolge – und die Notwendigkeit dieser Aufeinanderfolge angesichts der gestellten Aufgabe – vermittelt.

Die Unterschiede in der Auswirkung der beiden Darbietungsweisen sind so schlagend, daß hier in aller Kürze darüber berichtet werden soll.

Ist das Aufbauprinzip gefunden, so folgt – im Gegensatz zur einfachen Einprägung der Folge der Elemente –:

1) Das Gelernte wird viel länger behalten. Das Vergessen setzt nicht unmittelbar mit dem Schluß des Lernens ein; die Vergessenskurve stürzt nicht gleich zu Beginn steil ab, wie in den seit *Ebbinghaus* bekannten Einprägungsversuchen.

2) Man kann eine solche Reihe lernen, *ohne sie zu wiederholen,* während zum einfachen Einprägen eine größere oder geringere Zahl von Wiederholungen erforderlich ist.

3) Um ein Behalten auf längere Zeit sicherzustellen, ist *nicht*, wie beim reinen Einprägen, ein Überlernen (siehe oben S. 199) erforderlich.

4) Nach längerer Zeit kommen die Antworten zwar etwas zögernder heraus als nach erfolgreicher einfacher Einprägung (also nicht „wie aus der Pistole geschossen"); sie sind aber durchweg sicherer.

5) Gibt der Versuchsleiter später die Reihe mit einer falschen Zahl wieder, so erhebt die Versuchsperson regelmäßig Einspruch und berichtigt den Fehler, was bei bloßem Einprägen nur ausnahmsweise vorkommt.

6) Wenn bei Kenntnis des Aufbauprinzips Fehler vorkommen, so sind sie nicht „zufällig", sondern entweder Transponierungen oder Abänderungen des Prinzips.

7) Handelt es sich um offene Reihen, so können diese fortgesetzt werden.

8) Sobald das Prinzip erfaßt ist, machen auch viel kompliziertere Aufgaben derselben Art (etwa mit 20 statt 6 Gliedern) keine zusätzlichen Schwierigkeiten.

9) Es ist – im Gegensatz zum reinen Einprägen – eine unbehinderte (hundertprozentige) Übertragung auf Aufgaben desselben Typus möglich.

10) Darüber hinaus wird eine Haltung erworben, die bei zahlreichen andersartigen Aufgaben nützlich ist.

Das hat folgende Gründe: Beim verstehenden Lernen wird nicht die Ausgangsaufgabe gelernt, sondern *durch sie* (als „Beispiel") das Prinzip. Die Versuchspersonen sind mit dem beschäftigt, wofür die Aufgaben Beispiele sind, nicht mit ihren speziellen Zügen. Gelernt wird *durch* die Beispiele: das System der Beziehungen, die für das Vorgehen wesentlich sind, der Verlauf und der Kernpunkt der Operation, das für das Problem Wesentliche, also lauter Eigenschaften, die das gesamte Vorgehen kennzeichnen, nicht Eigenschaften einzelner Stücke oder Elemente. Lernen heißt hier: Die Entwicklung, das Sich-Auskristallisieren von Ganzeigenschaften; diese können sehr scharf und bestimmt im Bewußtsein sein, auch wenn man sie nicht in Worte fassen kann.

Mit anderen Worten: Verstehendes Lernen beruht im wesentlichen auf denselben Vorgängen wie das Problemlösen: auf der Entdeckung eines Prinzips. Für beide ist kennzeichnend eine Veränderung, eine Strukturierung (bzw. Umstrukturierung) des Materials, und zwar so, daß gewisse innere Beziehungen sichtbar werden, die das gesamte Material einheitlich charakterisieren.

Dabei besteht ein fließender Übergang vom strukturierenden Lehren, wobei der Lehrer der Haupttätige ist, bis zum selbständigen Erarbeiten, bei welchem die Tätigkeit schließlich ganz beim Schüler liegt und der Lehrer allenfalls einmal als Berater herangezogen wird:

1) Das erhellende Belehren, bei dem der Lehrer spricht und ausdrücklich auf die inneren Zusammenhänge hinweist (wobei er streng darauf achten muß, daß der Schüler seine Erklärungen nicht auswendig lernt).

2) Die *sokratische* Hinführung, bei welcher der Lehrer durch eine gezielte Folge von *Fragen* die Aufmerksamkeit auf die entscheidenden Eigenschaften des Gegenstandes hinleitet.

3) Die Hinführung durch Serien passend gewählter, zunächst sehr einfacher und leicht durchschaubarer Beispiele.

4) Das völlig oder annähernd selbständige Finden.

Auf die dritte und vierte Weise erarbeitete Erkenntnisse bleiben nicht nur besser im Gedächtnis haften, sondern haben allgemein den höheren erzieherischen Wert; vor allem eine breitere Übertragbarkeit. Die Lösung eines Problems *selbst zu finden,* ist mehr, als eine von einem anderen vorgegebene und erklärte Lösung zu *verstehen* (siehe über „Kennen" und „Beherrschen" oben S. 200).

5. *Vom Wörterlernen*

Als wir noch in die Schule gingen, ließ uns der Englischlehrer die ersten Stücke aus dem Übungsbuch auswendig lernen, damit wir dabei die Wörter lernten, die darin vorkamen, – so meinte er. Aber in seiner Rechnung war ein Fehler: wir wußten zwar, was die Wörter in der Geschichte bedeuteten, aber wenn wir sie in einem anderen Zusammenhang brauchten, suchten wir in unserem Gedächtnis vergeblich danach. Nicht viel besser ist es, wenn man die berühmte linke Spalte auf S. 199 herunterlernt. Man weiß schließlich bei jedem Wort schon das nächste, – aber wenn man eines der Wörter außer der Reihe, also ohne das jeweils vorhergehende braucht, ist es oft nicht verfügbar. Außerdem: man lernt fortgesetzt aufs neue mit, was man schon weiß, und vertut damit die Zeit, die man für das braucht, was man noch nicht weiß.

Das Wörterlernen nimmt also unter den Fragen des Einprägens eine besondere Stellung ein.

Auch eine sinnlose Folge von sinnvollen Wörtern, die immer wieder auf gleiche Weise durchgegangen wird, bildet im Gedächtnis schließlich einen mehr oder weniger festen Block. Für das Wörterlernen ist aber diese Blockbildung ein Hindernis. Denn Wörter werden in vielen Zusammenhängen gebraucht, müssen also einzeln im Gedächtnis greifbar sein.

Wir haben als Schüler versucht, den Zusammenhang der Buchseite zu lockern, indem wir unsere Kenntnisse nicht nur von oben nach unten, sondern auch von unten nach oben prüften oder indem wir in der Reihenfolge 1 – 3 – 5 – 7 ... und 2 – 4 – 6 – 8 ... übten. Eine bessere Möglichkeit, Blockbildungen zu vermeiden, wobei zugleich auch das Lernen der Schwierigkeit angepaßt wird, bietet das Zettelverfahren (*Schlißke* 1956). In der einfachsten Form gehören dazu zwei Schachteln oder Kästen („gekonnt" und „noch nicht gekonnt") und so viele Zettel wie Wörter. Auf ihre Vorderseite wird der fremdsprachliche, auf die Rückseite der muttersprachliche Ausdruck geschrieben, und alles wird in beliebiger Unordnung in den Kasten „nicht gekonnt" geworfen. Diese ständig wechselnde Unordnung ist wichtig, weil durch sie die Blockbildung vermieden wird. Die Zettel werden zum weiteren Lernen einzeln herausgenommen, wie man sie gerade greift; ihr Inhalt wird durch Vergleich der beiden Seiten eingeprägt, dann werden sie zur Seite gelegt. Dies mehrmals hintereinander. Merkt man, daß man in beiden Richtungen sofort weiß, was hinten steht, wird der Zettel unter „gekonnt" abgelegt. Nicht nur wenn man hinten nachsehen muß, sondern auch schon, wenn man sich erst besinnen muß, kommt der Zettel zu den ungekonnten zurück, mit denen weiter geübt wird (vgl. aber oben S. 198 f.). Zu späteren Wiederholungen wird alles nochmals in den Kasten „nicht gekonnt" geschüttet und wandert von dort – nur viel schneller – in den Kasten „gekonnt" zurück[1].

6. *Was geschieht beim Fortschreiten der Beherrschung einer Fertigkeit?*

Die Aneignung einer Fertigkeit bis zur Beherrschung ist stets ein langsamer Vorgang, der unzählige Wiederholungen erfordert. Wie geht es beispielsweise her, wenn man das Maschinenschreiben zu üben beginnt? Man sucht zuerst die Taste des ersten Buchstabens, dann schlägt man sie mit dem vorgeschriebenen Finger an. Dann sucht man die nächste und schlägt sie an, und so weiter bis zum Ende. – Worin besteht nun der Fortschritt? Darin, daß man dasselbe tut wie am Anfang, nur immer schneller und schneller? daß man immer schneller Tasten sucht und sie dann immer schneller anschlägt? – Nein. Von einer bestimmten Stufe der Beherrschung an *sucht man überhaupt nichts mehr,* da man jetzt weiß, wo die Tasten sind. Ist man noch etwas weiter, so ändert sich das Tun erneut: man tippt keine einzelnen Buchstaben mehr; man faßt jetzt ganze Wörter, das heißt *Buchstabenfolgen* ins Auge und läßt die zugehörigen Fingerbewegungen ablaufen. Es wird behauptet, daß der vollendete Schreiber sogar gleich ganze Sätze ins Auge faßt und sie „in einem heruntergetippt (zuerst *Münsterberg* 1900). Ähnliche Entwicklungen vollziehen sich bei allen Fertigkeiten, die eine sehr rasche Folge von Impulsen verlangen, etwa beim Geigen- oder Klavierspiel. Das ist rein technisch gar nicht anders möglich: ein geübter Musiker spielt in raschen Läufen bis zu 16 Noten in der Sekunde. Er muß dabei die wechselnden Tasten oder Stellen des Griffbretts haargenau treffen. Die Folge dieser Bewegungen ist rascher als die Reaktionszeit des Auges. Wenn man also rasch vom Blatt spielt, ist es unmöglich, die einzelnen Noten zu lesen und dann zu spielen. Sie *müssen* in Gruppen erfaßt werden, das heißt gleichzeitig gelesen und erst beim Ausführen in die Zeitfolge übersetzt werden (*Lashley* 1951).

Mit diesen *strukturellen* Änderungen der Tätigkeit, auf denen der eigentliche Übungsfortschritt beruht, hängt es offenbar zusam-

---

[1] Eine etwas vollkommenere Einrichtung mit genaueren Übungsanweisungen ist bei P. B. O. Lehr- und Lernmittelabteilung, 8031 Puchheim bei München, Bäumlstraße 12, erhältlich.

men, daß Übung meist nicht einfach erst rasch, dann immer langsamer ansteigt, wie man es nach den bekannten Lernkurven erwarten sollte. Vielmehr kann nach einem solchen Anstieg und schließlichen Stillstand der Übung (dem „Plateau" der Übungskurve), wenn man unverdrossen weiter übt, ein weiterer wieder erst rascher und dann allmählich langsamer werdender Anstieg folgen, und dies unter Umständen sogar mehrmals.

Für jeden, der eine Fertigkeit einübt, und jeden, der ein solches Üben überwacht, ist es also wichtig, zu wissen, daß ein solcher Stillstand der Verbesserung keineswegs bedeuten muß, daß der Übende an der oberen Grenze seiner Fähigkeit angelangt ist. Es kann auch nach langem, *scheinbar* vergeblichem Bemühen eines Tages wieder bergauf gehen. Es ist wichtig, das zu wissen, damit man nicht vorzeitig aufgibt (*Crossmann* 1959).

Höchstleistungen, zum Beispiel im Sport, beim Singen oder in der Beherrschung von Musikinstrumenten, sind nur bei mehrjährigem und unermüdlichem, fast täglichem Üben zu erreichen. Ob eine gut geübte Fertigkeit je wieder verlorengehen kann, darüber streiten sich die Gelehrten. Jeder von uns kann die Erfahrung machen, daß er eine Kunst, die er viele Jahre lang nicht ausgeübt hat und die er für längst verlernt hält, etwa das Schlittschuhlaufen, nach wenigen Augenblicken wieder in alter Gewandtheit ausübt. In einem unter genau festgelegten Bedingungen durchgeführten Versuch von *Fleishman* und *Parker* (1962) war noch nach zwei Jahren bei einer Geschicklichkeitsübung keinerlei Einbuße festzustellen.

Nach *Fitts* (1964) beruht der schließliche Rückgang sportlicher Leistungen nicht auf dem allmählichen Nachlassen der Geübtheit, sondern einmal auf altersbedingten organischen Veränderungen, zum anderen darauf, daß der Betreffende keinen Spaß mehr daran hat. Dem steht freilich der Ausspruch eines berühmten Klavierspielers gegenüber: Wenn ich *einen* Tag nicht übe, merke *ich* es; wenn ich *zwei* Tage nicht übe, merkt es meine Frau, und am dritten merkt es das Publikum.

7. *Das Wechselverhältnis zwischen Genauigkeit und Geschwindigkeit*

Bei einer großen Zahl von Fertigkeiten: handwerklichen, sportlichen und künstlerischen, wird vom Könner Genauigkeit und

Geschwindigkeit zugleich verlangt. Wir alle kennen die Maschinenschreiber, die zwar außerordentlich fix sind, aber keine Seite ohne so und soviele Verschreibungen abliefern (auch dann, wenn sie die Rechtschreibung beherrschen und wissen, daß sie sich Zeit lassen dürfen). Wir pflegen anzunehmen, daß diese Menschen aus irgendwelchen verborgenen Gründen eben nicht genauer oder sauberer arbeiten *können*, daß sie eben „unordentlich" *sind*. Wie *Poppelreuter* in einer sehr zu Unrecht vergessenen Untersuchung (1933, S. 17–20 und S. 71–115) gezeigt hat, ist jeder von uns zu einer sehr viel exakteren Ausführung bestimmter Aufträge fähig, als er sich selbst zutraut. Daß in dieser Hinsicht niemand unter uns seine obere Grenze erreicht hat, nach *Poppelreuters* Behauptung, drei Ursachen, die ich mit meinen Worten wiedergebe:

1) Wir neigen dazu, uns bei der *Entgegennahme* einer Arbeitsanweisung ihren Inhalt nicht genau, sondern nur „so ungefähr" klarzumachen.

2) Wir neigen dazu, beim *Entschluß* zur Ausführung einer solchen Anweisung ein minimales (inhaltsarmes) statt optimales Arbeitsziel zu bilden.

3) Wir neigen bei der *Ausführung* von Arbeitsanweisungen dazu, uns mit einer – genau genommen – nur *scheinbaren* „Erledigung" zu begnügen. („Ich habe gefegt", sagt [nicht nur] das *kleine* Kind, das ein paarmal mit dem Besen auf dem Boden hin und her gefahren ist, ohne daß der Schmutz, der dort liegt, weniger geworden ist.)

Ferner: Bei allem gebräuchlichen Üben – sehr auffällig zum Beispiel beim Maschinenschreiben – wird, bevor die nötige Sicherheit erreicht ist, versucht, die Geschwindigkeit zu steigern, und es wird dabei eine Steigerung der Fehlerzahl wie ein unabwendbares Geschick in Kauf genommen. Niemand entwickelt ohne Hilfe ein sicheres Gefühl für diejenige Arbeitsgeschwindigkeit, die ihm (eben noch) ein fehlerfreies Arbeiten gestattet. Nach *Poppelreuter* können Bestleistungen nur erreicht werden, wenn in einem mehr oder weniger langen Eingangsabschnitt des Übens *das einzige Ziel* die Genauigkeit und Richtigkeit ist und *die Zeit überhaupt keine Rolle spielt.*

Das langsamere Arbeiten verbessert freilich *nicht als solches* die Leistung, sondern nur, wenn es die *Folge* eines Bemühens um Richtigkeit um jeden Preis ohne jeden Seitenblick ist.

Dieses Bemühen um Richtigkeit ist nicht durch Mahnungen (wie „paß doch besser auf") zu erreichen, sondern nur dadurch, daß man dem Übenden dazu verhilft, einzusehen, *was es heißt,* die Anweisung wirklich ganz ernst zu nehmen, so ernst, als ob das Leben davon abhinge, und sie sich vor Beginn der Ausführung wirklich ganz klarzumachen, also sich *auch hierzu* schon genug Zeit zu nehmen.

Es muß erreicht werden, daß der Übende jeden Fehler, den er doch wieder macht, nicht irgendwelchen menschlichen Unzulänglichkeiten, sondern *seinem eigenen unzweckmäßigen Verhalten* zuschreibt und dieses zu ändern versucht. Nur so kann beispielsweise beim Maschinenschreiben vermieden werden, daß der Übergang vom Buchstabenlesen zum Wortlesen und zum Worteschreiben (siehe oben S. 213) nicht schon erfolgt, wenn die Zuordnung zwischen dem gesehenen (oder bei Blindschrift „gewußten") Ort und der Schreibbewegung noch nicht unbeirrbar sicher ist.

Mit dem Üben auf Schnelligkeit darf nach *Poppelreuter* ausdrücklich erst begonnen werden, wenn die höchste Genauigkeit (das heißt beim Schreiben die Fehlerlosigkeit) erreicht ist. Treten im Verlauf des Übens auf Geschwindigkeit wieder Fehler auf, so muß diese wieder verringert werden.

8. *Die Rolle der Wiederholung und der Erfolgsbeobachtung und -beurteilung beim Üben*

Dieser Punkt ist so wichtig wie kurz zu erledigen. Es gibt

1) keine Übung ohne zahlreiche Wiederholungen.

2) Die Wiederholung als solche hat nicht die Macht, irgend etwas an der fraglichen Tätigkeit zu verbessern, auch wenn sie unzählige Male erfolgt.

3) Das eigentlich Bessernde ist der beobachtete oder „gefühlte" Unterschied zwischen der Sollgestalt und der Istgestalt der ausgeübten Tätigkeit. So verschieden die Vergegenwärtigung der Sollgestalt auch ist, als Vorbild, als Muster, als geahnte Prägnanzform, und so verschieden auch die Istgestalt wahrgenommen werden kann, durch Nachmessen oder durch unmittelbares Ge-

fühl des Unprägnanten: auf möglichste Unmittelbarkeit des Erlebnisses der Spannung zwischen beiden kommt es an.

4) Darum sind Übungsarbeiten ohne jeden Wert, wenn der Übende ihr Ergebnis nicht erfährt.

5) Die Förderung durch eine Übungstätigkeit ist um so höher, je unmittelbarer ihr die Erfolgsbeobachtung folgt: am besten ohne Pause. Schon ein Verzug um Stunden oder bis zum nächsten Tag schwächt ihre Wirkung erheblich ab, von Verschiebungen auf die nächste oder übernächste Woche ganz zu schweigen (*Rupp* 1927).

6) Die Erfolgsbeobachtung ist am wirksamsten, wenn sie von dem Übenden selbst vollzogen wird; zugleich werden dadurch Peinlichkeiten, Demütigungen und Entmutigungen vermieden.

7) Der Vergleich mit den Leistungen der Mitübenden ist nicht immer ohne augenblickliche Wirkung, aber seiner Natur nach ohne sachlichen Wert; er verführt zur Ichhaftigkeit (siehe oben Seite 187), zur Streberei, und je nach Ausfall zur Überheblichkeit oder Entmutigung.

8) Zur Beurteilung des *Leistungsstandes* genügt die Kenntnis des *Leistungsziels* (zum Beispiel fehlerloses Diktat); zur Beurteilung des *Leistungsfortschritts* genügt der Vergleich mit den *eigenen* früheren Leistungen; diese kann in wichtigen Fällen durch eine *Leistungskurve* veranschaulicht werden, die der Übende selber führt.

9. *Ganzes und Teil beim Üben*

Soll man eine neue Tätigkeit, und zwar dieselbe, mit beiden Händen gleichzeitig ausführen – zum Beispiel mit verbundenen Augen ein Rechteck zeichnen, ohne die Ränder einer vorgezeichneten Bahn zu berühren, so liegt es nahe, es erst mit der einen Hand zu üben, dann mit der anderen, und erst wenn es mit den einzelnen Händen einigermaßen gut gelingt, mit beiden zugleich. In Versuchen von C. *E. Beeby* (1930) wurde die Reihenfolge des Übens mit der umgekehrten verglichen. Es ergab sich dabei mehreres: Die beiden einzeln arbeitenden Hände begannen mit einer erheblich geringeren Fehlerzahl – Fehler = Berührung des

Randes – (durchschnittliche Fehlerzahl während der zehn ersten Umläufe bei jeder Hand 150) als die zusammenarbeitenden (176 rechts, 280 links). Nach 40 Versuchen war die rechte Hand bei 75 Fehlern, die linke bei 120 Fehlern angelangt. Arbeiteten die Hände zusammen, so war nach der selben Übungsmenge die rechte auf etwas über 100, die linke auf 120 Fehler gelangt. Nun wurde von Einzelarbeit zu Zusammenarbeit übergegangen und umgekehrt; für den 40. bis 50. Umlauf stieg die durchschnittliche Fehlerzahl bei beiden Arten des Arbeitens wieder etwa auf die anfängliche Fehlerzahl der einzeln arbeitenden Hände und hatte nach weiteren 40 Umläufen bei beiden Reihenfolgen noch nicht wieder die Fehlerzahl 100 erreicht oder unterschritten. Dies ist eine der eindrucksvollsten Bestätigungen des zuerst von *Max Wertheimer* (1933) an gesehenen Gebilden nachgewiesenen Unterschieds zwischen einem und demselben Sachverhalt als Einzelinhalt und als Teil eines Ganzen.

Man beobachtet genau dasselbe, wenn man in einem mehrstimmigen Chor die Stimmen erst einzeln üben läßt, bis sie sicher sitzen. Geht man dann zum Zusammensingen über, so kennt keiner seine eigene Stimme mehr und alle müssen sie erst wieder von Neuem kennenlernen. Im Gegensatz zum *Beeby*-Versuch gibt es hierbei aber eine Aushilfe, die ich aufs dringendste empfehlen möchte: Man spielt schon beim Einüben der einzelnen Stimmen alle anderen als eine Art Hintergrund mit.

Das Gesagte gilt freilich nur für Teiltätigkeiten, die so gleichartig und so eng verflochten sind wie die Stimmen eines Chores oder wie das Tun der Hände beim Klavierspielen. Sind sie etwa so verschieden wie beim Radfahren das Treten und Bremsen mit den Füßen und das Gleichgewichthalten und Steuern mit den Händen; oder auch beim Geigen das Greifen mit der linken und die Führung des Bogens mit der rechten Hand, so sind keine so durchschlagenden Wechselwirkungen zu erwarten. (Das Gleichgewichthalten lernt man heutzutage ohnehin vorweg auf dem Roller.)

Einleuchtenderweise verschwindet die Wechselwirkung völlig, wenn die Teiltätigkeiten aufeinander folgen, wie etwa beim Sägen, Hobeln, Bohren, Fugen, Stiften usw. im Rahmen der Kunst des Schreiners.

Wir schließen dieses Kapitel mit einer Frage, auf die es bisher nur eine vorläufige Antwort gibt, obwohl sie schon 1913 von *Anathon Aall* gestellt und für die Schule nach wie vor von höchster Bedeutung ist:

Es ist die Frage nach der Bedeutung der „Reproduktionsperspektive" für das Behalten über längere Zeit, mit anderen Worten, die Frage, ob begründete Aussicht besteht, daß man das, was man heute lernt, um es sich morgen abfragen zu lassen, auch noch nach vier Wochen, vier Monaten oder vier Jahren weiß, oder ob nicht vielleicht gerade durch das Abfragen, oder genauer, durch das Bewußtsein, ‚morgen (oder am Jahresschluß) brauch' ich's und dann vielleicht nie wieder', *das Behalten selbst* auf die Zeit bis zur Prüfung eingeschränkt wird und dann das Vergessen viel rascher vonstatten geht, als wenn ich dasselbe für später oder „für immer" lerne.

Die Erfahrungen, die man in den letzten Jahrzehnten über die rasche Verflüchtigung des Schulwissens unmittelbar nach den Abschlußprüfungen gemacht hat, legen eine solche Vermutung nahe.

Die Untersuchung von *A. Aall* ist eine Art Leitstudie mit erheblichen methodischen Schwächen, sowohl bei der Durchführung als auch bei der Auswertung der Versuche und der rechnerischen Behandlung der Befunde. Die Versuche wurden in zwei Vergleichsgruppen durchgeführt, von denen die eine in der Erwartung lernte, morgen abgefragt zu werden (A-Versuch), die andere in der Erwartung, irgendwann, nach vielen Wochen, das Gelernte wiedergeben zu sollen (B-Versuch). Die Überprüfung am folgenden Tag wurde unter irgendeinem glaubwürdigen Vorwand abgesagt. Abgefragt wurden *beide* Inhalte nach Verlauf von vier bis acht Wochen. Geboten wurden in den Hauptversuchen kurze Geschichten, die man nacherzählen, und Gruppen von Gegenständen, deren Namen man sich merken sollte. Der Ausfall der Versuche war nicht so entschieden, wie man nach vielen Alltagserfahrungen hätte erwarten sollen. Jedoch ist eine klare Tendenz zum schlechteren Behalten des für kurze Frist Gelernten gesichert. Der Unterschied zwischen beiden Gruppen betrug bis zu 18 Prozent (nämlich 83 Prozent Behalten im B-Versuch, 65 Prozent im A-Versuch). Signifikanzberechnungen machte man 1913 in der Psychologie noch nicht. Die Versuche müßten wiederholt werden.

Es lassen sich die verschiedensten Abwandlungen denken, durch die sie unter anderem den Alltagsumständen besser angenähert und etwa beteiligte Faktoren isoliert werden könnten. Durch die methodischen Schwierigkeiten sollte man sich nicht abschrecken lassen. Denn tatsächlich ergibt sich schon aus *Aalls* Befunden die Frage, „ob wir mit der jahrtausendlangen Gewohnheit, die Aufgaben von Tag zu Tag zu erlernen, auf dem richtigen Weg sind", und ob es sich nicht lohnte, durch eine andere Art der Unterrichtsplanung in dem Schüler eine Bewußtseinsänderung herbeizuführen derart, daß für ihn „die Sache nicht damit abgetan sei, sich den Inhalt nur zwecks einer sofortigen Examination angeeignet zu haben".

Es läßt sich auch schon sagen, welche Richtung diese Neuordnung des Unterrichts einschlagen sollte: Man sollte sich überlegen, ob die fortgesetzte Überprüfung des augenblicklichen Leistungsstandes, die in unserem Schulbetrieb einen so breiten Platz einnimmt und dem eigentlichen Unterrichten und Lernen so viel Zeit stiehlt, wirklich so viel einbringt, daß es sich lohnt, die *Schäden*, die zweifellos durch sie angerichtet werden, in Kauf zu nehmen.

Zum Problem der Phasen- und Typenlehren

In diesem Buch bleibt ein Kapitel unbehandelt, das in anderen Darstellungen der pädagogischen Psychologie viele Seiten füllt: Die Lehre von den Typen – den Veranlagungstypen sowohl wie den Entwicklungstypen oder -„Phasen" – und den technischen Mitteln zu ihrer verläßlichen Feststellung.

Der Ertrag der umfangreichen, von Zeit zu Zeit unter immer neuen Gesichtspunkten und Bezeichnungen einsetzenden Bemühungen, durch die Berücksichtigung dieser Typen dem Lehrer eine bessere Bewältigung seiner Unterrichtsaufgaben zu ermöglichen, ist gering. Darum nur einige kurze Bemerkungen.

1. *Zum Problem der Phasenlehren*

Natürlich ist der *Entwicklungsstand* des Schülers für das von Bedeutung, was man ihm im Unterricht anbieten und von ihm erwarten kann. Keiner unserer Kleinkind-Mathematiker hat bisher versucht, die Vier- und Fünfjährigen in die Infinitesimalrechnung einzuführen. Aber was sich eigentlich in den Heranwachsenden vollziehen muß, damit dies möglich wird, wissen wir noch nicht. Dagegen wissen wir seit *Piaget* sehr genau, was sich ereignen muß, damit zum Beispiel ein erfolgreicher Umgang mit Größen und Zahlen möglich wird (*Piaget* und *Inhelder* 1941, *Piaget* und *Szeminska* 1941). Diese große Wende: der Schritt zur *Lage- und Verteilungsunabhängigkeit* (der „Konstanz") von Größen und Mengen, vollzieht sich oft, kaum bemerkt, im Vorschulalter. Aber nicht nur in Sonderschulen und in Heimen der Lebenshilfe begegnet man Kindern, bei denen dieser Übergang noch nicht vollzogen ist (*Bartmann* 1969).

Nur des Beispiels halber sei noch ein weiterer Entwicklungsschritt erwähnt, der für den Unterricht bedeutsam ist, und der sich erst spät im Volksschulalter vollzieht: Das Verständnis für die Schicksale geschichtlicher Großgebilde erwacht nicht vor dem zwölften Jahr (*Pistor* 1940). Bis dahin sind die Schicksale einzelner Menschen die höchste erfaßbare geschichtliche Einheit, so daß „Geschichtsunterricht" eigentlich nur aus Sammlungen von Anekdoten aus dem Leben geschichtlicher Persönlichkeiten bestehen kann.

Sicher sind auf diesem Gebiet der Entwicklungspsychologie noch Entdeckungen möglich. Vor voreiligen Phasenkonstruktionen ist aber dringend zu warnen. Nach einer solchen Konstruktion, die mir immer wieder begegnet, soll im Umgang mit Denkaufgaben auf eine erste Phase, in der das Kind auf die Vermittlung von Regeln und Formeln angewiesen ist, eine zweite, „induktive" Phase und erst auf sie, als dritte, eine Phase des Verständnisses, der einsichtigen Bewältigung von Problemen folgen. Diese Konstruktion sieht zwar recht einleuchtend aus, ist aber reiner Unsinn. Schon im zweiten Lebensjahr ist dem normal begabten Menschenkind die *einsichtige* Lösung von Denkaufgaben möglich, wie sie *Köhler* seinen Schimpansen stellte. Ob das Kind in irgendeinem Alter Aufgaben einsichtig löst oder nicht, hängt im wesentlichen von deren Schwierigkeitsgrad ab, der sich selbstverständlich allmählich steigern darf. Andererseits führt auch in den allerersten Anfängen der geistigen Entwicklung – in denen ein Lebenshilfe-Kind sich freilich noch mit zwölf Jahren befinden kann – das sprachliche Einüben von Regeln und Formeln („1 + 1 = 2" und dergleichen) nur zu pädagogischen Selbsttäuschungen der Lehrer: Das Kind lernt, das herzusagen, was beim Abfragen gebilligt wird – ohne zu wissen, was die von ihm hergeplapperten Formeln bedeuten, also auch, ohne sie anwenden zu können. Auch die allerersten echten Schritte dieser Schwergeschädigten im Verständnis von Zahlen und Mengen kommen ausschließlich durch die Gewinnung einfachster Einsichten – im Umgang mit entsprechendem Material – zustande (*Schmitz* 1971). Es gibt kein Alter und keine Begabungsstufe, auf welcher Verständnis sich durch irgend etwas anderes, etwa durch die Vermittlung von Regeln und Formeln oder das induktive Überzeugen, ersetzen läßt.

2. *Zum Problem der Typenlehren*

Was ist aus dem Unterschied von visuellen, auditiven, motorischen Typen geworden, die man seinerzeit bei der Einprägung sprachlichen Materials entdeckte und für pädagogisch höchst bedeutsam hielt? – was aus dem Unterschied zwischen Eidetikern und Nicht-Eidetikern, zwischen Integrierten und Nicht-Integrierten? Natürlich gibt es Beobachtungen, durch welche diese Unterscheidungen gerechtfertigt werden. Aber welches Glück für den Lehrer, daß sich die Folgerung, man müsse für jeden der Typen einen besonderen Unterrichtsstil entwickeln, als voreilig erwiesen hat.

Heute erregt nun der Unterschied zwischen feldabhängigem und feldunabhängigem Erfassen der Wirklichkeit die Gemüter, wobei die Feldabhängigen ziemlich genau den ehemaligen Integrierten und die Feldunabhängigen den Nicht-Integrierten entsprechen und nur die höhere Bewertung von den ersten auf die zweiten übergegangen ist. Man ist emsig damit beschäftigt, Tests zu entwickeln, mit denen man die Zugehörigkeit zu einem dieser Typen zuverlässiger erfassen kann. Und wieder erscheint im Nebel der Zukunft das Irrlicht zweier Schulen, die es erlauben, diesen Typen besser gerecht zu werden. Glücklicherweise mehren sich aber auch bei diesen Untersuchungen schon die Befunde, nach welchen auch das Maß der Feldabhängigkeit durch die Veranlagung nicht endgültig festgelegt ist, sondern durch geeignete Einwirkungen in beiden Richtungen stark verändert werden kann, so daß auch dies kein Anlaß ist, statt einer Schule zwei einzurichten.

Als dieses Büchlein 1971 zum erstenmal erschien, war im Hinblick auf die Unterschiede der *Begabung* dieser Schritt an den neu eingeführten Hauptschulen, wenigstens für die wichtigsten Fächer, vollzogen. Es waren, zum Beispiel für die Mathematik und das Englische, sogenannte A-, B- und C-Klassen eingerichtet: für die Spitzenbegabungen, die Mittelbegabten und die Schwachbegabten. Dies in der Absicht, jeder Begabungsstufe die besten Möglichkeiten des Fortkommens zu sichern: den Hochbegabten die ihnen angemessene Schnellzuggeschwindigkeit, den Schwachen den Fußgängertrott, der ihrer Schwerfälligkeit entspricht.

Aber auch hier hatte man die Rechnung ohne den Wirt gemacht. Abgesehen von der technischen Unmöglichkeit, die Gruppen nach dem tatsächlichen Begabungsmaß einzuteilen, nämlich so, daß die Randgruppen nicht zum größten Teil mit Schülern aufgefüllt werden müssen, die ihrer Begabung nach in die Mittelgruppe gehören, hatte man nicht mit Menschen, sondern mit „Begabungsträgern" gerechnet. Man hatte vergessen, daß die Begabung kein herausisolierbarer Teilfaktor ist, der auf jedem beliebigen Platz in den sozialen Strukturen, an dem der junge Mensch sich befindet, und bei jeder beliebigen – möglicherweise durch diesen Platz bedingten – Gemütsverfassung genau gleich funktioniert, also zum Beispiel auch in einer C-Klasse genauso wie in der Testprüfung, in der er scheinbar so genau und so zuverlässig bestimmt werden kann. Aber diese Prüfung sagt nichts darüber aus, sie *kann* nichts darüber aussagen, ob an dem Platz, auf den man auf Grund ihrer Ergebnisse den Schüler versetzt, *auch die Antriebe vorhanden sind,* ohne die keine Begabung, die starke sowenig wie die schwache, irgend etwas ausrichtet.

Was war die Folge? – Man hatte die Drei-Klassen-Gesellschaft, die man in der Allgemeinheit zugunsten der Gleichberechtigung aller endgültig abschaffen will, auf dem Schulhof neu errichtet: die Gesellschaft der Snobs, die auf alle anderen herunterschauten, die der einfachen Bürger und die der Parias, die als „die Dummen" abgestempelt sind und von allen anderen verachtet werden. So etwas bleibt nicht ohne Folgen. Denn diejenigen Schüler, die unter die Schwachbegabten eingeordnet sind, haben als solche gar keinen Antrieb, von der besonderen Betreuung, die man ihnen in der C-Klasse angedeihen lassen will, Gebrauch zu machen. Das wird dadurch noch verschlimmert, daß (wie schon angedeutet) aus verwaltungstechnischen Gründen die meisten Mitglieder der C-Klasse begabungsmäßig völlig zu Unrecht als „dumm" eingestuft werden!

Wie unsere eigenen Untersuchungen gezeigt haben, werden aus diesen (von unseren organisationsfreudigen Reformern offenbar völlig vergessenen) sozialpsychologischen Gründen gerade die Schwachbegabten durch eine das Verständnis fördernde Gruppenarbeit, bei welcher Hoch- und Schwachbegabte um denselben Tisch sitzen, viel besser gefördert, – nicht zuletzt deshalb, weil ihr Selbstwertbewußtsein hier bestärkt und nicht von vornherein mit organisatorischen Mitteln zunichte gemacht wird.

Daß die Dreiteilung der Klassen sozialpsychologische Wirkungen hat, die die erhoffte besondere Förderung der Schwächsten *verhindern,* wurde schon nach verhältnismäßig kurzer Zeit auch den Unterrichtsverwaltungen bekannt, und man entschloß sich, die Klasse für die Schwachbegabten wieder eingehen zu lassen. Es gibt seitdem nur noch Sonderklassen für Hochbegabte. Der schlimmste Schaden, die völlige Entmutigung der *schwachen* Randgruppe, wird dadurch vermieden. Aber was, wie oben bemerkt, bei der Zusammenarbeit von Schülern aller Begabungsstufen an Förderung gerade der Schwächsten erreicht werden kann, wird durch die Ausgliederung der Begabtesten nach wie vor verhindert. Hierfür ist, wie sich klar herausgestellt hat, die Gliederung des *ungeteilten* Klassenverbandes in begabungsmäßig gemischte Arbeitsgruppen die geeignetste Lösung.

Wenn sich dies aber so verhält, dann kommt es auch gar nicht mehr auf eine möglichst genaue Klassifikation der Schüler nach ihrer Begabung an. Der alltägliche Umgang in der Klasse reicht aus, um genau genug zu erkennen, wer das etwas hellere Köpfchen hat. Die in Tausenden von Untersuchungen aufs höchste vervollkommnete Technik der Begabungsuntersuchung verliert für den einzelnen Lehrer, dem diese Ausführungen gewidmet sind, an Bedeutung und wird zu einer Angelegenheit von Grenzfällen, für die die psychologischen Beratungsstellen zuständig sind.

Ausblick: Ein Plädoyer für den ganzen Menschen

Wie wir gesehen haben, ist schon die Verteilung der Schüler auf Begabungsgruppen eine Auswirkung einer stückhaften, besser: einer undsummenhaften Auffassung des Menschen. Wir nennen sie undsummenhaft, weil bei ihr die Begabung als ein isolierter Apparat zwischen anderen, ebenso isolierten Apparaten betrachtet wird, der unabhängig von dem Zustand der übrigen Apparate, unabhängig von der inneren und äußeren Lage, also auch unbeeinflußt von der Gemütsverfassung seines Trägers funktioniert (vgl. aber Metzger [4]1968).

Aber als noch in weit höherem Maße undsummenhaft erweist sich die bei uns vorherrschende Auffassung vom lernenden Menschen in der Art und Weise, wie man heute seine Leistungsfähigkeit in den verschiedenen einzelnen Fächern besser zu fördern vermeint. Man glaubt, dem Fortschritt zu dienen, wenn man die Lehrkörper aus Spezialisten zusammensetzt, von denen jeder ein einziges Fach der Absicht nach vollkommen, aber sonst nichts beherrscht. Daß dies schon die gegenseitige Vertretbarkeit in unerträglicher Weise herabsetzt und in jedem Krankheitsfall die übrigen Lehrer zwingt, Fächer zu unterrichten, die sie *überhaupt nicht* studiert haben, ist noch nicht die schlimmste Folge dieser lebensfremden Konstruktion. Auch wenn der Lehrkörper vollzählig ist, jagt man die Schüler die Woche hindurch von einem Fachmann zum anderen, um sie mit möglichst viel Fachwissen vollzustopfen. Man vergißt dabei, daß die durch unsere vortreffliche Industriegesellschaft versprengte und verlassene Schar der Halbwüchsigen unserer Großstädte, *um sich überhaupt für irgend etwas interessieren zu können, zunächst einen Menschen braucht,* dem sie vertraut und *an den sie sich anschließen kann,* von dem sie das Gefühl hat, daß er zwar *auch* für das Fach, aber in erster Linie *für sie* da ist und von dem sie hoffen kann, über Jahre hinweg mit ihm verbunden zu bleiben (*H. Metzger,* Beobachtungen aus der Hauptschule, Schule und Psychologie 16, 1970, S. 250–253).

Das läßt sich aber nicht erreichen durch eine Sammlung von Spezialisten, von denen die Schüler jeden einzelnen allenfalls zwei Stunden in der Woche sehen. Dazu brauchen sie den guten alten Klassenlehrer, den man ihnen höchst unbedachterweise, jedenfalls ohne den Psychologen zu fragen, weggenommen hat. In der gegenwärtigen Lage könnte man ihn einigermaßen ersetzen durch einen Lehrer, der, sagen wir, drei Fächer beherrscht, so daß er mindestens sechs Stunden mit derselben Klasse zusammen sein kann. Das würde angesichts der mehr allgemein bildenden Aufgabe des Lehrers in einer Volksschule keine Überbelastung seines Studiums bedeuten. Jedenfalls bestehen begründete Zweifel an der Fortschrittlichkeit des zur Zeit so hochgeschätzten Fachlehrersystems. Von der Nähe besehen, erweist es sich vielmehr als ein beklagenswerter atomistischer Rückfall hinter die deutsche Psychologie von 1912: hinter die Gestalttheorie und die Individualpsychologie mit ihrer Lehre vom Menschen als einer Ganzheit, die nur als Unterganzes einer *umfassenden* Ganzheit, das heißt einer Gruppe von Menschen, zu der er sich zugehörig weiß, „in Ordnung" ist (*Schulte* 1924). Streng genommen ist sie ein Rückfall noch hinter die Reformpädagogik von 1900, die eine *wirklich* fortschrittliche Pädagogik gewesen ist, weil sie nicht geistige Schubladen füllen, sondern Menschen bilden wollte. Man möchte es fast eine gerechte Strafe für die eifrigen Verkünder und Förderer unserer sogenannten Leistungsgesellschaft nennen, daß der junge Mensch, der unter Mißachtung seiner Grundbedürfnisse und Antriebsquellen zum „Leistungs-Aggregat" erniedrigt wird, nicht mehr, sondern weniger Leistungsfähigkeit gewinnt, weil er in einer so unmenschlich konstruierten Schule kurzerhand die geistige Nahrung verweigert. Aber vielleicht kommt auch in Deutschland noch der Tag, an dem man an der Vorbereitung von Bildungsreformen *auch* die Wissenschaft vom Menschen beteiligt. – Ich höre, man tut das schon heute. Trifft das zu, so wird es Zeit, über die Grundsätze der Auswahl der Berater aus dem Kreis der Vertreter dieser Wissenschaft sich ernste Gedanken zu machen.

Aall, A.: Ein neues Gedächtnisgesetz. Experimentelle Untersuchungen über die Bedeutung der Reproduktionsperspektive. Z. Psychol. 66, 1913

Adler, A.: Über den nervösen Charakter. Wiesbaden: Bergmann 1912, Frankfurt a. M.: Fischer 1972

–, Menschenkenntnis. Leipzig: Hirzel 1927, Frankfurt a. M.: Fischer 1973

–, Die Technik der Individualpsychologie. Teil 2: Die Seele des schwererziehbaren Schulkindes. München: Bergmann 1930, Frankfurt a. M.: Fischer 1974

–, Über den Ursprung des Strebens nach Überlegenheit und des Gemeinschaftsgefühls. Int. Z. Indiv. Psychol. 11, 1933

–, Praxis und Theorie der Individualpsychologie. München: Bergmann 1920, Darmstadt: Wiss. Buchges. 1965, Frankfurt a. M.: Fischer 1974

–, Kindererziehung. Frankfurt: Fischer 1976

–, und Furtmüller, C. (Hrsg.): Heilen und Bilden. München: Reinhardt 1914, Frankfurt a. M.: Fischer 1973

Allport, G. W.: Personality. New York: Holt 1937

Ammon, Gisela: Beobachtungen über einen Psychoanalytischen Kindergarten. Zum Problem der Frustrationsregulation. Psychoanal. Gruppenther. 1. Int. Symp. Deutsche Gruppenther. Ges. Berlin: Heenemann 1969

Ammon, Günther: Herrschaft und Aggression – Zur Psychoanalyse der Aggression. Berlin: Pinel-Publ. 1969

–, Psychoanalyse und Gruppenpsychotherapie – Anpassung oder Emanzipation? Z. Psychother. med. Psychol. 20, 1970

–, Gruppendynamik der Aggression. Berlin: Pinel-Publ. 1970

Ansbacher, H. L., und Ansbacher, Rowena R. (Eds.): The Individual Psychology of Alfred Adler. London: Allen & Unwin 1956

–, Superiority and Social Interest. – Alfred Adler – A Collection of late Writings. Evanston (Ill.): Northwestern University Press 1964

Atkinson, J. W., und Reitmann, W. R.: Performance as a function of motive strength and exspectancy of goal attainment. J. abnorm. soc. Psychol. 53, 1956

Axline, Virginia: Dibs. In search of self. Boston: Honghton Mifflin 1964

Bandura, A.: Behavioral modification through modeling procedures. In: Krasner, L., und Ullmann. L. P. (Eds.): Research in Behavior Modification. New York: Holt, Rinehart & Winston 1965

–, und Walters, R. H.: Social Learning and Personality Development. New York: Holt, Rinehart & Winston 1963

Bartmann, Th: Der Einfluß von Zeitdruck auf die Leistung und das Denkverhalten bei Volksschülern. Psych. Forsch. 27, 1963

–, Zum Erwerb der Mengenkonstanz bei Kindern im Alter von 5–8 Jahren. Schule u. Psychologie 16, 1969

–, Denkerziehung im programmierten Unterricht. München 1966

Beeby, C. E.: An experimental investigation into the simultaneous constituents of an act of skill. Brit. J. Psychol. 20, 1930

Berlyne, D. E.: Conflict, Arousal, and Curiosity. New York: McGraw-Hill 1960

–, Structure and Direction in Thinking. New York: Wiley 1965

Bertalanffy, L. v.: Theoretische Biologie. Bern: Francke 1951

–, Biophysik des Fließgleichgewichts. Braunschweig: Vieweg 1953

–, General Systems Theory. New York: Braziller 1968

Bielicki, I.: Dein Kind braucht Liebe. München: Kindler 1971

Birch, H. G.: The role of motivational factors in insightful problem-solving. J. comp. Psychol. 38, 1945

–, The relation of previous experience to insightful problem-solving. J. comp. Psychol. 38, 1945

–, und Rabinowitz, H. S.: The negative effect of previous experience on productive thinking. J. exp. Psychol. 41, 1951

Bischof, N.: Erkenntnistheoretische Grundlagenprobleme der Wahrnehmungspsychologie. Hdb. d. Psychol. Bd. 1/I. Göttingen: Hogrefe 1966

Bowlby, J.: Maternal Care and Mental Health. Genf: WHO 1952

–, Deprivation of Maternal Care. Public Health Papers, No. 14, WHO

–, Psychopathological processes set in train by early mother-child separation. In: Infancy and childhood, New York, 1954

Bronfenbrenner, Urie: Wie wirksam ist kompensatorische Erziehung. Stuttgart: Klett 1974

–, Zwei Welten. Kinder in USA und UdSSR. Aus dem Amerik. übersetzt von R. Hermstein. Stuttgart: Deutsche Verlagsanstalt 1972

Bruns, Anne, und Metzger, W.: Entstehung und Heilung einer kindlichen Phobie. In: Mülher und Fischl (Hrsg.): Gestalt und Wirklichkeit – Festgabe für F. Weinhandl. Berlin: Duncker und Humblot 1967

Buber, M.: Das dialogische Prinzip. Heidelberg: Schneider 1962

Cannon, W. B.: The wisdom of the body.

Claessens, D.: Familie und Wertsystem. Berlin: Duncker und Humblot 1967

Copei, F.: Der fruchtbare Moment im Bildungsprozeß. Heidelberg: Quelle & Meyer, 2. Aufl. 1955

Corington, M. V., Crutchfield, R. S., und Davies, L. B.: The productive thinking program. Berkeley: Brazelton Print. Co. 1966

Correll, W.: Einführung in die pädagogische Psychologie. Donauwörth: Auer 1966

Craig, Maude M., und Glick, Selma J.: Ten years experience with the Glueck Social Prediction Table. Crime & Deliquency, July 1963

Crossmann, E. R. F. W.: A theory of the acquisition of speed skill. Ergonomics 2, 1959

Damborská, Maria: Kinder ohne Liebe. Monatskurse für die ärztliche Fortbildung, 16. Jg., 1966

–, Erziehungsprobleme bei Säugling und Kleinkind. Monatskurse für die ärztliche Fortbildung, 17. Jg., 1967

–, Deprivation und Mikrodeprivation. Monatskurse für die ärztliche Fortbildung, 17. Jg., 1967

De Bono, E.: Das spielerische Denken. München: Scherz 1967, 2. Aufl. 1968

Die Schülerschule. Scuola di Barbiana. Übers. a. d. Ital. Politik Bd. 21, B. Wagenbuch, Berlin

Digman, J. M.: Growth of a motor skill as a function of distribution of practise. J. exp. Psychol. 57, 1959

Dreikurs, R.: Grundbegriffe der Individualpsychologie. Stuttgart: Klett 1969

–, Psychologie im Klassenzimmer. Stuttgart: Klett 1973

–, und Grey, Lorena: Logical Consequences: A Handbook of Discipline. New York: Meredith Press 1968

–, und Soltz, Vicky: Kinder fordern uns heraus – wie erziehen wir sie zeitgemäß. Stuttgart: Klett 1963

Duncker, K.: Zur Psychologie des produktiven Denkens. Berlin: Springer 1935

–, Ethical Relativity. Mind 48, 1939

Ebbinghaus, H.: Über das Gedächtnis. Leipzig: Engelmann 1885

Ehrenfels, Chr. v.: Über Gestaltqualitäten. Vjschr. wiss. Philos. 14, 1890. Wieder abgedr. in: Weinhandl, F. (Hrsg.): Gestalthaftes Sehen. Darmstadt: Wiss. Buchges. 1960 (Ehrenfels-Festschrift)

Erikson, E. H.: Kind und Gesellschaft. Stuttgart: Klett 1965

Fischel, W.: Leben und Erlebnis bei Tieren und Menschen. München: Barth 1949

Fitts, P. M.: Perceptual-motor Skill Learning. In: Melton, W. A. (Ed.): Categories of Human Learning. New York: Academic Press 1964

Fleishman, E. A., und Parker, J. F., Jr.: Factors in the retention and learning of perceptual-motor skill. J. exp. Psychol. 64, 1962

Flügge, J.: Lernzielplanung und totalitäre Gesellschaftspolitik. Fragen der Freiheit, Folge 106. Koblenz: Seminar für freiheitliche Ordnung 1973

–, (Hrsg.): Pathologie des Unterrichts. Bad Heilbrunn: Klinkhardt 1971

–, Skinner versus Skinner. Die Neue Sammlung. 1969, Heft 1

Freud, Anna: Anstaltskinder. London: Imago 1944

–, Normality and Pathology in Childhood. New York 1965 (Dt.: Wege und Irrwege in der Kindererziehung. Stuttgart: Klett 1968)

Freud, S.: Das Unbehagen in der Kultur. Wien: Intern. Psychoanal. Verlag 1930. In: Gesammelte Werke, Bd. XIV. London: Imago 1940

–, Totem und Tabu (1913). Ges. Werke Bd. IX. London: Imago 1940

–, Das Ich und das Es. In: Gesammelte Werke, Bd. XIII. London: Imago 1923

–, Vorlesungen zur Einführung in die Psychoanalyse. Neue Folge der Vorlesungen. Studienausgabe, Bd. 1, Frankfurt: Fischer 1970

Freyer, H.: Theorie des gegenwärtigen Zeitalters. Stuttgart 1955

From, F.: Diskussion über J.-P. de Waele „Zur Frage der empirischen Bestätigung psychoanalytischer Grundannahmen". Z. Psychol. 165, 1961

Fromm, E.: Escape from Freedom. New York: Holt, Rinehart & Winston 1941

–, Man for Himself. New York: Holt, Rinehart & Winston 1947

Gamm, H.-J.: Kritische Schule. München: List 1970

Gesell, A.: The development of handedness. J. gen. Psychol. 70, 1949

–, und Thompson, H.: Learning and Maturation in Identical Infant Twins. An Experimental Analysis by the Method of Co-twin Control. In: Barker, R. G., Kounin, J. S., and Wright, H. F. (Eds.): Child Behavior and Development. New York/London 1943

–, und Thompson, H.: Learning and growth in identical infant twins. Genet. Psychol. Monogr. 6, 1929

Glueck, S., und Glueck, Eleanor: Predicting Deliquency and Crime. Cambridge (Mass.) 1959

Gordon, Th.: Familienkonferenz. Hamburg: Hoffmann & Campe 1972

Graumann, C.-F.: Sozialpsychologie. Ort, Gegenstand, Aufgabe. In: Hdb. d. Psychol. Bd. 7/I, Sozialpsychologie. Göttingen: Hogrefe 1969

Guardini, R.: Welt der Person. Versuche zur christlichen Lehre vom Menschen. Weinburg: Werkbund-Verlag 1950

Guilford, J. P.: The strukture of the intellect. Psychol. Bull. 53 (1956)

–, The nature of human intelligence. New York: McGraw-Hill 1967

Guthrie, E. R.: The psychology of learning. New York: Harper 1935. Rev. Ed. 1952

Harlow, H. F.: The nature of love. Amer. Psychologist 12, 1958

Harlow, H. F., Harlow, Margaret K., und Hansen, E. W.: The maternal affectional system of rhesus monkeys. In: Rheingold, H. L. (Ed.): Maternal Behavior in Mammals. New York: Wiley 1963

Harlow, H. F., Harlow, Margaret K., und Meyer, P. K.: Learning motivated by a manipulation drive. J. Exp. Psychol. 40, 1950

Harris, Th. A.: Ich bin o. k. Du bist o. k. Reinbek bei Hamburg: Rowohlt 1973

Hassenstein, B.: Tierjunges und Menschenkind im Blick der vergleichenden Verhaltensforschung. Schriftenreihe d. Bezirksärztekammer Nord-Württemberg Nr. 17. Stuttgart 1970

Heckhausen, H.: Über Furcht und Hoffnung in der Leistungsmotivation. Meisenheim: Hain 1963

–, Naive und wissenschaftliche Verhaltenstheorie. In: Gestalttheorie i. d. mod. Psychologie. Meisenheim: Hain 1975

Hellbrügge, Th.: Der Aktivitätsverlust als Problem für Kinder und Jugendliche unserer Zeit. Berlin: Universitas 20, 1965

–, Zur Problematik der Säuglings- und Kleinkinderfürsorge. Hospitalismus und Deprivation. In: Opitz, H., und Schmid, F. (Hrsg.): Handbuch der Kinderheilkunde, Bd. III. Berlin: Springer 1966

Holt, J.: Wie Kinder lernen. Aus dem Amerik. von W. Gussmann. Weinheim: Beltz 1971

Holzkamp, K.: Theorie und Experiment in der Psychologie. Berlin: de Gruyter 1964

–, Wissenschaft als Handlung. Berlin: de Gruyter 1968

–, Chancen für unsere Schulversager (aus dem Amerik.: How children fail). Freiburg: Lambertus-Verlag 1969

Hunt, McV J.: Intrinsic Motivation and its role in psychological development. Nebraska Symposium on Motivation 1965

Illich, I.: Deschooling society. New York: Harper & Row 1971

–, Schulen helfen nicht. Reinbek: Rowohlt 1972

–, Entschulung der Gesellschaft. Reinbek: Rowohlt 1973

Jackson, T. A.: Use of the stick as a tool by young chimpanzees. J. Comp. Psychol. 34, 1942

Karsten, Anitra: Psychische Sättigung. Untersuchungen zur Handlungs- und Affektpsychologie (hrsg. von Kurt Lewin). Psychol. Forsch. 10, 1928

Katona, G.: Eine kleine Anschauuungsaufgabe. Psychol. Forsch. 9, 1927

–, Organizing and Memorizing. Studies in the Psychology of Learning and Teaching. New York: Columbia Univ. Press 1940

Kelly, G. A.: The psychology of personal constructs. New York: Norton 1955

Kemmler, Lilly: Untersuchungen über den frühkindlichen Trotz. Psychol. Forsch. 25, 1957

–, Mütteransichten über Erziehungsfragen. Psychol. Rundschau 10, 1959

–, und Mirtschin, Hannah: Untersuchungen zum Weltbild normaler und psychisch gestörter Kinder mit Düss-Fabeln. Psychol. Beitr. 5, 1960

Kline, M.: Why Jonny can't add: The failure of the New Mathematics. New York: St. Martin's Press 1973

Köhler, W.: Intelligenzprüfungen an Anthropoiden. Sitz. Ber. Preuß. Akad. Wiss. Berlin 1917. 3. Aufl.: Intelligenzprüfungen an Menschenaffen. Berlin: Springer 1963

, Gestaltprobleme und Anfänge einer Gestalttheorie. Jber. ges. Physiol. usw. f. d. Jahr 1922, 3/1, 1925

–, Ein altes Scheinproblem. Naturwiss. 17, 1929

–, Psychologische Probleme. Berlin: Springer 1933

–, The task of Gestalt Psychology. Princeton Univ. Press 1969 (dt.: Die Aufgabe der Gestaltpsychologie. Berlin: de Gruyter 1971)

–, The Place of Value in a World of Facts. New York: Liveright 1938 (dt.: Werte und Tatsachen. Berlin: Springer 1968)

–, The obsessions of normal people. Paper read at the inauguration of the Graduate School of Arts and Science of Brandeis University, 1958

Krech, D., Crutchfield, R. S., and Livson, N.: Elements of Psychology. New York: Knopf [2]1969

Künkel, F.: Einführung in die Charakterkunde. Leipzig 1928

–, Die Arbeit am Charakter. Schwerin: Bahn 1929

Laing, R. D.: Phänomenologie der Erfahrung. Frankfurt: Suhrkamp 1969

Lashley, K. S.: Basic neurological mechanisms in behavior. Psychol. Rev. 37, 1930

–, The Problem of Serial Order in Behavior. In: Jeffers, L. A. (Ed.): Cerebral Mechanisms in Behavior. New York: Wiley 1951

Lay, W. A.: Lehrbuch der Pädagogik, Teil 1: Psychologie nebst Logik und Erkenntnislehre. Gotha: Thienemann 1912

Lewin, K.: Die psychologische Situation bei Lohn und Strafe. Leipzig: Hirzel 1931

–, Field theory and Learning. Yearbook Nat. Soc. Stud. Educ. 41, 1942, Part II (dt. in: Feldtheorie und Lernen in den Sozialwissenschaften. Bern: Huber 1963)

–, Die Lösung sozialer Konflikte. Bad Nauheim: Christian 1953

–, Feldtheorie in den Sozialwissenschaften. Ausgewählte theoretische Schriften. Stuttgart: Huber 1963

–, und Lippitt, R.: An experimental approach to the study of autocracy and democracy: A preliminary note. Sociometry 1, 1938

–, Lippitt, R., und White, R. K.: Patterns of aggressive behavior in experimentally created ‚social climates'. J. Soc. Psychol. 10, 1939

Loch, W.: Die anthropologische Dimension in der Pädagogik. Essen 1963

Locke, J.: Some Thoughts Concerning Education. London 1699

Lombroso, C.: L'Uomo delinquente. Dt.: Der Verbrecher in anthropologischer, ärztlicher und juristischer Beziehung. 1887

Luchins, A. S.: Mechanization in problem solving. Psychol. Monogr. 54, No. 6, 1942

Mach, E.: Die Gestalten der Flüssigkeit. In: Die Symmetrie 1868 und 1871. Prag: Calve 1872

Maier, N. R. F.: Reasoning in Humans. I.: J. comp. Psychol. 10, 1930. II.: 12, 1931. III.: J. exp. Psychol. 35, 1945

McKeachie, W. J.: Motivation, Teaching Methods, and College Learning. In: Jones, M. R. (Ed.): Nebraska symposium on motivation. Lincoln 1961

Mead, Margaret: Growing up in New Guinea. New York: Mentor 1953

Meng, H.: Zwang und Freiheit in der Erziehung: Erziehen – Strafen – Reifenlassen. Bern 1945

Metzger, Holle: Beobachtungen in der Hauptschule. Schule und Psycho'. 16, 1970

Metzger, W.: Erziehung zur Reinlichkeit. Lindau: Verlag Kleine Kinder 1949, 2. Aufl. 1961

–, Frühkindlicher Trotz. Psychol. Prax. Heft 18. Basel: Krager 1956, 3. Aufl. 1967

–, Erziehung zum selbständigen Denken. In: Strunz, K. (Hrsg.): Pädagogische Psychologie der höheren Schule. München 1958

–, Der Auftrag des Elternhauses. In: Oeter, F. (Hrsg.): Familie im Umbruch. Gütersloh: Mohn 1960

–, Schöpferische Freiheit. Frankfurt: Kramer, 2. Aufl. 1962

–, Probleme der vorschulischen Erziehung aus psychologischer Sicht. Münster: Dt. Inst. wiss. Pädag. 1968

–, Psychologie. Die Entwicklung ihrer Grundannahmen seit der Einführung des Experiments. 1. Aufl. Dresden 1941. 5. Aufl. Darmstadt: Steinkopff 1975

–, Stimmung und Leistung. Münster: Aschendorff 4. Aufl. 1967

–, Psychologie und Pädagogik. Bern: Huber 1975

–, Das Problem des unselbständigen Denkens. Bonn: Friedrich-Ebert-Stiftung 1960

–, Psychologische Probleme des frühen Lesenlernens nach Doman. Ber. ü. d. 2. Kongreß f. Psychol. i. d. DDR. Berlin: VEB Verlag der Wissenschaften 1969

–, The influence of Aesthetic Examples. In: Kepes, G. (Ed.): Education of Vision. New York: Braziller 1965

–, Vom Vorurteil zur Toleranz. Darmstadt: Steinkopff 1976

–, Gesetze des Sehens. 3. Aufl. Frankfurt: Kramer 1975

Meumann, E.: Vorlesungen zur Einführung in die experimentelle Pädagogik. 3 Bde. Leipzig: Engelmann 1911–1922

Miller, G. A.: The magical number seven, plus or minus two: some limits of our capacity for processing information. Psychol. Rev. 63, 1956

Mittenecker, E.: Die Psychologie des jugendlichen Mopedfahrers. Beiträge zur Jugendkunde 11. Wien/München 1967

Montessori, Maria: Il segreto dell'infanzia. Milano: Garzanti 1950. Dt.: Kinder sind anders. Stuttgart: Klett 1952

–, Das Kind in der Familie. Stuttgart: Klett 1954

Müller-Eckhard, Hans: Das unverstandene Kind. Stuttgart: Klett 3. Aufl. 1955

Neill, A. S.: Theorie und Praxis der antiautoritären Erziehung. Das Beispiel Summerhill. Reinbek: Rowohlt 1969

Pawlow, I. P.: Bedingter Reflex. 1934. In: I. P. Pawlow: Ausgewählte Werke. Berlin: Akademie-Verlag 1953. Auch in: Sowjetwissenschaften 6, 1953

Peter, L. H., und Hull, R.: Das Peter-Prinzip oder die Hierarchie der Unfähigen. Reinbek: Rowohlt 1970

Petermann, B., und Hagge, K.: Gewachsene Raumlehre. Freiburg: Herder 1935

Pfänder, A.: Zur Psychologie der Gesinnungen. Halle 1913

Piaget, J.: Le jugement et le raisonnement chez l'enfant. Neuchatel/Paris: Delachaux & Niestlé 1947

–, La naissance de l'intelligence chez l'enfant. Neuchatel/Paris: Delachaux & Niestlé 1948

–, Die Entwicklung des Erkennens. 1. Das mathematische Denken. Stuttgart: Klett 1972

–, und Inhelder, Bärbel: Le développement des quantités chez l'enfant. Neuchatel/Paris: Delachaux & Niestlé 1941

–, und Szeminska, A.: La genèse du nombre chez l'enfant. Neuchatel/Paris: Delachaux & Niestlé 1941

Pistor, F.: How time concepts are acquired by children. Educ. Method. 20, 1940

Plattner, Elisabeth: Gehorsam. Eine Hilfe für Eltern, Lehrer und wem sonst Gehorsam gebührt. Stuttgart: Klett 1960

–, Die ersten Lebensjahre. Stuttgart: Klett 10. Aufl. 1968

–, Ist Erziehen wirklich so schwierig? Zürich/Stuttgart: Fretz & Wasmuth 1967

–, Weg des Vertrauens. Eine Hilfe für Eltern und Lehrer. Stuttgart: Klett 1957

Polanyi, M.: Personal Knowledge. Chicago: Chicago Univ. Press 1958

Poppelreuter, W.: Psychokritische Pädagogik. München: Beck 1933

Postman, L., und Rau, L.: Retention as a function of the method of measurement. Univ. Calif. Publ. Psychol. 8, No. 3, 1957

Püttmann, F.: Der Einfluß eines vorgegebenen Lösungsverfahrens auf das selbständige Denken von Berufsschülern. Essen: Girardet 1968

Rausch, E.: Das Eigenschaftsproblem in der Gestalttheorie der Wahrnehmung. In: Hdb. d. Psychol. Bd. 1/I: Wahrnehmung und Bewußtsein. Göttingen: Hogrefe 1966

Reik, The.: Geschlecht und Liebe. Stuttgart: Klett 1950

Rest, W.: Das Menschenkind. Entwurf einer Paidologie. Bochum: Kamp 1961

Rogers, C. R.: Lernen in Freiheit. München: Kösel 1974

Rosenthal, R., und Jacobson, L.: Pygmalion in the Classroom. Teacher Expectation and Pupil's Intellectual Development. New York: Holt, Rinehart & Winston 1968

Rousseau, J.-J.: Emile ou de l'éducation. 1762

Rühle, O.: Zur Psychologie des proletarischen Kindes. Hrsg. von Werner und Reinhart Wolff. Darmstadt 1969

Rupp, H.: Psychologische Grundlagen der Anlernung. Psychotechn. Z. 2, 1927

Schenk-Danzinger, Lotte: Latente Reifung. Die kritische Zeitspanne bei mangelnder Übung. Ber. 24. Kongr. DGP, Wien 1964. Göttingen: Hogrefe 1965

–, Entwicklungspsychologie. Wien: Österr. Bundesverlag usw. 1970

Schlee, Hildegart: Erhard Weigel und sein süddeutscher Schülerkreis. Heidelberg: Quelle & Meier 1968

Schlißke, O.: Evangelisches Elternbuch. Gütersloh: Rufer 1956

Schmitz, D.: Über den Einfluß des Größenmaßstabes auf die Durchgliederung von Punktgestalten im Vorschulalter. Zulassungsarbeit zur Diplom-Prüfung. Münster 1971

Schulte, H.: Versuch einer Theorie der paranoischen Eigenbeziehung und Wahnbildung. Psychol. Forsch. 5, 1924

Schultz-Hencke, H.: Schicksal und Neurose. Jena: Fischer 1931

–, Der gehemmte Mensch. Leipzig 1940

Selz, O.: Über die Gesetze des geordneten Denkverlaufs. Stuttgart: Spemann 1913

–, Zur Psychologie des produktiven Denkens und des Irrtums. Bonn 1922

Simmel, O.: Soziologie. Leipzig: Duncker und Humblot 1908

Simon, A.: Verstehen und Helfen. München: Oldenbourg 1951

–, Helga. Kindernöte – Erziehersorgen. Wege und Hilfen. München: Oldenbourg 2. Aufl. 1960

Skeels, H. M.: Adult status of children from contrasting early life experiences. Monogr. of the Society for Research in Children Development 31, 1966

Skinner, B. F.: The Behavior of Organisms: An Experimental Analysis. New York: Appleton-Century-Crofts 1938

–, Beyond freedom and dignity. New York: Knopf 1971

Sorge, S.: Neue Versuche über die Wiedergabe abstrakter optischer Gebilde. Arch. ges. Psychol. 106, 1940

Spencer, H.: Education: Intellectual, Moral, Physical. New York: Alden 1885

Sperber, M.: Alfred Adler oder das Elend der Psychologie. Wien/München/Zürich: Molden 1970

–, Zur Analyse der Tyrannis. Wien: Europa-Verlag 1975

Spitz, R.: Hospitalism. In: Friedman, E. (Ed.): Principles of Sociology. New York 1952

–, und Wolf, Käte: Anaclictic depression. Psychoanal. Study of the Child, Vol. II. New York 1946. Dt. in: Bittner, C., und Schmid-Cords, E. (Hrsg.): Erziehung in früher Kindheit. München: Piper 1968

Stirnimann, F.: Psychologie des neugeborenen Kindes. Zürich: Rascher 1940

Supper, Almuth: Die Übernahme der männlichen Geschlechtsrolle durch Familien- und Heimkinder. Zulassungsarbeit zur Diplom-Vorprüfung, Münster 1962

Suzuki, D. T.: The Training of the Zen Buddhist Monk. Kyoto 1934

Tausch, R., und Tausch, Annemarie: Erziehungspsychologie. Göttingen: Hogrefe 5. Aufl. 1970

Thorndike, E. L.: Animal Intelligence. Psychol. Rev. Monogr. Suppl. 2, 1898, No. 8. New York: Macmillan 1911

–, Human Learning. New York: Century 1931

Trombini, G.: Das Selbermachenwollen des Kindes im Bereich der Ernährung und Entleerung. Prax. Kinderpsychol. 19, 1970

Underwood, B. J.: Interference and forgetting. Psychol. Rev. 64, 1957

–, und Keppel, G.: Retention as a function of degree of learning and letter-sequence interference. Psychol. Monogr. 77, 4 (Whole Nr. 567), 1963

Wagenschein, M.: Die pädagogische Dimension der Physik. Braunschweig: Westermann 1962

–, Ursprüngliches Verstehen und exaktes Denken. Stuttgart: Klett 1965, Band 2. Stuttgart: Klett 1970

Watson, J. B.: Psychology as the behaviorist views it. Psychol. Rev. 20, 1913

–, Psychology form the Standpoint of a Behaviorist. Philadelphia: Lippincott 1919

Wertheimer, M.: Über Schlußprozesse im produktiven Denken. Berlin: Weltkreisverlag 1920. Auch in: Wertheimer, M.: Drei Abhandlungen zur Gestalttheorie. Erlangen: Verlag der Philos. Akad. 1925. Auch in: Graumann, C.-F. (Hrsg.): Denken. Köln: Kiepenheuer & Witsch 1965

–, Untersuchungen zur Lehre von der Gestalt. Psychol. Forsch. 4, 1923

–, Productive Thinking. New York: Harper 1945 (dt.: Produktives Denken. Frankfurt a. M.: Kramer 1957. 2. Aufl. 1964)

Wexberg, E.: Individualpsychologie. 2. Aufl. Leipzig: Hirzel 1931

Wittenberg, A.: Bildung und Mathematik. Stuttgart: Klett 1963

Wittoch, M.: Neue Methoden im Mathematik-Unterricht. Hannover: Schroedel 1973

Zulliger, H.: Seelischer Gesundheitsschutz in der Schule. In: Meng, H. (Hrsg.): Psychohygiene – Wissenschaft und Praxis. Bd. V. Basel: Schwabe 1943

–, Schwierige Kinder. Bern: Huber 1951

–, Heilende Kräfte im kindlichen Spiel. Stuttgart: Klett 1952

–, Umgang mit dem kindlichen Gewissen. Stuttgart: Klett 1953 (b)

–, Helfen statt Strafen auch bei jugendlichen Dieben. Stuttgart: Klett 1956

–, Bausteine einer Kinderpsychotherapie. Bern: Huber 1957

–, Über symbolische Diebstähle bei Kindern und Jugendlichen. Biel: Verl. d. Inst. f. Psychohygiene 1953 (a)

–, Jugendliche und Halbstarke. Ihre Psychologie und ihre Führung. Zürich: Classen 1958

–, Gespräche über Erziehung. Bern: Huber 1960